全国高职高专院校财经类专业规划教材

国际结算实务
GUO JI JIE SUAN SHI WU

(第2版)

主编 任春玲 张文娟

中国财经出版传媒集团
中国财政经济出版社
·北京·

图书在版编目（CIP）数据

国际结算实务 / 任春玲，张文娟主编．-- 2版．-- 北京：中国财政经济出版社，2025.8．--（全国高职高专院校财经类专业规划教材）．-- ISBN 978-7-5223-4175-0

Ⅰ．F830.73

中国国家版本馆CIP数据核字第2025AD2546号

责任编辑：李 媛　　　　责任校对：张 凡
封面设计：陈宇琰　　　　责任印制：史大鹏

中国财政经济出版社 出版

URL：http://www.cfeph.cn
E-mail：cfeph@cfeph.cn

（版权所有　翻印必究）

社址：北京市海淀区阜成路甲28号　邮政编码：100142
营销中心电话：010-88191522
天猫网店：中国财政经济出版社旗舰店
网址：https://zgczjjcbs.tmall.com
涿州汇美亿浓印刷有限公司印刷　各地新华书店经销
成品尺寸：185mm×260mm　16开　17.75印张　386 000字
2025年8月第2版　2025年8月河北第1次印刷
定价：46.00元
ISBN 978-7-5223-4175-0
（图书出现印装问题，本社负责调换，电话：010-88190548）
本社质量投诉电话：010-88190744
打击盗版举报热线：010-88191661　QQ：2242791300

前　言 Preface

本教材是全国高职高专院校财经类专业规划教材，全国财政职业教育教学指导委员会推荐教材，也是吉林省职业教育"十四五"规划教材。

本教材是为了适应国际经济贸易发展新形势，按照我国职业教育对建设产教融合现代职业教育优质教材需求而编写，兼顾了专业岗位对国际结算基本理论和实务的需求，吸收了同类教材的优点，在2022年出版的《国际结算实务》基础上，对各项目和任务的内容进行必要的整合和知识更新，增加了课程实训资源，全方位地反映国际结算业务运作的原理、惯例、条件、方式和手段。全书共八个项目，主要内容包括：国际结算导论；国际结算中的票据；汇款方式；托收方式；信用证方式；国际结算中的商业单据；银行保函与备用信用证；国际保理与福费廷。

本教材以"知识—能力—素养"三级教学目标为核心，构建层次分明、逐步递进的培养体系。在筑牢知识根基、强化实践能力的同时，着重促进综合素养的全面提升。依托数字化升级，配备了丰富的数字化教学资源，借助"案例导入""知识链接"等特色板块拓展新知识与新观点，助力学生深入理解、高效掌握关键要点，体现了系统性、实践性与便捷性的有机融合。本次修订进一步贯彻落实"德技并重、理实一体"的职业教育要求，新增"金融职业素养专栏"，完善课程思政资源与实训环节，将思政教育与职业素养融入专业知识，致力于培养大国工匠与高技能人才。同时增设"金融科技专栏"，介绍区块链、人工智能等数字技术在国际结算业务中的应用进展。学生刮开封底二维码激活增值服务后，便可查看书中二维码资源及课程资源，实现线上线下学习的无缝对接。也可登录 https：//read.book.zcmedia.cn/下载相关资源。

与同类教材相比，本教材突出了教材的思想性、生动性、实用性和可操作性，具有知识结构合理、内容形式新颖、理实一体、德技并修、立体呈现教学资源等特点。本教材既可作为高职高专院校的国际金融、国际贸易、金融、国际商务等专业的教学用书，也可作为银行、对外贸易、保险、国际运输等从业人员的岗位培训教材和自学参考用书。

本教材由任春玲和张文娟担任主编,秦婷婷担任副主编,任春玲负责全书的统筹、总纂和修改。具体分工如下:项目一和项目五,由任春玲编写;项目二和项目六,由秦婷婷编写;项目三和项目四,由张文娟编写;项目七,由王宁编写;项目八,由王帅编写。

在编写过程中,中国银行、中国农业银行等行业导师提供了真实业务凭证,深度参与了审单标准、案例更新、金融科技、风险防控等内容撰写。我们还参阅了大量的国内外文献,在此对所有文献的作者、行业导师和南京步惊云软件公司表示衷心的感谢。受编者水平所限,书中难免存在疏漏和不足之处,恳请读者指正。

编　者

2025 年 3 月 30 日

课程标准

教学设计

教学计划

课程思政设计

目 录 Contents

项目一　国际结算导论 ··· (1)

　　任务一　概述 ··· (1)
　　任务二　国际结算中的往来银行和清算系统 ··· (8)
　　任务三　国际结算涉及的法律与国际惯例 ··· (18)

项目二　国际结算中的票据 ··· (36)

　　任务一　概述 ··· (36)
　　任务二　汇票 ··· (45)
　　任务三　本票和支票 ··· (62)

项目三　汇款方式 ··· (71)

　　任务一　概述 ··· (72)
　　任务二　汇款方式的种类 ··· (78)
　　任务三　汇款头寸调拨与退汇 ··· (88)

项目四　托收方式 ··· (94)

　　任务一　概述 ··· (94)
　　任务二　托收方式的业务流程 ··· (105)
　　任务三　托收方式中的风险与资金融通 ··· (120)

项目五　信用证方式 ··· (127)

　　任务一　概述 ··· (128)
　　任务二　信用证方式的业务流程 ··· (147)
　　任务三　信用证业务中的风险与资金融通 ··· (173)

项目六　国际结算中的商业单据 (189)

　　任务一　商业发票 (190)
　　任务二　运输单据 (199)
　　任务三　保险单据 (212)
　　任务四　其他单据 (221)

项目七　银行保函与备用信用证 (232)

　　任务一　银行保函概述 (232)
　　任务二　银行保函的业务流程 (239)
　　任务三　备用信用证 (246)

项目八　国际保理与福费廷 (256)

　　任务一　国际保理业务 (256)
　　任务二　福费廷业务 (267)

参考文献 (278)

项目一 Chapter 1
国际结算导论

PPT

【知识目标】
1. 掌握国际结算的基本理论，包括概念、种类和内容。
2. 掌握国际结算中常用的银行机构设置及其可以办理的相关业务。
3. 了解国际结算业务依据的法律和惯例。
4. 熟知《INCOTERMS 2020》中的 11 种贸易术语。

【能力目标】
1. 针对不同的国际结算业务，能明确区分应适用的法律和国际惯例。
2. 在国际结算业务处理中，能正确选择可以从事有关业务的银行机构。
3. 针对常用的国际贸易术语，能准确判断买卖双方各自应承担的义务与风险。

【素质目标】
1. 培养学生爱国主义情怀，增强金融强国建设的使命感。
2. 提高学生维护国家金融安全意识，树立遵纪守法观念。

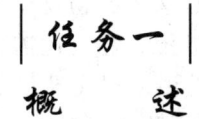

任务一 概述

【任务要求】

学生要掌握国际结算的概念、种类和国际结算的基本内容。

学生要了解现代国际结算的特点以及能正确区分国际贸易结算与非贸易结算。

【案例导入】

浙江东方贸易有限公司与德国甲公司签订销售合同,出口电子产品零部件,金额为 80000 欧元。合同支付条款为 40% 的货款(32000 欧元)用 T/T、60% 的货款(48000 欧元)用信用证方式结算,T/T 付款时间为货物装运前。浙江东方贸易有限公司在收到信用证 1 个月后仍未收到电汇款项,因此不敢发货。直至信用证规定的装船期和有效期已过,预订的舱位也一推再推,该公司陷入了进退两难的境地,若立即发货却未收到电汇款项,若不发货还得承担空舱费。

思考:在对外贸易中,出口商为保证顺利收汇,应如何选择结算方式?

【基础知识】

一、国际结算的概念

国际结算(International Settlement)是指为清偿国际债权债务关系或跨国资金转移而通过银行来完成的不同国家或地区之间的货币收付活动。它是一项国际综合经济活动,主要包括:支付工具及结算方式的选择和运用;各种商业单据的处理和交接;商品货款和劳务价款的索取和偿付;国际资金的单方面转移与调拨;短期或中长期贸易的融资与运营;信用担保的提供与应用;国际清算系统及支付体系的建设与运行;国际银行间资金的转账与划拨等。

在开放经济社会中,不同国家或地区之间存在着广泛的经济、政治、军事、文化等各方面的交往,这些交往特别是经济活动(如贸易与投资)常常伴随着频繁的资金流动。一方面,随着国际交往的增加特别是国际贸易的不断发展,国际债权债务总量与日俱增。2024 年,全球货物贸易额已经达到 33 万亿美元。另一方面,出于投资、投机、避险等各种目的,大量资本需要在国家间实现流动。于是,国际结算应运而生,它为跨国债权债务的清偿和资金转移提供了便利、安全、高效的途径。

从理论上讲,除国际结算外,还可以用易货、黄金等多种手段清偿国际债权债务关系,但在实际中,后两种手段的作用非常小。易货贸易似乎不需要货币收付,但现代的易货贸易并非传统意义上的物物交换,贸易双方不仅要以同一货币计价,而且还要收付一定比例的外汇,甚至还需要开立信用证或保函等来降低风险,保证合同的顺利履行。也就是说,现代易货贸易仍不能脱离国际结算。而黄金在 20 世纪 70 年代布雷顿森林体系崩溃以后已不再是货币而只是一种贵金属,各国对黄金的进出口均实行严格管制政策,只有政府之间的债权债务清偿才能采用,民间很少使用,即黄金不是也不再可能是一种清偿国际债权债务关系的主要手段。

目前,全球每天发生的国际结算业务都在千亿美元以上,业务范围遍及世界各个角落。在经济全球化的今天,国际结算已经成为保障和促进国际各项活动与交往正常进行的必要手段。

二、国际结算的产生与发展

国际结算的产生和发展是以国际贸易的产生和发展为前提的。在漫长的人类历史时期中，国际结算的具体形式随着整个社会政治、经济、运输业以及科学技术等的发展而发展，形成多种为世界各国普遍接受的结算工具和方式。总体来讲，国际结算经历了以下几个发展阶段。

思政课堂：厚植爱国主义情怀——苏伊士运河堵塞事件

（一）易货贸易（Barter Trade）

易货贸易是指支付结算采用以货换货的方式，即商品经过计价后进行交换，以补充现汇不足的贸易。奴隶社会时期，物品被用作交换的支付手段，如古罗马人用羊作为支付手段。人们使用以物易物的方式，交换自己所需要的物资，国与国之间的商品交易也是典型的易货贸易。到了封建社会，自然经济占据统治地位，商品经济仍不发达，易货贸易仍然随处可见。例如，我国明代永乐、宣德年间，郑和七次下西洋时，用中国的丝绸、瓷器、铜器等与西非各国进行交换，将他们的珠宝、象牙和药材等带回中国，这就是最初的国际结算。从严格意义上讲，这一时期还不存在国际结算，只能说是国际结算的雏形。

（二）现金结算（Cash Settlement）

在前资本主义社会，世界各国随着商品经济的不断发展，金、银成为货币，充当统一的一般等价物，执行价值尺度、流通、支付和贮藏手段及世界货币职能后，国际结算才得以产生。此时，各国采用黄金、白银作为国家间的现金结算货币，买卖双方一手交钱、一手交货，银货当面两讫，这就是最初的国际结算形式——现金结算。国际结算产生初期及此后相当长的时期里，国际结算都是以这种传统的方式在进行。中国从汉代开始，在对中亚及中、近东的陆上贸易和对日本、南洋各国的海上贸易，以及在古代和中世纪初期欧洲地中海沿岸各国的对外贸易中，都长期采用现金结算。现金结算虽然解决了物物交换无法计算真实价值的问题，但是采用现金结算却存在携带不便、运输风险大、费用高、占压资金等许多问题，因此现金结算不仅成本较高，而且还阻碍了大量远洋贸易的发展。

（三）非现金结算（Non-cash Settlement）

非现金结算是指不直接使用现金，而是使用代替现金起流通作用和支付作用的票据来结算国家间的债权债务的结算方式。大约在11世纪，商品贸易较发达的地中海沿岸国家的商人们开始使用"字据"代替现金，由此开始迈入了非现金结算阶段。15世纪末叶，封建社会逐渐向资本主义社会过渡，在重商主义思想的影响下，各国都很重视发展出口贸易，促使国际结算从现金结算逐步向非现金结算转变。16世纪至17世纪，欧洲大多数国家开始采用票据代替"字据"，票据使用相当普遍，票据制度渐趋完善，尤其是背书的出现，使票据能够以简便的方法实现转让，票据便从先前的证据性证券演变成流动性证券。18世纪以后，票据开始成为现代意义上的票据。到了19世纪，随着国际运输业、保险业和国际货物贸易的迅速发展，票据结算形式已被广泛采用。

（四） 以单据为条件、以银行为中枢的结算

在票据发展的同时，国际贸易大幅增长，国际运输业快速发展，商人们已不再亲自驾船出海，而是委托船东运送货物，船东们为了减少海运风险，又向保险商投保。这样，商业、航运、保险分化成为三个独立的行业，出现了发票、运输单据、保险单等商业单据，这些单据不仅是收据，而且还可以转让，成为买卖和抵押的对象。到了18世纪，货物的买卖已不再是传统的实物转手，而仅仅是转让货物单据，国家间商品买卖的结算从"凭货付款"转变为"凭单付款"。

18世纪60年代，最主要的资本主义国家相继完成了产业革命，银行业也发生了深刻的变化，由高利贷性质的封建银行转变为担任信用和支付中介的资本主义银行。它们不仅从事国内的存放款业务，还开展了国际结算和国际借贷业务。国际结算从商人间的直接结算逐渐转变为以银行为中枢的间接结算，银行成为沟通国际结算的桥梁。银行的加入极大地促进了国际贸易和国际结算的发展。到了19世纪70年代，票据和单据在国际结算中已经完全结合起来，跟单汇票广泛地运用于国家间商品买卖的结算，并且形成了通过银行办理的跟单托收和跟单信用证结算方式。这使得贸易商不仅能依靠银行信用安全地收回货款，还能以单据作为抵押品向银行取得资金融通，使在途资金占用的时间日益缩短。至此，国际结算进入一个比较完善的阶段。

（五） 技术电子化和数字化的结算

随着现代通信手段、电子计算机及数字化技术的飞跃发展，最新的科技成果逐步运用到国际结算上，国际结算业务朝着无纸化方向不断迈进。到了20世纪70年代中期，国际结算已经广泛采用综合电子技术，日趋电子化和网络化。SWIFT（环球同业银行金融电讯协会）和EDI（电子数据交换）的广泛应用就说明了这种趋势。SWIFT能安全、高效地完成汇款、资金调拨、外汇交易、托收、跟单信用证等国际结算业务；EDI则能将标准的经济信息通过通信网络传输在贸易伙伴的电子计算机系统之间进行数据交换和自动处理。国际结算技术电子化和数字化发展大大降低了国际贸易和国际结算的交易成本，提高了交易速度和资金结算的效率，为国际结算的发展提供了巨大的空间。

综上所述，现代国际结算体系是以票据为基础、单据为条件、银行为中枢、电子通信技术广泛应用的非现金结算体系。未来，随着区块链技术的不断完善，其去中心化、分布式账本、数据不可篡改等优势技术特性必将被逐步应用于金融系统中，国际结算中的中介机构可能会被淘汰，国际结算的速度和效率会被提高，国际结算的成本和风险也会被进一步降低。

拓展阅读：
EDI——电子数据交换

三、国际结算的种类

国际结算一般分为贸易结算和非贸易结算两类。

（一） 国际贸易结算（Trade Settlement）

贸易结算是指以商品进出口为背景，由有形贸易（Visible Trade）引起的货币收付活动。有形贸易是指物资、商品或货物的进出口，是国际贸易的基础和最

重要的组成部分。多年来，全球有形贸易占国际贸易总额的比重一直在80%左右。有形商品的进出口都要经过进出口报关，海关都有相应统计。国际贸易结算是伴随着国际贸易而产生和发展起来的，所使用的结算工具和结算方式均较复杂、技术性强、涉及面广，是国际结算的主要内容。

（二）非贸易结算（Non-trade Settlement）

非贸易结算是指由无形贸易（Invisible Trade）引起的货币收付活动。无形贸易是指除有形贸易以外的其他贸易，主要包括对外投资、筹资、外汇买卖、捐款、侨汇、信用卡、旅行支票业务、技术转让、国际旅游、运输、保险等，其主体是服务贸易。随着经济发展和分工深化，产业分化的趋势日趋明显，第一、第二产业在经济中的比重逐步下降。相应地，在国际贸易中，无形贸易比有形贸易发展得更加迅速，服务贸易日益成为推动全球贸易增长的动力。近年来，全球服务贸易以高于同期GDP、货物贸易和外国直接投资的速度增长，2023年增速达9%，2024年第一季度同比增长8%。目前，服务贸易占国际贸易总额的比重由1979年的17%增至2022年的22.3%，世界贸易组织（WTO）预计到2040年服务贸易在全球贸易中占比将超过30%。

与贸易结算相比，非贸易结算虽然业务量大，但结算手续较为简单，通常只涉及一部分结算方式和内容。从本学科的角度看，国际贸易结算是国际结算业务的重点。掌握了国际贸易结算，非贸易结算的问题就会迎刃而解。

【知识链接】

跨境人民币结算

党的二十届三中全会通过的《中共中央关于进一步全面深化改革、推进中国式现代化的决定》指出，要推动金融高水平开放，稳慎扎实推进人民币国际化，发展人民币离岸市场。跨境人民币结算是推进人民币国际化的重要抓手和关键举措。跨境人民币结算是商业银行在央行政策范围内，为企业提供的以人民币作为结算货币的相关结算服务。经过多年发展，尤其是开展跨境贸易人民币结算试点以来，跨境人民币结算焕发出旺盛的生命力，步入稳中有进的新阶段。

2009年4月8日，国务院会议正式决定，在上海、广州、深圳、珠海、东莞等城市开展跨境贸易人民币结算试点，同年7月1日，由人民银行、财政部、商务部、海关总署、税务总局和银监会共同制定的《跨境贸易人民币结算试点管理办法》正式实施。2011年7月27日六部门再次联合发布关于扩大跨境贸易人民币结算地区的通知，将跨境贸易人民币结算境内地域范围扩大至全国。为了不断扩大人民币跨境使用，几乎每年都会出台新的举措和规定，从结算领域的扩展，到结算企业管理制度的完善，到结算流程的简化，跨境人民币结算稳步向前推进。

2019年9月，人民银行发文在全国18个自贸区开展更高水平的跨境人民币贸易投资便利化试点，此后各地方按央行要求的自律机制陆续推出优质企业跨境人民币结算便利化方案，人民币跨境结算便利化开始提速。12月31日，央行、

思政课堂：
增强中国自信
——跨境贸易人民币结算

拓展阅读：
《跨境贸易人民币结算试点管理办法》

发展改革委、商务部、国资委、银保监会以及外汇局等六部门联合发布了《关于进一步优化跨境人民币政策支持稳外贸稳外资的通知》，标志着人民币跨境结算便利化改革再上新台阶。2022年6月16日，人民银行又印发了《关于支持外贸新业态跨境人民币结算的通知》（银发〔2022〕139号），进一步发挥了跨境人民币结算业务服务实体经济、促进贸易投资便利化的作用。跨境人民币结算系列新规的实施不仅有利于推进高水平贸易和投融资双向开放，对于提升人民币在国际货币体系中的地位，推动人民币国际化进程加速也具有重要意义。

目前，在我国金融机构、企业和个人开展的跨境交易总额中，有近一半使用人民币进行结算。2023年，银行代客人民币跨境收付金额达到52.3万亿元。其中，货物贸易人民币跨境收付金额占同期货物贸易本外币跨境收付金额的比例为24.8%。2024年1—8月，银行代客人民币跨境收付金额合计为41.6万亿元，同比增长21.1%，增速保持在较高水平。其中，货物贸易人民币跨境收付金额占同期本外币跨境收付金额比例进一步提升至26.5%。环球银行金融电信协会（SWIFT）数据显示，2024年8月，人民币在全球支付中占比为4.69%，连续十个月是全球第四位支付货币；人民币在全球贸易融资中的占比为5.95%，是全球第二位贸易融资货币。

数据来源：人民币国际化报告（2024），中国人民银行网站。

拓展阅读：
《关于支持外贸新业态跨境人民币结算的通知》

四、国际结算的基本内容

（一）国际结算工具

现代国际结算主要是银行的非现金结算，而非现金结算的主要工具是票据。票据在结算中起着流通手段和支付手段的作用，远期票据还能发挥信用工具的作用。票据包括汇票、本票和支票，它们被称作国际结算的基石。正是依赖这些票据的使用和传递，资金才会在全球范围内最大限度地完成转账结算。

（二）国际结算方式

国际结算方式是通过货币收付结清国际贸易和非贸易交易中产生的债权债务的具体方式，是国际结算的中心内容。在国际贸易中，进出口商要将商定采用的结算方式列入合同的支付条款中并予以执行。经办银行应客户的要求，在某种结算方式下以票据和商业单据作为结算的重要凭证，实现国家间债权债务的清偿。国际结算方式主要包括汇款、托收、信用证、银行保函和备用信用证等类型。

（三）国际结算单据

国际结算中的单据主要是指贸易结算中涉及的商业单据，包括商业发票、运输单据、保险单据、各种检验检疫证书等。国际贸易结算的基本特征是货物单据化和凭单付款，因此，商业单据在结算中具有举足轻重的作用。在国际贸易结算中，货物单据化是银行作为国际贸易结算中介的前提，即除了出口商和进口商外，其他当事人一般只能从各类单据上了解货物的情况。在凭单付款条件下，银行是通过控制单据来控制货物的。因此，单据在结算货款、贸易融资等方面发挥着重要作用。但随着现代通信技术的发展，货物单据化的事实将有所改变，一些国家已经简化了单据的使用程序。特别是随着 EDI 的不断推广应用，必将引发国际贸易及其结算的传统单据运作体系的重大变革。

（四）以银行为中心的支付体系

一个良好的支付系统是完成国际结算的重要条件，以银行为中心的现代电子转账划拨支付体系是国家间资金得以安全有效结算的基础。只有通过各国货币清算中心支付体系的良好运行，才能保证国际结算的及时与可靠。如环球同业银行金融电讯协会（SWIFT）、泛欧实时全额自动清算系统（TARGET）、伦敦银行同业自动清算系统（CHAPS）、纽约银行同业电子清算系统（CHIPS）、人民币跨境支付系统（CIPS）等，都为国际结算的准确、快捷与可靠做出了贡献。

【知识链接】

国际贸易中结算方式的选择

不同的国际结算方式，对国际贸易合同中买卖双方的利弊不同。在国际贸易洽谈中，选择国际结算方式是一个复杂而细致的过程，需要考虑多个因素。

一、客户信用等级

在国际贸易中，销售合同能否顺利履行很大程度上取决于客户的信用状况，因此，交易前应充分调查了解客户的资信状况，根据客户的信用等级选用适当的结算方式。如果客户信用等级高，收汇风险较小，交易时就可采用手续比较简单、费用较少的付款交单（D/P）或承兑交单（D/A）等方式；如果客户信用等级较低，应采用风险较小的结算方式，如跟单信用证或汇款中的预付货款结算方式。

二、货物供求状况

选择结算方式也要结合货物供求状况。货物畅销时，出口商不仅可以提高售价，还可以采用对自己最有利的结算方式，占压进口商的资金，如选择汇款中的预付货款结算方式；而货物滞销或竞争激烈时，则不仅可能要降低售价，还要在结算方式上做出必要让步，采用对进口商有利的结算方式，如汇款中的货到付款或国际保理，否则就很难达成交易。

三、贸易术语

在国际贸易合同中，采用何种贸易术语，不仅表明不同的交货方式和运输方式，而且适用的结算方式也不相同。采用象征性交货（或称推定性交货）术语时，如 FOB、FCA、CFR、CIF 等，由于卖方交货与买方收货不在同时发生，货物所有权的转移以单据为媒介，因此就可以选择跟单信用证结算方式，如买方信用可靠，也可采用跟单托收中的 D/P 方式。但是，在采用实际性交货术语时，如 EXW、D 组术语等，由于是卖方或通过承运人向买方或其代理人直接交付货物，卖方交货与买方收货在同时发生，卖方无法通过控制单据来控制物权，因此除非有控制货物的可靠方法，一般不宜使用托收和信用证方式。

任务一测试题

四、运输单据

如货物通过海上运输,出口商装运货物后得到的运输单据为海运提单,因提单是货物所有权的凭证,是凭以在目的港向船公司提取货物的凭证,所以在交付给进口商前,出口商尚能控制货物,故可采用信用证和托收结算方式。如若货物通过航空、铁路或邮政运输,出口商装运货物后得到的运输单据为航空运单、铁路运单或邮包收据,这些都不是物权凭证,收货人提取货物时也不需要这些单据。即使通过海上运输,如运输单据为不可转让的海运单,由于它也不是物权凭证,提货时也无须提交这种单据。因此,在这些情况下,都不适宜采用托收结算方式。

另外,银行费用、企业规模、风险承受能力、市场策略和客户关系等也是选择国际结算方式时要考虑的因素。因此,企业应根据自身情况和交易特点综合进行权衡,力求做到既能达成交易,又能维护企业的权益,既能确保安全收汇,又能加速资金周转。

任务二
国际结算中的往来银行和清算系统

【任务要求】

学生要熟知国际结算中往来银行的机构设置及特征。

学生要能根据国际结算业务实际需求正确选择所需要的银行机构。

学生了解常见的国际结算清算系统,并熟练掌握 SWIFT 和 CIPS 系统的相关知识。

教学活动1 国际结算中的往来银行

【活动设计】

1. 通过【案例导入】,讲解国际结算中的往来银行机构,分析不同银行机构的特点。

2. 组织课堂讨论,探讨中国银行境外机构设置对其国际结算业务发展的作用。

【案例导入】

中国 A 公司向英国 B 公司进口一批货物,价格为 150 万英镑,合同规定采用货到付款方式,由买方用汇款方式进行结算。甲公司收到货物后,委托其开户行中国银行长春分行将 150 万英镑汇给乙公司。中国银行长春分行应如何完成该笔汇款业务?

很明显,中国银行长春分行既不可能把 150 万英镑亲自送到英国,也不可能让 B 公司来中国取款。因此，在国际结算业务中，每笔业务都要涉及两家以上的银行机构。要完成该笔汇款业务，中国银行长春分行必须选择英国所在地的某家银行进行。

思考：中国银行长春分行在办理该笔汇款业务时，应如何选择境外银行呢？

【基础知识】

一、银行在国际结算中的作用

由于国际结算是通过银行办理的货币收付活动，因此，银行在国际结算中居于中心枢纽地位。具体而言，银行在国际结算中的作用主要表现为以下几个方面。

（一）划转资金

在国际债权债务的清偿和跨国资金转移中，银行具有其他机构无可比拟的优势，能快捷、安全、准确地完成跨国货币收付活动：一是银行拥有庞大的资金转移网络。银行为了拓展海外业务，在全世界各地设立了海外网络，包括银行海外分支机构、代理行等。二是随着现代通信技术的发展及其在银行业的广泛应用，极大地提高了银行处理结算业务的效率。银行可以借助各种国际电子清算系统来完成国际结算，其中最典型、最重要的是 CHIPS、CHAPS、SWIFT 三大清算系统。

（二）提供信用担保

国际贸易的风险主要在于进、出口商之间能否一手交钱、一手交货。由于买卖双方互不了解，都不愿先将货款、货物或代表货物所有权的单据交给对方，因此就需要有一个双方均信得过的第三方来充当中间人和保证人，银行便是最佳人选。银行可以通过信用证、银行保函等结算方式提供信用担保，使国际贸易或其他交易得以顺利进行。

（三）融通资金

一个进出口企业的自有资金总是有限的，要经营对外贸易，通常都需要向银行进行资金融通。银行对进出口商的融资除一般贷款外，还可以在具体办理贸易结算的过程中，通过向客户提供进出口押汇、打包放款、信用证开证额度、国际保理和福费廷等多种方式进行，有效地促进了国际贸易的发展。

（四）降低外汇风险

任何一笔国际贸易，从买卖合同签订到最终收取货款，一般都需要两三个月甚至更长时间，在此期间，买卖双方都可能面临外汇风险。银行可以通过外汇交易（如远期、货币期货和期权等）为进出口商降低甚至消除外汇风险。如，我国银行从 1997 年开始办理的远期结售汇业务，就是进出口企业锁定当期成本、保值避险的首选金融产品。自开办以来，在国际外汇市场经历数次剧烈波动时，均为进出口企业很好地规避了汇率风险。

二、国际结算中的往来银行

开展国际结算业务的基本条件是要有一个国际性的银行网络。银行网络越广泛,国际结算的空间范围就越大,资金清算就越方便。因此,在全球范围内建立起资金划转通畅的账户网络是国际结算业务顺利进行的前提和关键条件。

(一) 国际结算中的往来银行类型

1. 代表处 (Representative Office)

代表处是商业银行在海外设立的最低级和最简单的分支机构形式,其主要职能是搜集当地的新信息、探寻新的业务前景、寻找新的盈利机会。它是一种非营业性机构,不经营真正的银行业务,通常是设立更高级分支机构形式的过渡。大多数国家或地区都规定外资银行要进入本国,必须首先设立代表处,一段时间以后,方可设立其他形式的银行类型。

拓展阅读:
中国银行国外主要机构名录

2. 代理处 (Agency Office)

代理处是商业银行设立的能够在东道国从事非存款银行业务的金融机构。代理处不具备法人资格,是总行的一个组成部分,是介于代表处和分行之间的机构。代理处可以从事的业务有:发放工商业贷款、签发信用证、办理承兑、票据买卖、票据交换等。由于代理处不能吸收当地居民存款,因此其资金主要来源于总行和其他有关机构,或向东道国银行同业拆借。

3. 分行、支行 (Branch/Sub-branch)

分行是商业银行根据业务发展需要而设立的一种最主要的营业性机构。无论是在法律上还是在业务上,分行都是总行的有机组成部分。分行不是独立的法律实体,一般没有独立的法人地位,要同时受到总行所在国与东道国双方的法律及规章的制约。其业务范围及经营政策要与总行保持完全一致,业务规模需以总行的资本、资产及负债为基础,总行对分行的活动负有完全的责任。一般来说,分行可以经营完全的银行业务,但不能经营非银行业务。分行通常下设营业性机构,即支行。支行在业务经营上类似于分行,只是直接归属分行管辖,规模比分行小,层次比分行低。

拓展阅读:
《中华人民共和国外资银行管理条例》

4. 附属银行 (Subsidiary Bank)

附属银行又叫子银行,是商业银行在东道国登记注册成立的公司性质的银行机构,在法律上是一个完全独立的经营实体,对自身债务仅以其注册资本为限承担有限责任。附属银行是隶属母行的合法注册公司,其股权的全部或大部分为母行所控制。附属银行的经营范围较广,通常可以从事东道国国内银行所能经营的全部银行业务活动,在某些情况下,还能经营东道国银行所不能经营的一些业务。另外,附属银行除可以经营银行业务外,还可以经营非银行业务,如证券、投资、信托、保险业务等。

5. 联营银行 (Affiliate Bank)

无论在法律地位上,还是在性质、经营特点上,联营银行都同附属银行类似。其主要区别是在联营银行中,任何一家外国投资者拥有的股权都在50%以下。联营银行可以是两国或多国投资者合资所建,也可以是外国投资者购买当地银行部分股权而形成,其业务依注册规定或由参股银行的性质而定。联营银行的最大优势是可以集中两家或多家参股者的优势。

6. 银团银行（Consortium Bank）

通常是由两个以上不同国籍的跨国银行共同投资注册而组成的公司性质的合营银行,任何一个投资者的股份都不超过50%。作为一个法律实体,银团银行有自己的名称,既可以接受母行委托的业务,也可以开展自己的活动。其业务范围一般包括:对超过母行能力或意愿发放的大额、长期贷款作出全球性辛迪加安排,承销公司证券,经营欧洲货币市场业务,安排国家间的企业合作和兼并,提供项目融资和公司财务咨询等。

在以上六种形式中,前三种形式不是独立的法人,母行完全可以对其进行控制;后三种形式是独立的法人,母行只能根据控股的多少对其产生不同程度的影响。从业务范围看,代表处、代理处的业务范围有限,银团银行一般不经营小额零售业务,只有分支行、附属银行、联营银行的经营范围较广。

7. 代理行（Correspondent Bank）

代理行是指本国商业银行与其他国家银行签订代理协议,代理对方的一些业务,为对方提供服务的银行。对一家银行来说,代理行不附属于本国银行。代理行又可分为账户行和非账户行。账户行是指代理行之间单方或双方相互在对方银行开立了账户的代理行,账户行之间可以直接办理货币收付。非账户行是指没有建立账户关系的代理行,非账户行之间的货币收付需要通过第三家银行办理,时间和费用的耗费均比账户行多。

拓展阅读：
中国工商银行总行常用境外账户行一览表

代理行是办理国际结算的重要机构,在国际结算中居于十分重要的地位。本国通过加强与其他国家银行的合作,建立代理行关系,有助于解决国际结算业务发展中海外分支机构不足的问题。

（二）联行和代理行关系

1. 联行关系（Sister Bank）

联行关系是指一家商业银行内部的总行、分行和支行之间的关系,既包括分行、支行之间的横向关系,也包括总行和下属分支行之间的纵向关系。其中,分行之间的关系是联行关系的主体。

2. 代理行关系（Correspondent Bank）

代理行关系是指两家不同国籍的银行通过相互委托办理业务而建立的往来关系。在办理国际结算业务时,银行除了在国外设立分支机构外,还需要外国银行的业务合作与支持。因为一家或一国的银行不可能在发生债权债务关系的所有国家或地区都建立分支机构,这样既无必要,也不可能。外国代理行一般都在国外客户的当地,它们对当地的经济、商业往来更了解,也更有利于业务开展。以中国银行为例,截至2023年底,其境外分支机构数量达到534家,覆盖64个国家和地区（包括44个"一带一路"共建国家）,是全球化程度最高的中资银行,但这些分支机构的数目与中国银行所办理的国际结算业务相比,还远远不够。于是,中国银行根据业务发展的需要,与外国银行建立了广泛的代理关系。目前,中国银行已与世界上近 200 个国家和地区的 1600 余家银行（其中在"一带一路"沿线有约 500 家代理机构）建立了代理关系。

银行间的代理关系，一般由双方银行的总行直接建立，分行不能独立对外建立代理关系。建立代理行关系有三个步骤。

（1）选择代理行，考察了解对方银行的资信。主要考察对方银行的资信等级、经营作风及财务状况等多项指标，同时还要了解对方银行所在国的有关政策、法规、市场信息等。

（2）签订代理协议并互换控制文件。代理协议一般包括双方银行名称、地址、代理范围、协议生效日期、代理期限、适用分支行等。控制文件包括密押（银行之间事先约定的，在发送电报时，由发电行在电文中加注的密码，以判定电报的真伪）、印鉴式样（银行有权签字的人的签字式样，用以确认银行之间的信函、凭证、票据等的真实性）和费率表（银行在办理代理业务时收费的依据）。

拓展阅读：
代理行合作协议式样

（3）双方银行确认控制文件。当一方银行收到对方银行发来的控制文件后，如无异议，即可确认，此后便照此执行。

三、往来银行的选择

一家银行在开展国际结算业务时，虽然联行和代理行都可以办理有关业务，但它们对该行的影响是不同的。因此在选择往来银行时，应有所侧重。

拓展阅读：
中国银行国际结算业务资费标准

首先选择联行。联行是最优选择，是因为该行与联行是一个不可分割的整体，同在一个总行的领导下，不仅相互熟悉和了解，而且从根本上来说是利益共享，风险共担。因此，委托海外联行开展有关业务，其必然会尽最大努力圆满地完成所委托的业务，保证服务质量，减少风险。

其次选择账户行。与在国外建立银行分支机构相比，代理行关系的建立成本更低、更灵活、更普遍。在代理关系中，账户行之间的关系更密切，相互之间的业务委托也十分方便，只要通过账户划转资金即可完成委托。在同一城市或地区有多个账户行的情况下，要选择资信最佳的银行办理业务。

最后选择非账户行。在没有联行和账户行的少数地区，银行要开展业务只能委托非账户行的代理行。因为建立了代理关系的银行还是相互比较了解的，只不过资金的收付不太方便，要通过其他银行办理，手续复杂些，所需时间也相对较长。

教学活动 2　国际支付清算系统

【活动设计】

1. 搜集人民币跨境支付案例，总结人民币跨境支付中应注意的事项。
2. 组织课堂讨论，分析银行在办理国际结算业务时是如何完成资金划转的。

【案例导入】

甲公司是一个跨国企业，总部位于上海，其主营业务是国际物流和贸易结算服务。甲公司依托其全球支付系统，为客户提供跨境支付解决方案。A 银行是世界知名银行，为甲公司提供跨境结算账户服务。2023 年以来，甲公司与多个国际客户的跨境支付交易都是通过银行 D 进行结算。

2024 年 10 月 11 日，甲公司收到 A 银行通知，称其 A 银行的账户被冻结，金额达 2000 万美元，理由是"疑似违反反洗钱法规和涉嫌虚假交易"，但未提供具体细节。此冻结行为导致甲公司的日常运营严重受阻，其与多个客户的结算被迫中断，面临巨额违约赔偿风险。

分析：企业在跨境支付中存在哪些风险？应如何防范？

【基础知识】

一、清算业务基础知识

（一）外汇资金清算业务概念

清算是指以货币形式来实现债权债务的清偿和结清。外汇资金清算则是指各国银行之间通过账户及货币支付体系来实现由于国际结算、资金、外汇、衍生交易以及投资业务等所引起的清算货币的支付过程和方法。外汇资金清算是银行国际业务的基础内容之一。

（二）外汇清算体系和清算账户

1. 外汇资金清算体系

外汇资金清算体系也称支付体系（Payment System），是货币当局或金融机构建立的、用于金融同业之间的货币收交系统。根据其使用范围，分为全球性、全国性和区域性；根据资金的清偿方式，分为全额清算和差额清算；按照所属分为官办（央行主办）和非官办（商业银行主办）；按清算方式分为票据清算和电子清算。世界上第一个清算系统是 1883 年成立的伦敦票据交换所。现今，世界各国的清算系统均采用无纸化的电子支付系统。

2. 外汇清算账户

外汇清算账户是指两家金融机构之间开立的单（双）边账户，用于记载双方资金的收付和（或）汇差清偿。当一家金融机构为另一家金融机构提供账户服务时，账户服务提供方成为账户行，账户服务接受方成为开户行。从开户行角度来看，开立在账户行的账户称为存放国外同业账户或往账（Nostro Account 或 Due From Account）；从账户行角度来看，开户行开立在本行的账户称为国外同业存款账户或来账（Vostro Account 或 Due to Account）。

国际银行间存在大量的单边清算账户，其通用规则为：未经开户行授权，账户行不得主动借记开户行账户；每笔收付款项的生效，必须以账户行向开户行发出的借贷记通知为准，并具有法律效力；账户余额以账户行向开户行发出的对账单为准，并具有法律效力；开户行向账户行发出的查询，对双方均具有法律效力，开户行根据账户行发送的对账单设立的对应账户，用以与账户行核对账务，属内部账户，其收付款记录和账户余额不具有法律效力。

（三）外汇清算方式

1. 全额支付清算方式（Gross Settlement）

全额支付清算方式是指银行间的资金支付均通过清算系统或账户行逐笔借贷记来实现，收付款双方彼此不垫付资金。全额支付系统一般都采用实时交收（Real-Time）和资金支付的对冲（Payment Versus Payment）方式。如果付款行在清算系统或在其账户行的头寸不足或超过信贷额度，其付款指令必须等到有资金入账后才能执行，因此，全额支付方式的特点是款项划拨具有终结性。

2. 差额支付清算方式（Netting Settlement）

差额支付清算方式是指清算系统成员行之间或收付款双方之间签订双边或多边协议，相互给予日间信用额度，相互发送付款指示，实行付款指示与头寸调拨分别处理，在相互垫付资金的基础上解付对方的汇入款项，在日终或规定的期限内轧差计算应收应付的资金汇差，并通过清算系统或其偿付行支付头寸净额。一般认为在差额头寸最终清偿以前，付款指示是可撤销的。

（四）清算业务要素

1. 清算货币（Clearing Currency）

清算货币一般是在国际贸易及国际资本流动中起重要作用的可自由兑换货币，如美元、欧元、港元、日元、英镑等，通常该货币发行国或发行主体的清算系统承担该货币的清算职能。

2. 清算资金

清算资金是参加清算的银行留存于外汇清算账户中的外汇资金，用以满足日常资金清算的需要。在满足流动性要求的情况下，清算资金可用于投资等经营，以减少资金的闲置，提高资金的使用效益。

3. 清算账户协议（Account Agreement）

清算账户协议主要包括：清算货币、支付范围、信贷浮动额度、账户余额的处理、汇差的支付方式、费率以及报告方式等。

（五）外汇资金清算的实现方式

1. 账户行账面划转（Book Transfer）

账户行账面划转是指收付款双方的银行在同一个清算行开立有清算账户，清算款项由付款方银行授权清算行支付，清算行通过内部转账的方式，贷记收款方银行。

2. 通过当地清算系统

收付款双方的银行在不同的清算行开立清算账户，付款方的清算行通过当地中央银行清算系统或银行组织清算系统，由清算系统借记其开立的账户，贷记收款方清算行的账户，来完成资金的清算。

3. 通过账户行的代理行

收付款双方的一方或双方银行未在清算货币的清算系统直接参与清算，则其委托可直接参与清算的分支机构或其代理行进行清算。

二、国际结算中的支付系统

支付系统（Payment System）也称为清算系统（Clear System），是由提供支付清算服务的中介机构和实现支付指令传送及资金清算的专业技术手段共同组成，用以实现债权债务清偿及资金转移的一种金融安排。支付系统能准确、迅速、安全地实现货币在国与国之间的转移，开展国际结算业务的各国必须通过支付系统来清偿国际债权债务关系和转移资金。国际结算的支付系统有以下几种：

（一）环球同业银行金融电讯协会

环球同业银行金融电讯协会（Society for Worldwide Interbank Financial Telecommunication，SWIFT），是一家由银行出资成立、为全球银行提供服务的非营利性国际合作组织，成立于1973年5月，总部设在比利时的布鲁塞尔，在荷兰阿姆斯特丹和美国纽约分别设立交换中心。SWIFT为银行、证券公司及市场机构（清算银行）提供信息传递，国际贸易支付，资产、外汇和证券交易等一周7天、一天24小时的10种以上语言的服务。据不完全统计，截至目前，SWIFT的服务已经遍及全球200多个国家，接入的金融机构超过11000家。我国内地已有227家金融机构加入了SWIFT。

思政课堂：厚植爱国主义情怀——国际清算系统

1. SWIFT特点

（1）SWIFT采用会员制。每家申请加入SWIFT组织的银行都必须事先按照SWIFT组织的统一原则，制定出本行的SWIFT地址代码，经SWIFT组织批准后正式生效。

（2）SWIFT的费用较低。同样多的电文内容，SWIFT的费用只有TELEX（电传）的18%左右，只有CABLE（电报）的2.5%左右。

（3）SWIFT的安全性较高。SWIFT的密押比电传的密押可靠性强、保密性高，且具有较高的自动化，系统自动加押核押。

（4）SWIFT使用标准化的报文格式。SWIFT组织长期与国际标准化组织（ISO）及其他国际组织共同努力，创立了一整套囊括各类国际金融业务的报文、报文格式以及报文格式标准。目前，这些格式和标准已经成为国际金融业务普遍使用的业务语言。

由于SWIFT具有上述特点，所以它可以为银行间的国际结算提供安全、可靠、快捷、标准化、自动化的通信业务，大大提高了银行的结算速度。

2. SWIFT银行识别代码

银行识别代码（Bank Identifier Code，BIC）是由电脑可以自动判读的八位或十一位英文字母或阿拉伯数字组成，用于在SWIFT电文中明确区分金融交易中相关的不同金融机构。凡该协会的成员银行都有自己特定的SWIFT代码，即SWIFT Code，该号相当于各个银行的身份证号。如：在电汇时，汇出行按照收款行的SWIFT Code发送付款电文，就可将款项汇至收款行。

十一位数字或字母的BIC可以拆分为银行代码、国家代码、地区代码和分行

拓展阅读：SWIFT Code的查询方法

代码四部分。以中国银行北京分行为例,其银行识别代码为 BKCHCNBJ300。其含义为:BKCH(银行代码)、CN(国家代码)、BJ(地区代码)、300(分行代码)。

(1)银行代码(Bank Code)。由四位英文字母组成,每家银行只有一个银行代码,并由其自定,通常是该行的行名字头缩写,适用于其所有的分支机构。

(2)国家代码(Country Code)。由两位英文字母组成,用以区分用户所在的国家和地理区域。

(3)地区代码(Location Code)。由0、1以外的两位数字或两位字母组成,用以区分位于所在国家的地理位置,如时区、省、州、城市等。

(4)分行代码(Branch Code)。由三位字母或数字组成,用来区分一个国家里某一分行、组织或部门。如果银行的BIC只有八位而无分行代码时,其初始值设定为"×××"。

同时,SWIFT还为没有加入SWIFT组织的银行,按照此规则编制一种在电文中代替输入其银行全称的代码。所有此类代码均在最后三位加上"BIC"三个字母,用来区别于正式SWIFT会员银行的SWIFT地址代码。

拓展阅读:
中国国内各银行总行的SWIFT代码

拓展阅读:
中国银行海外分支机构SWIFT代码

3. SWIFT报文

SWIFT报文是SWIFT组织进行金融业务信息传输的语言,所有报文必须符合规定的格式,每份报文由报头(Header)、报文内容(Message Text)和报尾(Trailer)三个部分组成。根据不同的业务类别,SWIFT业务报文共分为十大类别(Category),每一类别包含若干种报文格式(Message Type),每种报文格式由一些具体要素组成,这些要素被称为"域"(Field)。SWIFT明确规定了每一种类别、每一种报文格式和各个域的构成内容和规则,从而实现了业务信息高度格式化的传输,提高了金融业务信息传输的效率。

SWIFT报文类别是根据银行业务种类来划分的,共包括九个具体业务类别和一个通用业务类别,以此来对业务报文进行归类,各类业务报文之间,往往存在业务逻辑联系,十类报文格式(见表1-1)。

拓展阅读:
SWIFT报文格式和构成要素

表1-1   SWIFT报文格式

序号	报文类别	数字代码	业务类型	序号	报文类别	数字代码	业务类型
1	一类别报文	MT 1××	客户付款和支票业务	6	六类别报文	MT 6××	贵金属交易及银团贷款业务
2	二类别报文	MT 2××	金融机构间的资金划拨业务	7	七类别报文	MT 7××	跟单信用证及保函业务
3	三类别报文	MT 3××	资金市场业务,包括外汇交易、货币市场以及衍生产品交易	8	八类别报文	MT 8××	旅行支票业务
4	四类别报文	MT 4××	托收和立即入账业务	9	九类别报文	MT 9××	现金管理及账户服务
5	五类别报文	MT 5××	证券市场业务	10	N类别报文	MT N××	通用类业务

拓展阅读:
SWIFT报文的校验

（二）泛欧实时全额自动清算系统

泛欧实时全额自动清算系统（Trans－European Automated Real－Time Gross Settlement Express Transfer System，TARGET）于 1999 年 1 月 1 日在德国法兰克福正式成立启动。这一系统是为保证欧洲各国之间大额资金的收付而建立的一个跨国界的欧元支付系统。TARGET 是连接欧洲 15 个国家资金清算系统及原欧洲货币单位（ECU）的清算系统。2007 年 11 月 19 日，欧洲央行推行了 TARGET2 支付系统，TARGET2 修复了 TARGET 在结构上的一些漏洞。

（三）伦敦银行同业自动清算系统

伦敦银行同业自动清算系统（Clearing House Automated Payment System，CHAPS）于 1984 年在英国建立。CHAPS 支付系统由 CHAPS 英镑系统与 TARCET 连接的 CHAPS 欧元支付系统组成，提供以英镑和欧元计值的两种清算服务，实行实时全额清算方式，成员国在 CHAPS 平台上可共同办理英镑和欧元的支付。目前，CHAPS 支付系统由 12 家清算银行组成，它也是全球大额实时结算系统之一，能够提供高效、无风险的支付服务。

（四）纽约银行同业电子清算系统

纽约银行同业电子清算系统（Clearing House Inter－bank Payment System，CHIPS）由美国 12 家联邦储备银行和外国银行于 1970 年组成。目前有来自 40 多个国家的 150 多家成员银行，其中外国银行占 2/3。CHIPS 支付系统是跨国美元交易的主要结算渠道，并且是一个私营支付系统。该系统实行实时净额清算方式，通过 CHIPS 支付系统处理的美元交易额占全球美元总交易额的 95%。CHIPS 支付系统于 1991 年替代了"票据"清算，与 SWIFT 连接，主要负责跨国间的资金支付结算业务。

（五）日本银行金融网络系统

日本银行金融网络系统（Bank of Japan Financial Network System，BOJ－NET）建立于 1988 年 10 月，是一个包括日本银行在内的日元支付清算系统。该系统实行实时全额与定时净额相结合的清算方式。参加其他清算系统的金融机构都必须在日本银行开户，使用 BOJ－NET 支付系统完成彼此间的债权债务清算。因此，BOJ－NET 支付系统在日本本国占据着十分重要的地位。

（六）人民币跨境支付系统

人民币跨境支付系统（Cross－border Interbank Payment System，CIPS）是专司人民币跨境支付清算业务的批发类支付系统。该系统于 2015 年 10 月 8 日上午正式启动，包括人民币跨境贸易和投资的清算、境内金融市场的跨境货币资金清算以及人民币与其他币种的同步收付业务。人民币跨境清算模式主要包括清算行模式和代理行模式。清算行模式下，港澳清算行直接接入大额支付系统，其他清算行通过其总行或者母行接入大额支付系统，所有清算行以大额支付系统为依托完成跨境及离岸人民币清算服务。代理行模式下，境内代理行直接接入大额支付系统，境外参加行可在境内代理行开立人民币同业往来账户进行人民币跨境和离岸资金清算。自上线以来，CIPS 以安全先进的技术、优质高效的服务，赢得了越来越多国家和地区的认可。截至 2025 年 2 月末，CIPS 系统共有直接参与者

169家，间接参与者1478家。间接参与者中，亚洲1079家（境内560家），欧洲257家，非洲59家，北美洲32家，南美洲32家，大洋洲19家。CIPS系统参与者分布在全球119个国家和地区，业务可通过4800多家法人银行机构覆盖全球185个国家和地区。截至2024年12月底，CIPS已累计处理各类支付业务金额约600万亿元。

任务二测试题

任务三
国际结算涉及的法律与国际惯例

【任务要求】

学生要阅读和了解国际结算中常用的国际惯例。

学生要掌握常用的六种国际贸易术语，明晰买卖双方在不同术语下应承担的义务。

教学活动1　国际结算涉及的法律与国际惯例

【活动设计】

通过【案例导入】，讨论、分析国际惯例对国际结算发展的影响。

【案例导入】

长春A贸易货栈以FOB条件进口一批货物。在目的港大连卸货时，发现有几件货物外包装破裂，并且货物有被水浸泡的痕迹。经查证，货物是在装船时因吊钩不牢掉在甲板上摔破，进而因包装破裂导致里面的货物被水浸泡。

分析：判断货物损失的责任方时，应依据哪个法律或国际惯例？

【基础知识】

在国际结算业务中，各有关当事人除了要受到本国相关法律法规的约束，还必须了解和遵循其他国家相关的法律与国际惯例。所谓国际结算惯例是指在国际贸易实践中逐渐自发形成的，在某地区、某行业中普遍接受和经常遵守的任意性行为规范。一般认为，构成国际惯例，须具备两个因素：一是物质因素，即有重复的类似行为；二是心理因素，即人们认为有法律拘束力。因此，国际惯例一般要经过相当长时间才能逐步形成。

国际惯例本身并不是法律，不具有普遍约束力。国际惯例在两种情况下对当事人具有约束力：一是当事人在合同中明确表示选用某项国际惯例；二是当事人没有排除对其已知道或应该知道的某项惯例的适用，而该惯例在国际贸易中为同类合同的当事人所广泛知道并经常遵守,则应视为当事人已默示地同意采用该项惯例。

一、与票据有关的法律

票据是现代国际结算的重要工具,规范和保障票据活动中各方当事人的权益对票据的使用和发展至关重要。目前,国际上有代表性的与票据有关的法律有:

(1)《英国票据法》

1882年开始实施,是英美法系票据法的典型代表,对加拿大、澳大利亚、新西兰、印度等国产生了较大影响。该法注重保护持票人及银行的权益。

(2)《日内瓦统一票据法》

1930年,由法、德等30多个国家组成的国际联盟在日内瓦召开国际票据法会议,通过了《统一汇票本票法公约》,1931年,又通过了《统一支票法公约》,二者合称《日内瓦统一票据法》,是大陆法系票据法的典型代表。

二、与国际结算方式有关的国际惯例

(一)《托收统一规则》

《托收统一规则》(The Uniform Rules for Collection,URC),由国际商会(ICC)制定并颁布,是托收业务领域唯一现行有效的国际惯例。自生效以来一直被各国相关机构普遍采纳。现行版本是1995年修订,1996年1月1日实施,称为《托收统一规则》国际商会第522号出版物(简称URC522)。URC522共7部分、26条,包括:总则及定义、托收的形式和结构、提示方式、义务与责任、付款等部分。URC522在很大程度上减少了托收业务中的争议,促进了托收业务的顺利开展。

(二)《跟单信用证统一惯例》

为了减少信用证业务中常常发生的纠纷和争议,调和各有关当事人之间的矛盾,使信用证成为国际贸易较好的结算方式,国际商会制定和颁布了《跟单信用证统一惯例》(Uniform Customs and Practice for Documentary Credits,UCP)。该惯例从1933年首次公布,已经历经七次修订,是全世界公认的、到目前为止最为成功的一套非官方规定。现行版本于2007年7月1日正式实施,称为《跟单信用证统一惯例》国际商会第600号出版物(UCP600)。UCP600共39条,包括:适用范围和定义、信用证的形式和通知、责任与义务、单据、杂项规定、可转让信用证和款项让渡等部分。

(三)《跟单信用证项下银行间偿付统一规则》

《跟单信用证项下银行间偿付统一规则》(The Uniform Rules for Bank-to-Bank Reimbursement Under Documentary Credits,URR)是跟单信用证业务项下银行之间进行偿付的通用规则,是规范和统一银行间偿付业务的重要操作标准和依据,它用规范化的流程和细则来保障银行间偿付业务的正常开展。在UCP600推出后，国际商会银行技术与惯例委员会以 UCP600 为基础，对 1996 年生效的《跟单信用证项下银行间偿付统一规则》（URR525）重新进行了修订，颁布了 URR725，于 2008 年 10 月正式生效。URR725 结合近年来信用证业务操作中的变化和特点，其内容更符合实务操作的需要，同时与 UCP600 并行，成为其不可分割的组成部分。

（四）《关于审核跟单信用证项下单据的国际标准银行实务》

由于各国对 UCP 的理解以及各银行审单标准的不统一，很多信用证业务在首次交单时就被拒付，从而出现大量争议甚至诉讼。为了解决这一问题，国际商会银行委员会于 2002 年首次通过了《关于审核跟单信用证项下单据的国际标准银行实务》（International Standard Banking Practice for the Examination of Documents Under Documentary Credits，ISBP）。该惯例对跟单信用证业务中的单据审核环节进行了规范，自应用以来，单据的拒付率不断下降，有效推动了信用证业务的健康发展。现行版本是国际商会第 745 号出版物，称为 ISBP745，于 2013 年正式启用。ISBP745 是 UCP600 的组成部分，应与 UCP600 一起整体使用。

（五）《合同保函统一规则》

《合同保函统一规则》（Uniform Rules for Contract Bonds，URCB524）由代表保险委员会以及建筑业、工程技术行业的成员所组成的国际商会工作组就合同保函在世界范围内的广泛适用而起草，于 1994 年 1 月 1 日生效，共 8 条，3 个附录。该规则将保函的性质确定为从属性的，即担保人承担的责任是第二性的，债务人依据基础交易产生的任何抗辩，担保人均可援引。

（六）《见索即付保函统一规则》

随着银行保函在国际上使用范围的不断扩大，其内容也逐渐复杂化，为了便于研究和使用，国际商会于 1992 年 4 月出版发行了《见索即付保函统一规则》（The Uniform Rules for Demand Guarantees，URDG458）。该规则为担保人与受益人之间、指示人与担保人之间，在某些方面还为委托人与担保人或指示人之间的交易提供了一个合同框架。现行版本是 URDG758，于 2009 年通过。修订后的 URDG758 是见索即付保函业务的权威业务指南，不仅是对原有规则的完善，更是适应新形势下保函业务发展趋势和需求的一套更清晰简洁、更系统科学的业务规则。

（七）《国际备用信用证惯例》

长期以来，备用信用证并没有一个统一的独立的规则，而是一直适用跟单信用证统一惯例。尽管备用证与跟单信用证有许多相似之处，但两者在实际操作中毕竟有许多不同之处。鉴于备用信用证在美国的广泛使用，1998 年在美国国际金融服务协会、美国国际银行法律与惯例协会和国际商会银行技术和惯例委员会的共同努力下，国际商会以第 590 号出版物（ICC590）颁布了《国际备用信用证惯例》（International Standby Practices，ISP98），并于 1999 年 1 月 1 日起开始实施，从此国际商会有了专门规范备用信用证的统一惯例。ISP98 的出版，解决了多年来各国关于备用信用证是属于信用证还是保函的争议。

（八）《国际保理通则》

国际保理在 20 世纪 60 年代发端于欧洲，是目前国际上运用较为广泛的贸易融资和结算方式。为了规范国际保理业务以及减少各方当事人的纠纷，保持保理交易中不同当事人的利益均衡，国际保理联合会于 1990 年 6 月颁布了《国际保理通则》（General Principals of International Factoring），共 28 条，分七个方面。最新版本于 2019 年 6 月修订。

三、与单据相关的国际惯例

（一）《海牙规则》

《海牙规则》（Hague Rules）是《统一提单的若干法律规定的国际公约》（International Convention for the Unification of Certain Rules of Law Relating to Bills of Lading）的简称，于 1931 年 6 月 2 日生效，是关于提单法律规定的第一部国际公约。《海牙规则》是为统一世界各国关于提单的不同法律规定，并确定承运人与托运人在海上货物运输中的权利和义务而制定的国际协议，适用于任何缔约国所签发的一切提单，共十六条。

（二）《汉堡规则》

《汉堡规则》（Hamburg Rules）是《联合国海上货物运输公约》（United Nations Convention on the Carriage of Goods by Sea，1978）的简称，于 1992 年 11 月 1 日生效。《汉堡规则》对《海牙规则》进行了根本性的修改，是一个较为完备的国际海上货物运输公约，明显地扩大了承运人的责任。

（三）《国际铁路货物运送公约》

《国际铁路货物运送公约》（International Convention concerning the Carriage of Goods by Rail）简称《国际货约》，是调整国际铁路货物运输当事人之间权利义务关系的公约。国际铁路货物运输始于 19 世纪后半期。欧洲各国曾于 1890 年在瑞士首都伯尔尼举行会议，制定了《国际铁路货物运送规则》，后于 1934 年经修订后改称为《国际铁路货物运送公约》，后又经多次修改，最后一次修订是 1975 年。《国际货约》分六个部分。

（四）《国际铁路货物联运协定》

《国际铁路货物联运协定》（Agreement of Goods of International Railway Through Transport），简称《国际货协》，是 1951 年 11 月由原苏联、捷克、罗马尼亚、东德等 8 个国家共同签订的一项铁路货运协定。1954 年 1 月我国加入，其后，朝鲜、越南、蒙古也陆续加入，至此共有 12 个国家加入《国际货协》。目前，我国对朝鲜、蒙古以及俄罗斯、独联体等各国的一部分进出口货物均采用国际铁路联运方式运送。由于独联体的出现，近年来，在原有协定基础之上，我国同相关国家又重新增订了有关铁路运输的国际公约。

（五）《伦敦保险协会货物保险条款》

在国际海运保险中，英国是一个历史悠久和业务比较发达的国家。它所制定的保险规章制度，特别是保险单和保险条款对世界各国影响很大。世界上大多数国家在海上保险业务中直接采用英国伦敦保险协会所制定的"协会货物条款"（Institute Cargo Clause, I. C. C.）。"协会货物条款"最早制订于1912年，后来经过多次修改，最近一次的修改是在1981年完成的，从1983年4月1日起实施。

（六）《国际贸易术语解释通则》

《国际贸易术语解释通则》（International Rules for the Interpretation of Trade Terms, INCOTERMS）是国际商会制定的关于国际贸易术语使用的通用规则，于1936年首次颁布，旨在便利全球贸易活动，避免世界各地贸易商之间不同做法和不同法律解释对国际贸易的阻碍。为适应国际贸易实践发展的需要，国际商会先后于1953年、1967年、1976年、1980年、1990年多次对其进行修订和补充。目前，最新版本是2020年1月1日生效的，称为《INCOTERMS 2020》。

对于一些重要的国际结算业务中涉及的法律与国际惯例，我们将在本书相应的项目中进行介绍。

教学活动2　贸易术语

【活动设计】

1. 通过【案例导入】，讲解国际贸易术语解释通则2020。
2. 组织课堂讨论，探讨在国际商务谈判中买卖双方应如何选择贸易术语。

【案例导入】

2024年5月，长春甲公司向德国乙公司出口汽车零部件产品，销售合同中约定的价格条件是CIF Berlin、支付条件是即期付款信用证、运输条款是不准转运。甲公司收到德国A银行开出的信用证与合同一致。因此，甲公司在信用证有效期内将货物装上直驶Berlin的班轮，并以直运提单办理了议付，A银行也凭议付行提交的直运提单进行了偿付。承运船只驶离我国途经某港口时，船公司为接载其他货物，擅自将甲公司货物卸下，换装其他船舶继续运往Berlin。由于转运船舶设备老化，货物抵达目的港延迟了半个多月，影响了乙公司货物的使用。为此，乙公司向甲公司提出索赔，理由是甲公司提交的是直运提单，而实际上是转船运输，是弄虚作假行为。甲公司有关业务员认为，合同用的是"到岸价格"，船舶的舱位是甲公司租订的，船方擅自转船的风险理应由甲公司承担，因此按对方要求进行了理赔。

思考：甲公司的做法是否正确？为什么？

【基础知识】

一、国际贸易术语的含义

国际贸易术语（Trade Term），又称价格术语、价格条件、交货条件，是指

微课：国际贸易术语含义

用三个简短的英文字母来表示买卖商品的价格构成及买卖双方各自应承担的费用、风险与责任划分的专门术语。

国际贸易是跨越国界的，具有距离远、环节多、涉及面广、风险大等特点。交易双方在洽商和订立合同时，会遇到许多国内贸易所没有的问题，如卖方是在内陆、港口、车站还是飞机场交货；是直接交给买方还是交给指定的承运人；货物发生损坏或灭失的风险是交货时还是到货时由卖方转移给买方；由卖方还是买方负责办理货物运输、保险以及海关过境等手续；由卖方还是买方负担运费、保险费、检验费、装卸费、进出口关税及其他杂项费用；交易双方需要交接哪些单据。如果每笔交易都要求双方对上述问题进行逐项磋商，必将耗费大量的精力和时间，影响交易的达成，但这些问题又是每笔交易必须加以明确的最基本问题。为了解决这些问题，在长期的国际贸易实践中逐渐产生了各种不同的贸易术语。交易双方通过磋商，只要选定相应的贸易术语，就能确定各自应承担的费用、风险与责任。

买卖双方签订销售合同时，贸易术语包含在价格条款里。合同中的价格条款，一般包括商品的单价和总值两项内容。一个完整的单价，必须由四个部分组成，即计量单位、单价金额、计价货币和贸易术语，缺一不可。例如：USD135.00 per M/T（Metric Ton）CIFLondon Incoterms 2020（每公吨135美元，CIF伦敦）。

二、《国际贸易术语解释通则2020》

国际商会的《国际贸易术语解释规则》最新版本已于2020年1月1日生效，共11种贸易术语。按照运输方式不同，11种贸易术语可以分为两大类：一类是适合于任何运输方式的贸易术语（EXW、FCA、CPT、CIP、DAP、DPU、DDP）；另一类是适合于水上运输方式，即海运和内河运输的贸易术语（FAS、FOB、CFR、CIF）。国际商会在《INCOTEMS 2000》中根据贸易术语开头字母的不同，将贸易术语分为E、F、C、D四组，从E组到D组，卖方的义务逐渐加重，此种分组方法对2020版同样适用。即11种贸易术语中，E组有一个贸易术语：EXW；F组有三个贸易术语：FAS、FOB和FCA；C组有四个贸易术语：CFR、CIF、CPT和CIP；D组有三个贸易术语：DAP、DPU和DDP。

拓展阅读：
INCOTERMS 2020 汇总表

（一）EXW

EXW的全称是Ex Works（…named place），意思是工厂交货（指定地点），是指卖方将货物从工厂（或仓库）交付给买方，除非另有规定，卖方不负责将货物装上买方安排的车或船上，也不办理出口报关手续。买方负担自卖方工厂交付后至最终目的地的一切费用和风险。

按EXW术语成交时，卖方承担的风险、责任以及费用都是最小的。在交单方面，卖方只需要提供商业发票或电子数据，如合同有要求，才需提供证明所交货物与合同规定相符的证件。

微课：贸易术语 EXW

1. 卖方的主要义务

（1）在合同规定的时间、地点将符合合同要求的货物交给买方处置，此时风险和费用由卖方转移给买方；

（2）提供商业发票或同等作用的电子记录/程序，如合同有要求，还需提供与合同相符的证明（一般为检验检疫证书）；

（3）通知买方交货的时间和地点。

2. 买方的主要义务

（1）承担在卖方所在地受领货物的全部费用和风险；

（2）自负风险和费用办理货物的出口、进口许可证或其他官方证件；

（3）将货物从交货地点运至最终目的地；

（4）通知卖方在有效时期内提货的时间，否则承担期满后货物的一切风险和费用。

3. 实际业务中的注意要点

（1）在 EXW 术语后面要尽可能清楚地写明指定交货地点内的交付点。如果在指定交货地点没有约定特定的交付点，且有不止一个交付点可供使用时，卖方可以选择对其来说最方便的交付点。

（2）卖方不需要将货物装上任何前来接收货物的运输工具，如果卖方更方便装货，应使用 FCA。

（3）在需要办理海关手续时，卖方无义务安排出口通关。只有在买方提出要求并承担风险和费用时，卖方才有义务协助买方办理出口清关手续。因此，在买方不能直接或间接地办理出口清关手续时，不建议使用该术语。

（4）买方仅有限度地承担向卖方提供货物出口相关信息的责任。而当买方提出要求并承担风险和费用时，卖方必须及时向买方提供或协助其取得相关货物出口和/或进口、和/或将货物运输到最终目的地所需要的任何文件和信息，包括安全相关信息。

（5）在 EXW 术语项下，风险和费用通常一起转移，有时也可以提前转移。风险提前转移的前提就是货物已经完成"特定化"。所谓"货物的特定化"是指卖方在货物上加注标志，或以装运单据、通知买方等方式将货物清楚地确定在合同项下的行为。这一过程涉及将货物明确指定为履行特定合同标的的行为，确保货物在交付过程中不会被混淆或误认。被特定化的货物，风险自卖方将货物特定化时起转移给买方。

（二）FAS

FAS 的全称是 Free alongside Ship（…named port of shipment），即船边交货（……指定装运港），通常称作装运港船边交货。"船边交货"是指当卖方在指定的装运港将货物交到买方指定的船边（如：置于码头或驳船上）时，即为交货。货物灭失或损坏的风险在货物交到船边时由卖方转移给买方，同时买方承担自那时起的一切费用。

微课：贸易术语 FAS

在大宗货物的贸易中，特别是小麦、棉花、大豆、矿石等初级产品贸易中，出口商通常采用该术语。

1. 卖方的主要义务

（1）必须在买方指定的装运港，在买方指定的装货地点（如果有指定的装货地点),将货物交至买方指定的船边。

(2) 负责办理货物出口清关手续,承担出口清关的费用。

(3) 承担货物在买方指定的船边交由买方前的一切风险和费用。

(4) 提供符合合同规定的商业发票以及合同规定的其他相关凭证或同等作用的电子记录/程序。

2. 买方的主要义务

(1) 接受卖方提供的有关单据,受领货物,并按合同规定支付货款。

(2) 承担货物在自己指定的船边交货时起的一切风险和费用。

(3) 自担风险和费用取得进口许可证或其他官方许可,并办理货物进口和从他国过境所需的一切海关手续,支付关税及其他有关费用。

3. 实际业务中的注意要点

(1) FAS 术语项下,船边通常是指船舶装卸设备的吊货机或岸上装卸索具可触及的范围。

(2) 当装货港口拥挤或大船无法靠近时,卖方征得买方同意可将交货条件改为"驳船上交货"(Free on Lighter),此时,卖方的责任仅在货物越过驳船船舷时为止,驳船费用及其风险可由买方承担。

(3) 在 FAS 术语项下,当买方没有及时向卖方发出关于装运船舶、装运地以及交货时间等通知,或所指定的船舶没有按时抵达装运港,或船舶按时抵达却无法完成装货工作或提前停止装货时,只要货物已被清楚地确定为合同项下的货物,自约定的交货日期或期限届满时起,买方承担货物灭失或损坏的一切风险和由此产生的一切额外费用。

(4) 注意与《美国对外贸易定义(1941 年修订本)》中的 FAS 术语的差别。按照美国术语的解释,FAS 的全称是 Free along Side,即指货交各种运输工具的旁边,包括陆运在内均适用。因此,对美国出口时则需要在 FAS 之后加上"Vessel"字样才表示《INCOTERMS 2020》中 FAS 的含义。

拓展阅读:
美国对外贸易定义

(三) FOB

FOB 的全称是 Free on Board (...named port of shipment),即装运港船上交货(……指定装港),是指卖方在指定的装运港,将货物交到买方指定的船舶上。FOB 是国际贸易中常用的贸易术语之一。根据《INCOTERMS 2020》的规定,FOB 术语只适用于海运和内河运输,如果货物装载集装箱里并在集装箱码头交货,则应采用 FCA 贸易术语。

1. 卖方的主要义务

(1) 负责在合同规定的日期或期限内,将符合合同规定的货物交至买方指派的船舶上,并及时通知买方。

(2) 自负风险和费用取得出口许可证或其他官方许可,办理货物出口所需的一切海关手续。

(3) 承担货物在装运港交付到买方指定船舶上之前的一切费用和风险。

(4) 提供符合买卖合同约定的商业发票以及合同可能要求的其他单据或同等作用的电子记录/程序。

微课:贸易术语 FOB

2. 买方的主要义务

(1) 根据买卖合同的规定受领货物并支付货款。

(2) 负责租船或定舱、支付运费，并将船名、装船地点和交货时间及时通知卖方。

(3) 自负风险和费用取得进口许可证或其他官方许可，并负责办理货物进口所需的一切海关手续。

(4) 承担货物在装运港交付到自己所派船舶上之后的一切费用和风险。

3. 实际业务中的注意要点

(1) 在 FOB 术语项下，当买方没有及时向卖方发出关于装运船舶、装运地以及交货时间等通知，或所指定的船舶没有按时抵达装运港，或船舶按时抵达却无法完成装货工作或提前停止装货时，只要货物已被清楚地确定为合同项下之货物，自协议规定的日期或约定的通知日期或约定的交货期限届满之日起，买方承担货物灭失或损坏的一切风险和由此产生的一切额外费用。

(2) 卖方必须慎重履行交货与交单义务。FOB 术语项下卖方必须提供符合销售合同规定的货物和商业发票，以及合同可能要求的、证明货物符合合同规定的其他任何凭证或具有与商业单据同等效力的电子凭证。由于 FOB 术语下，买方一般不可能亲临交货地点去接收货物，所以卖方通常都是凭提交合同要求的单据来完成其交货义务。

(3) 提单托运人最好选择卖方。FOB 术语下的买卖双方都符合《中华人民共和国海商法》规定的托运人的条件，但实务中最好以卖方作为托运人，否则，如果买方和承运人相互串通，在没有付清货款的情况下，买方可能会以托运人的身份先行将货物提走。

(4) 注意出口通关的办理与美国贸易惯例的差异。《INCOTERMS 2020》规定，卖方必须自行承担取得任何出口许可证或其他官方许可的风险和费用，并办理货物出口所需的一切海关手续。而根据《美国对外贸易定义》的解释，申领出口许可证和办理出口通关手续由买方负责，其费用和风险也由买方承担。只有当买方自行办理有困难时，在买方要求，并由买方承担费用和风险的情况下，卖方可以协助办理。因此，为了避免由于贸易惯例的不同产生误解，双方最好在合同中明确规定。

(5) FOB 的变形。由于世界各港的惯例不同，对于装货、理舱等费用也有不同的规定。因此，买卖双方必须在贸易合同中明确约定由谁负担这些费用。实践中，通常是在 FOB 术语后加附加条件来说明，由此便产生了 FOB 的变形。FOB 的变形，只是为了表明装货、理舱等费用由谁负责，并不改变该术语的交货地点及风险、责任的划分。

① FOB Liner Terms（FOB 班轮条件）。装船费用按照班轮的做法处理，即由船方或买方承担，卖方不负担装船的有关费用。

② FOB under Tackle（FOB 吊钩下交货）。卖方负担将货物交到买方指定船只的吊钩所及之处的费用，而吊装入舱以及其他各项费用均由买方负担。

③ FOB Stowed（FOB 理舱费在内）。卖方负责将货物装入船舱并承担包括理

舱费在内的装船费用。理舱费是指货物（如集装箱）入舱后进行安置和整理的费用。

④ FOB Trimmed（FOB平舱费在内）。卖方负责将货物装入船舱并承担包括平舱费在内的装船费用。平舱费是指对装入船舱的散装货物（如煤炭、粮食）进行平整所需的费用。

⑤ FOB Stowed and Trimmed（FOBST）。这一变形是指卖方承担包括理舱费和平舱费在内的装船费用。

（四）FCA

FCA的全称是Free Carrier（…named place），即货交承运人（……指定地点），是指卖方在卖方所在地或其他指定地点将货物交给买方指定的承运人或其他人。根据商业惯例，当卖方被要求与承运人通过签订合同进行协作时，在买方承担风险和费用的情况下，卖方可以照此办理。

微课：贸易术语FCA

1. 卖方的主要义务

（1）自负风险和费用取得出口许可证或其他官方许可，办理货物出口所需的一切海关手续。

（2）在约定的交货日期或期限内，在指定地点或指定地点的约定点（如有约定），将货物交付给买方指定的承运人或其他人，并及时通知买方。

（3）承担将货物交给承运人之前的一切费用和风险。

（4）提供符合合同规定的商业发票以及合同规定的其他相关凭证或同等作用的电子记录/程序。

2. 买方的主要义务

（1）签订从指定地点承运货物的合同，支付有关运费，并将承运人名称及有关情况及时通知卖方。

（2）自负风险和费用，取得进口许可证或其他官方许可，并且办理货物进口所需的一切海关手续。

（3）根据买卖合同的规定受领货物并支付货款。

（4）承担受领货物之后所发生的一切费用和风险。

3. 实际业务中的注意要点

（1）卖方交货事项。

① 若指定的地点是卖方所在地，则当货物被装上买方指定的承运人或代表买方的其他人提供的运输工具时，卖方即履行完交货义务。

② 若在指定的地点没有约定具体交货点，且有几个具体交货点可供选择时，卖方可以在指定地点选择最适合其目的的交货点。

③ 除非买方另有通知，否则，卖方可以根据货物的数量和/或性质的要求，将货物以适宜的方式交付运输。

（2）FCA术语下，当买方没有将承运人或其他人的指定告知卖方或提醒其注意，或指定的承运人或其他人未接管货物，只要货物已被清楚地确定为合同项下之货物，自约定日期或约定的告知日期或约定的交货期限届满之日起，买方承担货物灭失或损坏的一切风险和由此产生的一切额外费用。

(3) FCA 术语下，买卖双方如果同意卖方将货物交付集装箱码头，买方可指示其承运人在卸货时向卖方签发已装船提单，卖方有义务向买方提交该提单（通过银行链）。

（五）CFR

CFR 的全称是 Cost and Freight（... named port of destination），即成本加运费（……指定目的港），是指卖方在装运港船舶上交货，货物灭失或损坏的风险在货物交到船舶上时发生转移，卖方必须签订运输合同，并支付运费，将货物运至指定目的港。

微课：贸易术语 CFR

1. 卖方的主要义务

（1）在合同规定的时间和装运港，将货物装上船舶，运往指定目的港，并及时通知买方。

（2）自负风险和费用取得出口许可证或其他官方许可，办理货物出口所需的一切海关手续。

（3）负责租船或订舱，并支付至目的港的正常运费。

（4）负担货物在装运港交付到自己安排的船舶上之前的一切费用和风险。

（5）提供符合合同规定的商业发票以及合同规定的运输单据和其他相关凭证或同等作用的电子记录或程序。

2. 买方的主要义务

（1）根据买卖合同的规定受领货物并支付货款。

（2）自负风险和费用办理货物进口清关手续，取得进口许可证或其他官方许可。

（3）负担货物在装运港交付到卖方安排的船舶上之后的一切费用和风险。

3. 实际业务中的注意要点

（1）卖方在装运港将货物装到船舱内，风险即转移到买方，因此买方必须在此之前向保险公司办妥保险。实际业务中卖方应于装运前与买方就何时和采用何种方法发送装船通知进行商定，贸易合同中也应注明装船通知的发送内容、方式、发送时间等。

（2）CFR 术语的变形。由于世界各国的惯例不同，对于卸货费用也有不同的规定。因此，买卖双方必须在贸易合同中明确由谁负担卸货费用。在实践中，通常是在 CFR 术语后加附加条件来说明，由此便产生了 CFR 的变形。CFR 的变形，只是为了表明卸货费用由谁负责，并不改变该术语的交货地点及风险、责任的划分。

① CFR Liner Terms（CFR 班轮条件）。卸货费用按班轮办法处理，由船方或卖方承担，即买方不负担卸货费用。

② CFR Landed（CFR 卸到岸上）。由卖方负担卸货费，包括因船不能靠岸，需将货物用驳船卸到岸上支出的驳运费在内的费用。

③ CFR under Ship's Tackle（CFR 吊钩下交货）。卖方负担将货物从船舶起卸到吊钩所及之处（码头或驳船上）的费用。

④ CFR Ex Ship's Hold（CFR 舱底交货）。货物运到目的港后，买方负担费用

将货物从舱底卸到码头上。

（六）CPT

CPT 术语的全称是 Carriage Paid to（… named place of destination），即成本加运费付至（指定目的地），是指卖方在双方约定地点（如果双方已经约定了地点）将货物交给指定承运人或其他人，签订运输合同并支付将货物运至指定目的地所需的费用，买方则承担交货后的一切风险和其他费用。

1. 卖方的主要义务

（1）在合同规定的时间、地点，将货物交给指定承运人，并及时通知买方。

（2）提供符合合同规定的货物和商业发票、运输凭证以及合同可能要求的其他单据或同等作用的电子记录或程序。

（3）按照通常条件订立运输合同，支付运费，经由通常航线和习惯方式运送货物。

（4）承担将货物交给指定承运人之前的风险。

（5）自负风险和费用取得出口许可证或其他官方许可，并办理出口清关手续，支付关税及其他有关费用。

2. 买方的主要义务

（1）接受卖方提供的符合合同规定的有关单据，受领货物，并按合同规定支付货款。

（2）承担自货物在约定交货地点交给承运人之后的风险。

（3）自负风险和费用取得进口许可证或其他官方许可，办理货物进口清关手续，支付关税及其他有关费用。

3. 实际业务中的注意要点

（1）采用 CPT 术语成交时，交易双方应该明确，卖方承担的风险只有在边境指定地点完成交货时才转移给买方，而不是在此之前。

（2）采用 CPT 术语时，卖方对买方无订立保险合同的义务，但应买方要求并由其承担风险和费用情况下，卖方必须向买方提供后者取得保险所需的信息。

（3）如果买方需要卖方提供交货方面的特殊信息，应在买卖合同中约定或在信用证中作出规定。若卖方未按惯例规定发出或未及时发出交货通知，使买方投保无依据或造成买方漏保，货物在运输过程中一旦发生灭失或损坏，应由卖方承担赔偿责任。

（4）采用 CPT 术语时，由于风险转移和费用转移地点不同，买卖双方要尽可能在合同中明确交货地点和指定的目的地。如果双方在定约时未能就具体的交货地点作出明确规定，卖方有权自行选择最适宜的边境地点作为交货地点。

（七）CIF

CIF 的全称是 Cost, Insurance and Freight（… port of destination），即成本加保险费加运费（……指定目的港），是指卖方在装运港船舶上交货，货物灭失或损坏的风险在货物交到船舶上时发生转移，卖方必须签订运输合同和保险合同，并支付运费和保费，将货物运至指定目的港。CIF 是国际贸易中最常用的贸易术语之一。

微课：贸易术语 CPT

微课：贸易术语 CIF

1. 卖方的主要义务

（1）在合同规定的期限内，在装运港将符合合同规定的货物交至运往指定目的港的船舶上，并给予买方装船通知。

（2）自负风险和费用取得出口许可证或其他官方许可，办理货物出口所需的一切清关手续。

（3）按照通常条件订立运输合同，支付运费，经由通常航线，由通常用来运输该类商品的船舶运输。

（4）自付费用取得货物保险，该保险需符合《协会货物保险条款》（Institute Cargo Clauses, LMA/IUA）"条款（C）"或任何适用于货物运输方式的类似条款，即最低投保平安险。

（5）承担货物在装运港交付到指定船舶上以前的一切风险。

（6）提供货物运往指定目的港的通常运输单据、商业发票和保险单等单据或同等作用的电子记录或程序。

2. 买方的主要义务

（1）自负风险和费用取得进口许可证或其他官方许可，办理货物进口和从他国过境运输所需要的一切海关手续。

（2）承担货物在装运港交付到指定船舶上以后的一切风险。

（3）收取卖方按合同规定交付的货物并支付货款，接受与合同相符的单据。

3. 实际业务中的注意要点

（1）CIF 术语中交货地点及风险转移地点都在装运港的船舶上，卖方只要将货物安全地装到船舶上即完成交货义务，其后的风险都由买方承担。卖方将保险单、海运提单等交给买方，风险索赔等则由买方办理。

（2）CIF 条件下卖方自主订船，选择船公司/货代、自付运费、码头费等，一般不接受买方指定的货代/船公司等。实务中如果买方选择国外知名船运公司，卖方和买方确认运费、船期后也可以接受，但一般不由买方指定的货代出运。

（3）CIF 术语中，一般用"PORT TO PORT"（即港至港条款），起运港的码头作业费等由卖方承担，目的港的码头作业费等则由买方承担。

（4）采用 CIF 术语时，起运港至目的港的运输由卖方负责，卖方只需按照适航性和适货性的通常条件办理运输即可。如果买方关于运输提出某些限制条件，卖方应慎重考虑，如无法办到就果断拒绝，一旦接受，就必须严格照办。

（5）采用 CIF 术语时，由于英美法规定，目的港属于要件，而装运港不是要件，只属于担保，因此，如果合同中明确规定了目的港名称，双方就必须遵照执行。任何一方若想变更目的港，必须征得对方同意，否则属于违反要件，构成重大违约。

（6）CIF 术语的变形与 CFR 术语的变形相同，包括：CIF Liner Terms、CIF Landed、CIF under Ship's Tackle 和 CIF Ex Ship's Hold。

（八）CIP

CIP 的全称是 Carriage and Insurance Paid to (... named place of destination)，即运费、保险费付至（指定目的地），是指卖方在双方约定地点将货物交给指定

微课：贸易术语 CIP

承运人，支付将货物运至指定目的地的运费，为买方办理货物在运输途中的货运保险，买方则承担交货后的一切风险和其他费用。

1. 卖方的主要义务

（1）提供符合合同规定的货物和商业发票、货物运往指定目的地的通常运输单据和保险单等单据或同等作用的电子记录或程序。

（2）在合同规定的时间、地点，将合同规定的货物交付指定承运人，并及时通知买方。

（3）订立货物运往指定目的地的运输合同，并支付有关运费。

（4）自付费用取得货物保险，需要投保符合《协会货物保险条款》（Institute Cargo Clauses, LMA/IUA）"条款（A）"或其他类似条款下的范围广泛的险别。

（5）承担货物在约定交货地点交付指定承运人之前的一切风险。

（6）自负风险和费用取得出口许可证或其他官方许可，并办理出口清关手续，支付关税及其他有关费用。

2. 买方的主要义务

（1）接受卖方提供的符合合同规定的有关单据，受领货物，并按合同规定支付货款。

（2）承担自货物在约定交货地点交付指定承运人之后的一切风险。

（3）自负风险和费用取得进口许可证或其他官方许可，并办理货物进口所需海关手续，支付关税及其他有关费用。

3. 实际业务中的注意要点

（1）CIP 术语下，卖方订立保险合同时最低保险范围必须符合《协会货物保险条款》（LMA/IUA）（A）条款的要求，即投保"一切险"（不包括除外责任），而 CIF 术语下的最低保险范围只是 LMA/IUA）（C）条款的承保范围，这是因为 CIF 通常用于大宗商品交易，而 CIP 则通常用于制成品交易。

（2）卖方对外报价时，要认真核算成本和价格。在核算时，要综合考虑运输距离、保险险别、各种运输方式和各类保险的收费情况，还要预估运价和保险费的变动趋势。

（九）DPU

DPU 全称是 Delivered at Place Unloaded，即目的地卸货后交货，是指卖方在指定目的地卸货后将货物交给买方处置，即完成交货。

1. 卖方的主要义务

（1）提供符合买卖合同规定的货物，并向买方发出所需通知，以便买方采取收取货物通常所需要的措施。

（2）自负风险和费用取得出口许可证或其他官方许可，并办理出口清关手续，支付关税及其他有关费用。

（3）订立货物运往指定目的地的运输合同，并支付有关运费。

（4）提供符合合同规定的货物和商业发票、货物运往指定目的地的通常运输单据和保险单等单据或同等作用的电子记录或程序。

微课：贸易术语 DPU

（5）承担货物在指定目的地卸货后交付买方之前的一切风险。

2. 买方的主要义务

（1）在卖方按照合同规定交货时受领货物，按合同规定支付货款；承担自收货之时起一切关于货物损坏和灭失的风险，支付自交货之时起与货物有关的一切费用。

（2）自负风险和费用，取得进口许可证或其他官方许可，办理货物进口清关手续。

（3）当有权决定约定期限内的时间及/或指定目的地的提货点时，买方必须向卖方发出充分通知。

3. 实际业务中的注意要点

（1）DPU 术语下，卖方要将货物交付至买方所在地可以卸货的任何地方，而不是必须在运输终端，但要负责卸货，承担卸货费。

（2）买方或其代理人在目的地受领货物后，需要自行办理进口清关、转运等手续，并承担由此产生的相关费用及风险。

（3）卖方对买方没有订立保险合同的义务，但由于整个运输过程的风险要由卖方承担，卖方通常会投保，以规避货物运输风险。

（十）DAP

DAP 的全称是 Delivered At Place（…named place of destination），即目的地交货（……指定目的地），是指卖方在指定目的地将仍处于抵达的运输工具上且已做好卸载准备的货物交由买方处置，即完成交货。

微课：贸易术语 DAP

1. 卖方的主要义务

（1）提供符合买卖合同约定的货物，并向买方发出所需通知，以便买方采取收取货物通常所需要的措施。

（2）自付风险和费用取得出口许可证和其他官方许可，办理货物出口清关和交货前从他国过境运输所需的一切海关手续，缴纳出口应交的一切关税、税款和其他费用，以及货物从他国过境运输的费用。

（3）签订运输合同，支付将货物运至指定目的地或指定目的地内的约定地点所发生的运费。

（4）承担在指定目的地运输工具上交货之前的一切风险。

（5）提供符合合同规定的商业发票、运输单据，以及合同规定的其他相关单据或同等作用的电子记录或程序。

2. 买方的主要义务

（1）承担在指定目的地运输工具上交货之后的一切风险。

（2）自负风险和费用取得进口许可证或其他官方许可，办理货物进口所需的一切海关手续。

（3）按合同约定收取货物，接收卖方提供的符合合同规定的单据，支付货款。

（4）当有权决定约定期限内的时间及/或指定目的地的提货点时，买方必须向卖方发出充分通知。

3. 实际业务中的注意要点

（1）DAP 的交货地点既可以是在两国边境的指定地点，也可以是在目的港的船上，也可以是在进口国内陆的某一地点。

（2）卖方在指定目的地交货，但卖方不负责卸货，而由买方负责将货物卸下，但卖方要保证货物可供卸载。卖方在签订运输合同时应注意运输合同与买卖合同相关交货地点的协调，如果卖方按照运输合同在指定目的地发生了卸货费用，除非双方另有约定，卖方无权向买方要求偿付。

（3）买卖双方应尽可能清楚地订明指定目的地的交货地址，最好能具体到指定目的地内的特定地点。如果没有约定特定的交货点或该交货点不能确定，卖方可以在指定目的地选择最适合其目的的交货点。

（4）卖方对买方没有订立保险合同的义务，但由于整个运输过程的风险要由卖方承担，卖方通常会投保，以规避货物运输风险。

（十一）DDP

DDP 的全称是 Delivered Duty Paid (... named place of destination)，即完税后交货（……指定目的地），是指卖方在指定目的地将仍处于抵达的运输工具上，但已完成进口清关，且已作好卸载准备的货物交由买方处置，即完成交货。DDP 术语是 11 种贸易术语中卖方承担责任最大、负担费用最多的一个术语。

微课：贸易术语 DDP

1. 卖方的主要义务

（1）提供符合合同规定的货物，并向买方发出所需通知，以便买方采取收取货物通常所需要的措施。

（2）自担风险和费用取得出口许可证和进口许可证或其他官方许可或其他文件，并办理从他国过境所需的一切海关手续，支付关税及其他有关费用。

（3）承担在指定目的地交货前货物灭失或损坏的一切风险。

（4）提供符合合同规定的商业发票、运输单据，以及合同规定的其他相关单据或同等作用的电子记录或程序。

2. 买方的主要义务

（1）按合同约定收取货物，接受卖方提供的符合合同规定的单据，支付货款。

（2）应卖方要求，并由其负担风险和费用，买方必须给予卖方一切协助，帮助卖方取得货物进口所需的进口许可证或其他官方许可。

（3）承担在指定目的地交货后货物灭失或损坏的一切风险。

（4）当有权决定约定期限内的时间及/或指定目的地的提货点时，买方必须向卖方发出充分通知。

3. 实际业务中的注意要点

（1）DDP 术语下，如果卖方直接办理进口手续有困难，也可要求买方协助办理，但如果卖方不能直接或间接地取得进口许可或办理进口手续，则不应使用 DDP 术语。

（2）如果双方当事人愿意从卖方的义务中排除货物进口时需支付的某些费用，如增值税，则应就此意思加注字句，如"完税后交货，增值税未付（插入指定目的地)",以使之明确。

(3)买方负责在指定目的地将货物从到达的运输工具上卸下,但卖方要保证货物可供卸载。卖方在签订运输合同时应注意运输合同与买卖合同相关交货地点的协调,如果卖方按照运输合同在指定目的地发生了卸货费用,除非双方另有约定,卖方无权向买方要求偿付。

(4)DDP术语下,卖方对买方没有订立保险合同的义务,但由于整个运输过程的风险要由卖方承担,卖方通常会投保,以规避货物运输风险。

 金融科技专栏

中国工商银行国际结算数字化实践

2022年5月,中国工商银行依托自主研发的"环球智汇"国际结算系统,为一家从事中欧贸易的企业完成了一笔从中国上海到法国巴黎的美元结算业务。通过整合跨境清算网络、智能报文转换技术及实时风控模型,该笔业务实现了汇款指令自动核验、清算路径智能选择,将传统模式下需2—3个工作日的到账时间压缩至4小时,且全程可通过企业网银查询资金状态,这标志着国内银行在国际结算全流程数字化上实现了重要突破。

国际结算是跨境经济往来的核心支撑,传统国际结算依赖多家中介银行接力处理,存在流程冗长、费用较高、信息滞后等问题。而金融科技的深度应用正逐步破解这些痛点:银行借助大数据分析提升跨境交易的风险识别效率,利用人工智能实现单据的自动校验与匹配,结合区块链技术构建跨境结算联盟链,让交易信息在参与方之间实时共享且不可篡改,有效简化了结算环节、降低了操作风险,推动国际结算朝着更高效、透明、安全的方向发展。

资料来源:中国工商银行国际结算数字化实践案例,新华网。

 金融职业素养专栏

国际结算业务是连接全球贸易与金融的核心纽带,是保障跨境经济活动有序开展、支撑国家对外开放格局的基础工程。在促进资源全球配置、维护国际收支平衡方面,国际结算业务具有基础性作用,其高效规范运行直接彰显金融市场的成熟度与国际竞争力。我们要深刻认识到国际结算不仅是资金跨境流动的技术安排,更是国际经济治理规则的实践载体与国家金融软实力的重要体现。因此,必须树立"统筹安全与效率"的职业理念,将其作为履行金融使命的关键环节,在账户管理、清算渠道选择及跨境资金审核中严守国际规则与监管要求,杜绝洗钱、套汇等违法违规行为,以精准、高效的服务保障跨境经济活动畅通,践行金融赋能实体经济、服务国家发展大局的时代责任。

任务三测试题

综合实训

思维导图

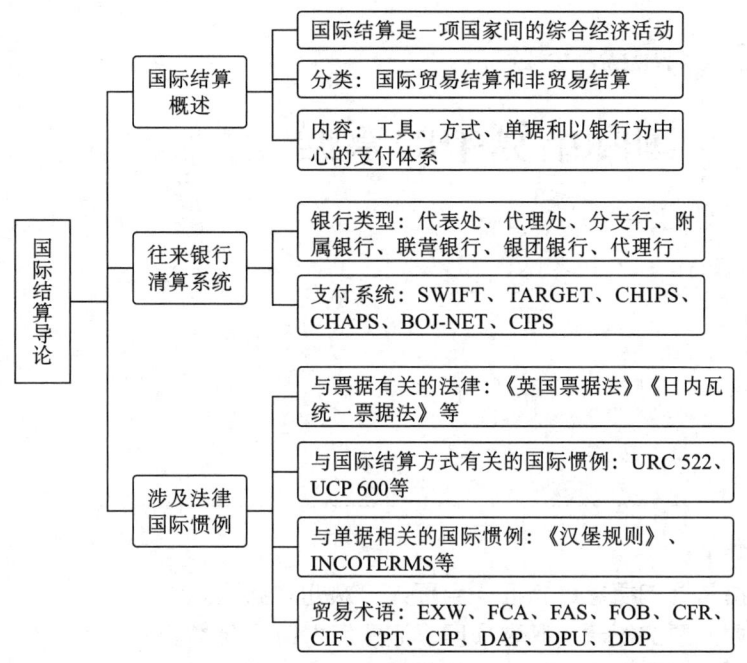

项目二 Chapter 2
国际结算中的票据

PPT

【知识目标】
1. 掌握票据的概念、特征、当事人,熟知票据法。
2. 掌握汇票的概念、必要项目、汇票行为以及分类。
3. 掌握本票和支票的概念、必要项目以及分类。

【能力目标】
1. 能针对具体业务,签发与审核汇票、本票和支票。
2. 能针对不同业务需求,正确对汇票进行背书和承兑。
3. 能正确运用票据法,对实际票据案例进行判断和分析。

【素质目标】
1. 弘扬中国票据文化,提高学生坚守契约精神的能力。
2. 培养学生遵纪守法、认真负责的工作态度,提升风险防范意识。

任务一 概述

【任务要求】
学生要掌握票据的概念、特征,能正确分析票据案例。

学生要课后阅读《英国票据法》《日内瓦统一票据法》和《中华人民共和国票据法》。

教学活动1 票据的概念和特征

【活动设计】

1. 通过【案例导入】，讲解票据的概念和特征。
2. 通过拓展阅读，学生了解票据的历史及作用。

【案例导入】

美国甲公司与法国乙公司签订了一份进口汽车零部件合同，总金额为600万欧元，允许分批装运。在首次交货期前，乙公司提出鉴于甲公司资金周转困难，允许甲公司对乙公司采用远期汇票进行支付，期限为见票后一年付款，该汇票要由A银行承兑。甲公司以为开立远期汇票就可以得到货物是一笔无本生意，于是欣然接受并按乙公司的要求签发了汇票。令甲公司始料不及的是，乙公司将这张汇票在香港的B银行贴现了550万欧元后就消失了，并未交货。一年后，B银行将这张承兑过的远期汇票提请A银行付款，承兑行全额付款。

思考：什么是远期汇票？如何承兑？承兑后的汇票有什么风险？

【基础知识】

现代国际结算主要是以票据为基础、单据为条件、银行为中介、结算与融资相结合的非现金结算体系。票据是经济发展到信用支付阶段的产物，其使用能够解决国际贸易结算中现金支付带来的不便，促进了国际贸易的发展。

拓展阅读：
票据的起源与发展

一、票据的概念

票据（Bills 或 Instruments）有广义与狭义之分。广义的票据（Documents of Title）是指代表一定商业权力的书面凭证，既包括股票、债券、发票、提单、保险单这样的商业票据（Commercial Documents），也包括汇票、本票、支票这样的金融票据。狭义的票据仅指金融票据（Financial Documents），是出票人委托他人或自己承诺在特定时期向指定人或持票人无条件支付一定款项的书面凭证，即以支付一定金额为目的、可以流通转让的有价证券。

人们通常所说的票据一般指的是狭义的票据，即票据法中规定的汇票、本票和支票。如无特别说明，本书中所讲的票据仅指狭义票据。

思政课堂：
中国票据史

二、票据的特征

作为一种支付、结算、信用、融资工具，票据的发行目的是支付，或者说是代替现金充当支付手段来结清债权债务关系。票据之所以能够代替现金成为一种支付手段，主要是因为它具有如下特征：

（一）设权性（Right to be Paid）

票据做成后经过交付，即创设了对于给付一定金额的请求权，票据的权利和义务也随之确立。开立票据的目的，不在于证明已经存在的权利，而是要设定票据上的权利。这种权利在票据做成之前并不存在，在票据做成的同时产生并被确立。票据权利产生的前提是做成票据，票据权利的转移必须交付票据，权利的行使必须提示票据。因此没有票据也就没有票据权利，票据权利与票据是密不可分的。票据权利分为三种：付款请求权、流通转让权和追索权。票据的权力人依法可以享有这三种权利，直至票据所代表的债权债务关系完结，退出流通为止。

例如：加拿大 A 公司从英国 B 公司进口了价值为 50 万美元的机器设备，A 应向 B 支付货款 50 万美元。付款方式有两种：一种是直接支付现金，另一种是通过签发票据付款。由于直接支付现金不方便，A 和 B 商定以票据支付，于是 A 命令 C 在见票时向 B 支付 50 万美元。本来，B 和 C 之间没有任何债权债务关系，因为票据的签发，C 成了 A 的票款支付者。

（二）流通性（Negotiability）

票据是可以流通转让的有价证券，流通性是票据的基本特征。流通转让的特点有四个：一是持票人可经交付或背书后交付将票据转让他人，而不必通知原债务人；二是票据的受让人接受票据即获得了票据上的全部权利，若票据被拒付或出现其他问题，受让人有权以自己的名义提起诉讼；三是善意并支付过对价的受让人不因其前手票据权利的瑕疵而影响其票据权利；四是转让行为只是在转让人和受让人两个当事人之间完成，是双边转让。显而易见，票据的流通转让与股票的过户转让不同，票据的受让人能获得全部票据文义记载的权利，从而使得票据乐于被接受，而且受让人还可以继续转让。

对于票据的流通特性，票据法中往往有所规定。如英国《票据法》第八条规定，除非票据上标明"禁止转让"字样，或是表明不可转让的意旨外，一切票据不论它是采用何种形式支付票款给持票人，该持票人都有权把它流通转让给别人。

（三）要式性（Requisite in Form）

票据是一种"要式不要因"的证券，特别强调其形式和内容。要式性是指票据的形式必须符合法律规定，票据上的必要记载项目必须齐全且符合规定，即所谓的"要式齐全"才能使票据产生法律效力。各国法律对票据必须具备的形式做了详细的规定，只有形式和内容都符合法律规定的票据，才是合格的票据，才会受到法律保护，持票人的票据权利才会得到保障。出票人必须依据法律规定出票，否则票据不具有法律效力，为无效票据。另外，处理票据的票据行为也必须符合法律规定，如出票、背书、提示、追索等票据行为都必须合法。这样才能把票据纠纷减少到最低程度，从而保障票据的顺利流通。

（四）文义性（Subject to Written Clauses）

文义即票据上文字的含义。票据的文义性是指票据所创设的权利义务必须以票据上记载的文字含义为准，不得以此之外的其他事项确认票据权利义务。凡是在票据上签名的人都要对票据文义负责，承担到期付款责任。票据上所记载的文义，有错误也不得依票据之外的其他方式变更或补充，其目的是保护持票人的合法权利，保证票据流通和票据权利的实现。但票据上金额以外的记载若有变更时，应在开立时进行变更，且于变更时签名或盖章。票据债权人不得以文字以外的事由主张权利，债务人也不得以文字以外的事由对抗债权人。即使票据上记载的文义与实际情况不同，也要以该文义为准。例如，票据上记载的出票日期与实际出票日期不一致，也只能以票据上记载的日期为准。

（五）无因性（Non-Causive Nature）

票据的无因性是指持票人行使票据权利时，不需要证明其获得票据的原因，只要票据的记载符合票据法的规定，就能享有票据权利。这里所说的票据的原因是指产生票据权利义务关系的原因。票据的原因是票据的基本关系，它包括两个方面的内容：一是出票人和付款人之间的资金关系，如可能是出票人在付款人处有存款；二是出票人和收款人以及背书人和被背书人之间的对价关系，如可能是收款人向出票人提供了相关的服务或商品。任何票据的产生都是有原因的。票据的无因性强调票据产生以后就与其产生的原因相分离，票据当事人的权利义务不受票据的原因影响。对于票据受让人来说，只要票据记载符合要式性，票据受让人就取得了票据文义载明的权利。票据的无因性保证了票据的流通。

（六）提示性（Presenting for Payment）

提示性是指票据的债权人在请求票据的债务人履行票据义务时，必须向付款人提示票据，即让对方见票，方能请求其支付票款。如果权利人不提示票据，付款人无须履行付款义务。为了促使持票人尽早行使票据权利，保护票据的权利人和债务人的合法权利，各国票据法都相应规定了票据的提示期限，超过该期限，付款人的责任即被解除。

（七）返还性（Return Ability）

持票人收到票款后，应在票据上签收并将票据返还给付款人，票据一经正当付款即被解除责任而归入付款人的档案。由于票据具有返还性特性，所以它不能无限期地流通，而是在到期日付款后就结束其流通，这是票据的局限性。

（八）可追索性（Recoursement/Recourse）

票据的可追索性是指票据的付款人或承兑人如果对合格票据拒绝承兑或拒绝付款，正当持票人有权通过法定程序维护其票据权利，向所有票据债务人追索。在追索过程中，善意并支付对价的受让人的权利不因前手票据权利的缺陷而受影响。

三、票据的功能

票据的功能也称票据的作用。在经济活动中，票据所起的作用具体包括：支付/结算、汇兑、信用和融资等。

(一) 支付/结算功能

支付/结算功能是票据的基本功能，可以说结算功能包含支付功能。现代国际结算多是以非现金结算方式进行，在办理非现金结算时必须使用一定的支付工具。票据就是用来结清国际贸易中买卖双方债权债务关系的一种主要的支付工具。简单来说，支付功能就是在经济交易中以票据支付代替现金支付；结算功能就是用票据来清偿或抵消当事人之间的债权债务。

在经济生活中，随时可能有支付需要，如果都以现金支付，不仅费时、费力，而且成本高、效率低。如果以银行为中介、以票据为手段进行支付，只需办理银行转账即可，这种支付方式方便、准确、迅速、安全。以票据作为支付手段，不仅可以进行一次性支付，还可通过背书转让进行多次支付，在票据到期时，最后持票人与付款人之间的清算就可以把此前发生的各次交易全部同时结清，因此，票据被誉为"商人的货币"。

(二) 汇兑功能

汇兑功能是票据的传统功能。随着国际贸易的快速发展，商品交换的规模和范围也在不断扩大，不同国家之间对资金转移和货币兑换的需求增加。由于外汇管制等原因，直接携带或运送现金，往往不现实。在这种情况下，通过在 A 地将现金转化为票据，再在 B 地将票据转化成现金，通过票据的转移、汇兑，实现资金的转移。这种做法简单、方便、迅速又安全。在票据产生的最初的几个世纪里，其几乎成为转移资金的专门工具。在现代经济中，票据的汇兑功能仍具有很重要的作用，它克服了金钱支付上的空间间隔问题。

(三) 信用功能

信用功能是票据的核心功能，被称为"票据的生命"。票据的信用作用体现在两个方面：一是票据本身并无价值，之所以能被接受并流通，是基于持票人对票据所包含的信用具有信心，即相信债务人具有较高的信用并能够履行其付款义务；二是通过票据付款期限的设定，使得支付款项的时间更加灵活，资金的给付可以获得延迟，相当于付款人获得了授信。所以，票据是信用关系的载体，即信用工具。

(四) 融资功能

融资功能是票据的一种新功能。票据的融资功能主要体现在两个方面：一是远期票据的持有人可以通过贴现和再贴现的方式实现资金融通。即票据的持有人通过卖出未到期的票据而获得现金。许多国家通过票据的这种融资功能发展了本国的票据贴现市场，通过票据贴现市场来调节市场中的货币流通量。二是票据的持有人还可以将票据抵押给银行办理抵押贷款来融资。票据的融资功能使得许多大型企业可以通过发行无交易背景的商业票据来获得资金，这种票据被称为融通票据，其主要作用就是融资而非国际结算支付工具。

四、票据的当事人

票据的当事人是指各种票据行为的主体,是票据法调整的对象。票据的当事人之间基于票据形成不同的关系,其中出票人、付款人、收款人三者之间的关系是票据的基本关系,他们被称为票据基本当事人,他们在票据流通之前就存在;票据在流通过程中又会产生其他相关当事人,如持票人、背书人、被背书人、承兑人、保证人等。

微课:汇票当事人

(一)基本当事人

1. 出票人(Drawer)

出票人是做成票据、在票据上签名并发出票据的人。票据一经签发并交付,出票人必须对票据的收款人及正当持票人承担承兑或最终付款的保证责任。在票据没有被承兑前,出票人是票据的主债务人;在票据被承兑以后,承兑人成为主债务人,出票人变为次债务人。

2. 付款人(Drawee 或 Payer)

付款人是接受票据支付命令的人,也称受票人。我们通常是按职能将其称为付款人,由于其实际上并未在票据上签名,所以他不是票据的债务人,不承担对票据一定付款的责任。若付款人以自己的签名同意执行出票人发给他的无条件支付命令,他就成为承兑人,应按照承兑文义保证到期日履行付款责任。承兑人是远期汇票的主债务人,汇票的持票人、被迫付款的背书人或出票人,都可凭票向承兑人要求付款。

3. 收款人(Payee)

收款人是票据上记载的收取票款的人,是票据的债权人,享有付款请求权和追索权。即收款人有权提示票据要求获得承兑或者付款,如果遭到拒绝,可向出票人追索票款。票据到期前,收款人可以通过背书将票据权利转让给他人,转让后收款人成为背书人。背书人对受让人承担与出票人相同的保证责任。

(二)其他当事人

1. 背书人(Endorser)

背书人也是票据的转让人(Transferor),是在票据背面签字,表示将票据权利转让给他人的收款人或持票人。一切合法持有票据的人均可以成为背书人,受让票据的人成为被背书人。票据可以多次背书转让,因此同一票据先后可能有多个持票人。对于某个背书人来说,在他之前的背书人都称为前手,在他之后的背书人和持票人都称为后手。

2. 被背书人(Endorsee)

被背书人是接受背书的人,是票据的受让人(Transferee),也是票据的债权人。在票据到期前,被背书人作为持票人可以继续背书转让票据权利;或者作为最后的被背书人,享有要求付款人及其前手背书人、承兑人、出票人支付票款的权利。

3. 承兑人（Acceptor）

远期票据的付款人，在持票人提示票据要求承兑时，在票据正面签字，明确自己到期付款的责任，该付款人即为承兑人。票据承兑后，承兑人成为票据的主债务人，必须保证到期付款，不可以出票人不存在、出票人签字为伪造或其他理由拒绝付款。如果远期票据遭到付款人拒绝承兑，其他第三方出于某种原因承兑该票据，则该当事人被称为参加承兑人，参加承兑人也同样不得以任何借口到期拒付。

4. 持票人（Holder）

持票人（Holder）是持有票据、享有付款请求、追索和转让等票据权利的人。票据上载明的收款人（Payee）即为第一持票人或原始持票人，持票人可以通过转让票据从而转让票据权利，实现票据流通。根据取得票据的情况不同，持票人可以分为一般持票人、付对价持票人和正当持票人。

（1）一般持票人。一般持票人是指任何持有票据的人，只要取得的票据要式齐备，且没有过期，就是一般持票人。

（2）付对价持票人。付对价是指取得票据时支付了一定的代价。其代价可以是货币、有价值的商品或服务。一般持票人本人或其前手在取得票据时支付过对价，便是付对价持票人。

（3）正当持票人。正当持票人是指经过转让而持有票据的人。根据《英国票据法》第二十九条的规定，正当持票人应具备的条件是：持有的票据表面完整、合格、没有过期；对票据是否曾被退票不知情；不知道转让人的权利有何缺陷；自己支付对价，善意地取得票据。

5. 保证人（Guarantor）

保证人是由一个第三者对出票人、背书人、承兑人等票据债务人做成保证行为的人。为保证票据责任的履行，非票据债务人应有关票据责任人的要求，以自己的名义在票据上签字担保，即成为票据保证人。保证人与被保证人责任相同。如果票据到期遭到拒付，保证人将受到持票人追索；保证人履行付款义务后，可以向被保证人及其前手追偿。

教学活动 2　票据法

【活动设计】

学生分组，查找阅读西方票据法及我国票据法相关资料，讨论总结英美法系与大陆法系票据法的异同。

【案例导入】

2024 年 7 月，中国银行某分行收到加拿大籍华人杨光提示的一张旅行支票。该支票记载的出票人及付款人均为加拿大甲银行，指定的代理付款人为中国银行。支票金额为 15 万加拿大元，支票上记载的收款人为杨光，并载有其加拿大护照号码。中国银行某分行审核后认为：除代理付款人记载较特别外，无其他异常，于是兑付了票款。为稳妥起见，中国银行请持票人杨光以中国银行为被背书人，进行了背书转让。支票兑付后的第5天，甲银行发传真给中国银行称：因支票原持票人挂失，请求中国银行立即停止对该支票付款。甲银行拒绝付款及支付手续费给中国银行，其理由是：支票款被冒领，实际领取支票款的持票人的护照系伪造。中国银行遂依据双方业务关系协议中的仲裁条款，向相关仲裁机构提起仲裁。

思考：本案中的旅行支票是否属于涉外票据？本案应适用哪国法律？

【基础知识】

票据法是规定票据种类、形式及当事人权利义务关系等事项的法律规范的总称。和票据一样，票据法也有广义和狭义之分。广义票据法是指以各种不同法律规范所表现出来的有关票据的规定，既包括专门的票据法，也包括民法、企业破产法、刑法、诉讼法等法律规范中有关票据的规定。如民法中关于民事代理、票据资金、票据原因等的规定，企业破产法中关于票据出票人、背书人受破产宣告的规定，刑法中关于伪造有关有价证券罪的规定等。狭义票据法是指关于票据的专门立法，如《英国票据法》《日内瓦统一票据法》《中华人民共和国票据法》等。通常情况下所说的票据法指的是狭义票据法。

世界法律体系大致可分英美法系和大陆法系，世界票据法体系也可分为英美法系的票据法和大陆法系的票据法。英美法系国家的票据法是以英国《1882年票据法》为蓝本的，大陆法系国家的票据法是以1930年颁布的《日内瓦统一汇票、本票公约》、1931年颁布的《日内瓦统一支票法公约》为依据的。前者是英国的国内法，后者则是国际公约。

一、英美法系的票据法

英美法系的票据法以英国票据法和美国票据法为主，其他英联邦成员国如加拿大、澳大利亚、印度、巴基斯坦等国的票据法均属英美法系。英美法系以判例法为主。

（一）英国票据法

1882年，英国在其历来的习惯法及多年法院判例的基础上制定并公布了《英国票据法》（Bills of Exchange Act），其调整对象包括汇票和本票，而支票是作为汇票的一种加以规定的。《英国票据法》形式上较为简单，其特点是：①采用成文法形式立法；②采用包括主义原则，即将汇票、本票和支票统一立法；③强调票据的信用作用、流通作用和融资作用；④与大陆法系国家"公法""私法"以及"民商法"的部门分类不同，英国只将法律分为普遍法与衡平法。英国票据法虽为单行立法，却有"票据"的总概念，这与大陆法系各国票据立法形成鲜明对比。

英国《1882年票据法》实施后，英国政府另制定了《1957年支票法》

拓展阅读：
西方票据法的演变

拓展阅读：
英国《1882年票据法》

《1992年支票法》，作为票据法的补充，此三法适用至今。2015年，英国《1882年票据法》的一项重大修改是增设第四A章，以6个法条规定"以电子方式提示支票或其他票据"，规范了电子票据的提示行为。

（二）美国票据法

1896年，美国仿效《英国票据法》制定了统一的美国票据法，即《统一流通票据法》。《统一流通票据法》经过多次修改后被纳入美国《统一商法典》（Uniform Commercial Code），于1952年制定、1962年修订，其中第三章商业票据中，对汇票、本票、支票和存单做了详细的规定。美国票据法在英美法系国家的票据法中也具一定的代表性和影响力。

美国和其他英联邦国家的票据法虽在具体法律条文上与英国票据法有所不同，但总体说来，英美法系国家的票据法基本上是统一的，这种统一是建立在《英国票据法》基础上的。

二、大陆法系国家的票据法

1930年，法国、德国、意大利、日本等31个国家在日内瓦召开了国际票据法统一会议，签订了《日内瓦统一汇票、本票法公约》，1931年又签订了《日内瓦统一支票法公约》，这两个公约合称为《日内瓦统一票据法》。《日内瓦统一票据法》是比较完善的票据法规，签约国以此为基础修改了本国原有的票据法。由于英美未派代表参加签字，致使统一票据立法未取得完全成功，参加签字并遵守统一票据法的成员国主要是欧洲大陆国家。另有一些非大陆法系国家也参照《日内瓦统一票据法》制定了本国的票据法，如我国的票据法。在实际内容上大陆法系国家的票据法基本趋于统一，大陆法系以成文法、法典作为法院判案依据。

三、中华人民共和国票据法

虽然唐宋时期我国就出现了"飞钱""便钱"等原始票据形态，但以汇票、本票和支票为主体的西方票据制度直到清朝末年才开始传入我国，票据立法也自此才被提上日程。1929年10月3日，国民党政府正式颁布了《票据法》，内容涵盖汇票、本票和支票，这部票据法至今仍在台湾地区施行。中华人民共和国成立以后，废除了旧票据法，在此后的30多年中，由于经济交易中没有汇票和本票，只有支票还作为支付手段，因此也就没有制定专门的票据法。

随着票据业务的发展，1990年年底，中国人民银行正式成立票据法起草小组，研究制定我国统一的票据法。1995年5月10日通过立法程序，颁布了《中华人民共和国票据法》，并于1996年1月1日正式施行，这是新中国第一部真正规范的票据法。2004年8月28日，第十届全国人民代表大会常务委员会第十一次会议决定对《中华人民共和国票据法》做出修改，删去第七十五条（关于本票出票人资格的规定），标志着中国票据法完成了与国际票据法的对接。

拓展阅读：
《日内瓦统一汇票及本票法》

拓展阅读：
《日内瓦统一支票法》

拓展阅读：
英美法系与大陆法系票据法异同分析

拓展阅读：
《中华人民共和国票据法》

《中华人民共和国票据法》从内容上看比较系统全面，共有 7 章 110 条。在适用范围上，既适用于国内票据，也适用于涉外票据；在形式上采取汇票、本票和支票统一立法的方式，而且在许多方面综合了英美法系和大陆法系的有关规定。

任务一测试题

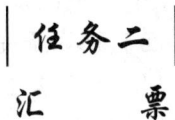

任务二　汇　票

【任务要求】

学生要掌握汇票的概念、必要项目及种类。

学生要能依据汇票的缮制要点，正确签发和审核汇票，并完成承兑和背书等行为。

教学活动 1　汇票的项目

【活动设计】

1. 通过【案例导入】，讲解汇票的概念、必要项目及种类。
2. 学生两人一组，根据实际业务缮制与审核汇票。

【案例导入】

2024 年 11 月，新加坡甲公司欲向澳大利亚乙公司订购一批农产品，双方约定预付 50% 的货款，即 50000 澳元。不久，甲公司寄来一张金额为 50000 澳元的汇票，出票人为新加坡一家著名银行，而付款人为甲公司。该汇票上注明："Paying Against This Demand Draft Upon Maturity"，但又列有 "At 90 Days After Sight of This Second of Exchange（First of Exchange Being Unpaid）Pay to the Order of..." 之类的表述。

思考：该汇票制作是否符合规定？澳大利亚乙公司可否接受该汇票？

【基础知识】

一、汇票的概念

《英国票据法》第三条关于汇票的定义是："A bill of exchange is an uncondi-tional order in writing, addressed by one person to another, signed by the person giv-

微课：汇票的定义

ing it, requiring the person to whom it is addressed to pay on demand or at a fixed or determinable future time a sum certain in money to or to the order of a specified person or to bearer."即汇票是由一人向另一人签发的要求即期、定期或在可以确定的将来时间向某人或其指定人或持票来人支付一定金额的无条件书面支付命令。

我国《票据法》第二章第十九条关于汇票的定义为："汇票是出票人签发的,委托付款人在见票时或者在指定日期无条件支付确定的金额给收款人或者持票人的票据。"

二、汇票的项目

汇票的项目是指汇票上记载的各项内容,根据其性质及重要性不同,汇票的项目可分为必要记载项目和其他记载项目。汇票示例如图 2-1 所示。

微课:汇票的必要项目(一)

微课:汇票的必要项目(二)

微课:汇票的必要项目(三)

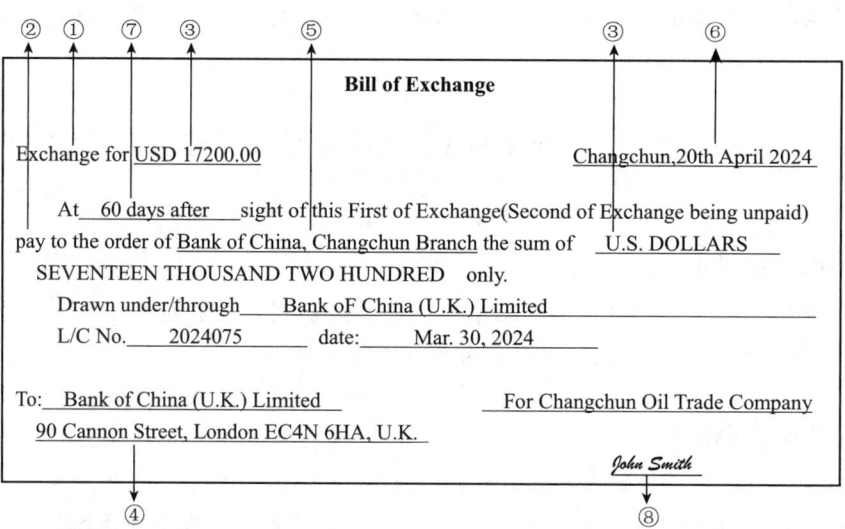

图 2-1 汇票示例

(一) 汇票的必要项目

汇票的必要项目也叫法定记载项目,是汇票必须记载的内容。各国票据法都对汇票的必要项目予以规定,必要项目记载是否齐全,直接关系到汇票是否有效。《日内瓦统一票据法》规定,汇票有八个必要项目:"汇票"字样、无条件的支付命令、一定金额的货币、付款人名称、收款人名称、出票日期和地点、付款期限、出票人签章;《英国票据法》规定,汇票有五个必要项目:没有"汇票"字样、出票日期与付款期限的要求;我国《票据法》则规定,汇票有七个必要项目:没有付款期限的要求;其他国家《票据法》的规定也都大同小异。

1. "汇票"字样

我国《票据法》和《日内瓦统一票据法》都规定票据上必须注明"票据"字样,如汇票、本票、支票,表明票据的性质和种类,从而有别于其他种类的票据。而《英国票据法》并无此项要求，实务中确定一张票据的本质属性主要看其具体内容。"汇票"一词在英文中有不同的表示方法，如 Bill of Exchange、Exchange、Draft。

2. 无条件书面支付命令

（1）命令。汇票是一种支付命令，英文是 Order，所以在英文汇票中必须用"祈使句"，以动词开头。例如："Pay to Alice …"若出于礼貌加上"Please"亦可，但绝对不能是付款请求，如"Would you please pay to Alice…"或"I will be very pleased if you pay to Alice …"。我国《票据法》规定的"无条件支付的委托"其实质也是一种命令，而不是一种要求或请求。

（2）支付必须无条件。汇票的支付命令是无条件的，付款人的支付不能以其他行为或事件作为条件，否则票据无效。比如："Pay to A Co. after the goods arrive at Dalian port" "Pay to B Co. the sum of one thousand US dollars providing the goods they supply are complied with contract" "Pay to Mr. John Smith the sum of five thousand and two hundred US dollars from our No. 888 account"，都是有条件的支付命令，是无效汇票。

在国际贸易中，通常如"On arrival of …"或"After clearance"等表明货物已到达或已通关这类有条件的文句也是不能出现在汇票上的，但如果汇票加注出票条款，表明汇票起源交易，则是被允许的，不是有条件的支付命令，如："Pay to the order of A Co. the sum of ten thousand U.S. dollars drawn under L/C No. 202415 issued by C Bank, New York, dated 12th, March, 2024."

（3）书面。汇票不能是口头形式，必须是书面形式，否则不能签字和流通转让。在国际贸易中，汇票通常是在印刷好的固定格式的空白汇票上经手写、打字等方式填写。

3. 一定金额的货币

汇票是以支付一定金钱为目的的有价证券，汇票上的金额必须以货币表示。

（1）金额必须确定。"确定"是指汇票各当事人通过观察或计算得出汇票的金额必须相等。凡汇票上记载的金额是浮动的或可选择的或未定的，汇票都无效。如"six or seven thousand dollars" "about two thousand dollars"等都是不确定的金额记载。

（2）利息记载。当汇票要求付款人支付除票面金额之外的利息时，汇票应明确规定适用的利率和计息期限，以便能确定最终的给付金额。例如，"Pay to the order of John Smith the sum of three thousand sterling pounds plus interest calculated at 5% per annual from the date hereof to the date of payment"。

（3）折合等值其他货币记载。若汇票要求付款人支付相当于一定数额某种货币的另一种货币时，汇票应明确规定适用的汇率。例如，"Pay to HP Co. or order the sum of thirty thousand U.S. dollars converted into Euro equivalent at the exchange rate dated on May 21, 2024 in London market"。

（4）分期付款记载。若汇票带有分期付款记载，则其记载必须明确分期方式，以便付款人可以执行。例如，"Pay to the order of ABC Co., the sum of ten millions U. S. dollars in ten equal consecutive half – yearly installments within 5 years after the date hereof"。

（5）大写、小写。为防止涂改，汇票金额还必须同时用大写（Amount in Words）和小写（Amount in Figures）记载，两者不应存在差异。如果两者不一致，大多数国家的票据法都规定以大写为准，如《英国票据法》和《日内瓦统一票据法》，但我国《票据法》则认为票据无效。

案例分析：汇票大小写金额不一致

4. 付款人名称

付款人是汇票命令的接受者，即受票人。无论是按票据法规定或按惯例，汇票票面上都须注明付款人名称和地址，以便持票人向付款人提示承兑或付款。实务中一般都注明详细地址，特别是以在同一城市有许多机构的银行为付款人时，地址更要详细。

付款人名称通常在汇票的左下角，用"To+具体名称"来表示。付款人若为自然人，应记载其姓名；付款人若为法人，应记载其全称，不得以简称替代。汇票也可以规定有两个以上的付款人，此时多个付款人之间是并列关系，无主次、先后之分，也不存在选择机会。例如，汇票上的付款人可记载为"X and Y"，但不可记载为"X or Y"或"First X then Y"，各个付款人都应对票据款项承担完全的独立责任。

5. 收款人名称

汇票是债权凭证，收款人是汇票上记名的债权人，应明确记载。汇票上关于收款人的记载又称为"抬头"。根据《英国票据法》的规定，汇票收款人一栏有三种记载方法，即限制性抬头、指示性抬头和来人抬头。

（1）限制性抬头（Restrictive Order）。限制性抬头的汇票只限于付款给指定收款人，即票据的义务人只对记明的收款人负责。限制性抬头的汇票不得流通转让，一定程度上限制了汇票功能的发挥，因此实务中并不多见。限制性抬头的表示方法有：①仅付A（Pay to A only）；②付给B，不能转让（Pay to B, not transferable）；③付给C（Pay to C），但在票据其他地方有"不可转让"（not transferable）的字样。

（2）指示性抬头（Demonstrative order）。指示性抬头汇票是出票人在汇票上指明由某人或其指定人收款。指示性抬头汇票并不强求一定要收款人本人亲自收款，收款人可以通过背书将汇票转让给他人，由受让人以持票人身份取款。指示性抬头汇票并不是非转让不可，是否实际转让取决于收款人的意愿。指示性抬头汇票既实现了汇票流通转让的基本性质，又要求背书且具有一定转让条件，使转让更可靠、更安全，因此在实务中使用最为广泛。指示性抬头的表示方法有：①付给A的指定人（Pay to the Order of A）；②付给A或其指定人（Pay to A or Order），英国人常用这种表示法；③付给A（Pay to A），在别处无"Not transferable"或类似字样，其虽然没有指定人字样，但收款人仍有权将票据背书转让。

（3）来人抬头（Bearer Order），又称持票人抬头。即不管谁持有来人抬头票据，都有权要求付款人付款。该种抬头汇票无须背书即可转让，即只要通过简单交付就可实现转让。来人抬头的表示方法有：①付给来人（Pay to Bearer）；②付给 A 或来人（Pay to A or Bearer）。

由于来人抬头汇票容易因丢失而被他人冒领，收款人的权利缺乏保障，因此，有些票据法，如《日内瓦统一票据法》，不允许汇票做成"来人抬头"的方式。我国《票据法》没有明确禁止，但习惯上不做这种抬头。

6. 出票日期和地点

（1）出票地点。汇票的出票地点，一般在汇票的右上角，与汇票的出票日期相邻。汇票的出票地点事关出票行为的法律适用，汇票要式具备与否以出票地法律为准。如果汇票上没有记载出票地点，则以出票人的营业所在地为出票地点。

（2）出票日期。出票日期是指汇票签发的具体时间。出票日期有三个重要作用：①决定汇票的有效期。汇票的流通具有有效期，如果持票人不在规定时间内要求票据权利，票据权利就会自动消失。各国票据法对此规定不一，如《日内瓦统一票据法》规定，即期汇票的有效期是从出票日起的 1 年时间；我国《票据法》规定见票即付的汇票有效期为 2 年。

②决定到期日。出票后定期付款汇票到期日的计算是以出票日为基础的，如"At 3 months after date"，确定了出票日也就能确定到期日。

③决定出票人的行为效力。若出票人为法人，出票时该法人已宣告破产或清理，则该法人就丧失了行为能力，其开立的汇票无效。

《英国票据法》规定，出票日期不是绝对必要项目，如未列明出票日期，任何持票人都可把出票日期填上。

7. 付款期限

付款期限是指付款到期日，亦称付款日期，是付款人履行付款义务的日期。

（1）付款期限种类。汇票的付款期限有即期和远期之分。

①即期付款（At sight/On demand / On presentation）。即期付款又称见票即付，是指持票人提示汇票的当天即为付款到期日，付款人应立即付款，该种汇票习惯称为即期汇票。即期汇票不必"承兑"。两大票据法系和我国票据法均规定，如果汇票上未注明付款日期，则按即期汇票处理。

②远期付款（Usance Payment）。远期付款是指付款人只在汇票规定的付款到期日才向持票人付款，该种汇票习惯称为远期汇票。一般来说，远期汇票都应承兑，以确定付款人的付款责任。远期汇票有五种形式：一是定日付款（At a fixed date）。汇票上规定有确切的付款日，付款人按期付款。例如："On 30th May, 2024 fixed pay to A Co. or order the sum of ten thousand pounds"。二是出票后定期付款（At ×× days/ × months after date）。此种汇票是以出票日为基础，一段时期后付款。例如："At one month after date pay to A Co. or order the sum of ten thousand pounds"。三是见票后定期付款（At ×× days/ × months after sight））。此种汇票必须首先由持票人向付款人作承兑提示，然后以承兑日为起点，推算到期日。例如："At 30 days after sight pay to A Co. or order the sum of ten thousand pounds"。四是提单日后定期付款（At ×× days/ × months after B/L）。此种汇票的到期日从汇票本身不能计算出来，而是从海运提单的签发日期开始计算。例

如："At 3 months after B/L pay to A Co. or order the sum of ten thousand pounds"。五是交单后定期付款（At ×× days/ × months after presentation）。此种汇票的到期日同样不能从汇票本身计算出来，而是从受益人向银行交单的日期来确定汇票的到期日。例如："At 60 days after presentation pay to A Co. or order the sum of one thousand pounds"。

（2）到期日的计算方法。关于付款到期日的计算，各国票据法的掌握原则基本相同。主要有：

①期之末日付款。汇票到期日均为票载付款期限的最后一天。

②节假日顺延。如果到期日当天为法定节假日，则顺延至下一个营业日。

③算尾不算头。此种方法用于以 after 表述的见票后、出票后、提单日后、交单日后某一日付款的汇票。开始之日不算，到期之日要计算在内。

例如："At 60 days after date pay to A Co. or order the sum of ten thousand pounds"。出票日为 2024 年 1 月 28 日，则汇票的到期日计算如下：

1月29—31日	3天	28日为开始日，不算在内
2月1—29日	29天	
3月1—28日	28天	共60天，3月28日为到期日

④月为日历月，以月对月，无同日即为月之末日。以月为单位时，不论大小月，都作一个月计，到期日为应付款月份的相应日期，没有相应日期，则为该月的最后一天。

例如："At one month after sight pay to A Co. or order the sum of one thousand pounds"。若承兑日为 2024 年 2 月 8 日，则到期日为 2024 年 3 月 8 日。

⑤半月以 15 天计，月初为 1 日，月中为 15 日，月末为最后一日。

8. 出票人名称及签字

签字原则是票据法最重要和最基本的原则之一，票据责任的承担以签字为条件，谁签字，谁负责。票据必须经出票人签字才能成立。出票人签字是承认了自己的债务，收款人因此才有了债权。如果汇票上没有出票人签字，或签字是伪造的，汇票均无效。我国《票据法》规定，票据上的签字可以是签名、盖章或签名加盖章；《英国票据法》则规定必须手签。

如果出票人代表其委托人（公司、银行、单位、团体）签字，应在委托人名称前加注"For""On Behalf of""For and On Behalf of"等字样，并在个人签字后注明职务名称。例如：

For C Trade Co.

Tom

General Manager

（二）其他记载项目

《日内瓦统一汇票、本票法公约》规定，汇票除必要记载项目外，还有任意记载事项，这些项目如果没有记载，并不会影响汇票的法律效力，但一旦被接受，即产生约束力。其他记载项目主要有：

1. 成套汇票

汇票通常成套开出，一式两份。两张汇票的内容完全相同，具有相同的法律效力。开出两份汇票可以防止航邮寄单过程中丢失或损毁，方法是把两份汇票随同其他单据分不同航班邮寄，这样就避免了意外事故导致单据遗失。两份汇票只要其中的一份到付款或承兑，另一份就自动失效。通常在第一份汇票上印有"Pay this first bill of exchange（second of the tenor and date being unpaid）付一不付二"条款，在第二份汇票上印有"Pay this second bill of exchange（first of the tenor and date being unpaid）付二不付一"条款。

2. 担当付款人（Person Designated as Payer）

担当付款人是出票人根据与付款人的约定，在出票时注明或由付款人在承兑时指定的代付款人执行付款的人，其目的是方便票款的收付。担当付款人只是推定的受委托付款人，不是票据的债务人，对票据不承担任何责任。

3. 预备付款人（Referee in Case of Need）

预备付款人相当于汇票的第二付款人。在付款人拒绝承兑或拒绝付款时，持票人就可以向预备付款人请求承兑或付款。预备付款人参加承兑后成为票据债务人，到期要履行付款责任。汇票正面要注明预备付款人的详细地址，以便持票人向其提示。

4. 免做拒付通知（Notice of Dishonour Excused）

拒付通知是持票人在汇票被拒付时，按规定制作的通知前手作偿还准备的书面文件。如果汇票载有免做拒付通知文句，持票人在汇票被拒付时不必做此通知。

5. 免做拒绝证书（Protest Waived）

拒绝证书是由付款人当地的公证机构等在汇票被拒付时制作的书面证明。在通常情况下，持票人追索时要持此证书。如果汇票载有免做拒绝证书的内容，则持票人在被拒付时无须制作此证书，追索时也不需出示此证书。

6. 免于追索（Without Recourse）

《英国票据法》规定，出票人和背书人可以通过免于追索条款免除汇票被拒付退票时受追索的责任。因此，出票人或者背书人可以在签章前加列无追索权条款，如："Without recourse to us"，这实际上是免除了出票人或背书人对汇票应承担的责任。而《日内瓦统一票据法》则规定：出票人可以解除其保证承兑的责任，但是任何解除出票人保证付款责任的规定，均视为无记载。

除上述条款之外，诸如利息、出票条款等也属于任意记载项目。

三、汇票的种类

汇票种类繁多，根据不同的分类标准可以划分为不同的类型。

（一）即期汇票和远期汇票

根据付款期限的不同，汇票可分为即期汇票和远期汇票。

1. 即期汇票（Sight Draft/Demand Draft）

即期汇票是指票面上注明"见票即付"（At sight/On demand）文句的汇票。

微课：汇票的种类

持票人向付款人提示汇票时即是"见票",付款人应当立即付款。如:"At sight pay to the order of …"或者"On demand pay to the order of …"。未载明具体付款日期的汇票,一般视为即期汇票。

2. 远期汇票(Time Draft)

远期汇票是指票面上注明在未来某个特定日期或可以确定的某个日期付款的汇票。这类汇票通常分为五种:出票后定期付款汇票、见票后定期付款汇票、固定日期后定期付款汇票、定日付款汇票和延期付款汇票。

(二)银行汇票和商业汇票

按照出票人的不同,汇票可分为银行汇票和商业汇票。

1. 银行汇票(Banker's Draft)

银行汇票是一家银行向另一家银行签发的汇票,其出票人和付款人均为银行。在汇款业务的票汇方式中所使用的汇票就是银行汇票。

2. 商业汇票(Commercial Draft)

商业汇票是由公司、企业或个人签发的汇票,其付款人可以是公司、企业、个人,也可以是银行。由于银行的信用高于一般的公司或个人,所以银行汇票比商业汇票更易于流通和转让。

(三)银行承兑汇票和商业承兑汇票

根据承兑人的不同,远期汇票可以划分为银行承兑汇票和商业承兑汇票。

1. 银行承兑汇票(Banker's Acceptance Bill)

银行承兑汇票是指由公司、企业或个人开立的以银行为付款人并经付款银行承兑的远期汇票。银行对商业汇票加以承兑改变了汇票的信用基础,使商业信用转换为银行信用。商业汇票经银行承兑后,持票人通常能按期得到票款,从而增强了汇票的可接受性和流通性。

2. 商业承兑汇票(Commercial Acceptance Bill)

商业承兑汇票是以公司、企业或个人为付款人,并由公司、企业或个人进行承兑的远期汇票。商业承兑汇票并未改变汇票的信用基础。

(四)光票和跟单汇票

按照是否附有货运单据,汇票可分为光票和跟单汇票。

1. 光票(Clean Draft)

光票又称净票,是指不附带任何货运单据即可收取票款的汇票。出票人和付款人既可以是银行,也可以是商人,这种汇票全凭票面信用而无物权单据作保证,所以在国际贸易结算中,一般只用于贸易从属费用、货款尾数、佣金等的收付。银行汇票多为光票。

2. 跟单汇票(Documentary Draft)

跟单汇票又称押汇汇票,是指附有商业单据的汇票。跟单汇票以提交海运提单或其他运输单据、商业发票、货物保险单等单据为条件,汇票的付款人要取得货运单据,必须付清货款或提供保证。与光票相比,跟单汇票除了票面上当事人的信用外,还有相应物资作保障。因此,该类汇票流动性较好。国际贸易结算大多采用跟单汇票。

（五）国内汇票和国外汇票

根据票据行为发生地的不同，汇票可分为国内汇票和国外汇票。

1. 国内汇票（Domestic Bill）

国内汇票是指汇票的出票地和付款地都在同一国境内。

2. 国外汇票（Foreign Bill of Exchange，Foreign Bill）

国外汇票，又称外国汇票或国际汇票，指汇票出票和付款行为发生于国外，或者汇票转让行为涉及不同国家的汇票。国际贸易结算中经常涉及的是国际汇票。

教学活动 2　汇票行为

【活动设计】

1. 通过【案例导入】，讲解汇票行为的定义、种类及操作要点。
2. 学生分组，根据给定的业务资料，完成汇票的出票、背书、承兑、保证等票据行为。

微课：汇票的票据行为（一）

【案例导入】

2024年11月25日，德国甲公司与美国乙公司签订贸易合同，采购汽车零部件，金额为200万美元。由于流动资金紧张，经乙公司同意，甲公司向乙公司签发一张出票后9个月、以美国A银行为付款人的远期汇票用以结算货款。乙公司收到此张汇票后即要求A银行承兑汇票，A银行审核后予以承兑，之后乙公司将汇票背书转让给丙公司偿还所欠原材料货款。

思考：本案例涉及哪些汇票行为？如何完成这些票据行为？

微课：汇票的票据行为（二）

【基础知识】

票据行为有狭义和广义之分。狭义的票据行为是指以承担票据上的债务为目的所做的必要形式的法律行为，其结果是发生、转移或保障票据上的权利，包括出票、背书、承兑、保证等。其中出票为主票据行为，其他行为都是以"出票"所开立的票据为基础，故称为附属票据行为。广义的票据行为除上述狭义的票据行为外，还包括票据处理中有专门规定的行为，如提示、付款、参加付款、退票、行使追索权等行为。

微课：汇票的票据行为（三）

一、出票（Issuance）

出票是指出票人按照票据法规定签发票据并交给收款人的行为。出票包括两个动作，一个是写成汇票并在汇票上签字，另一个是将汇票交付收款人。如果出票人制成汇票，而未将汇票交付给收款人，出票这一行为就不能产生实际效果，只有在交付以后汇票才生效。汇票的交付既可以采用实际交付，也可以采用推定

拓展阅读：汇票出票实训

交付方式。

出票完成后，出票人就成为汇票的主债务人，承担担保汇票被承兑及或付款的责任。若付款人不承兑或者不付款，则出票人应当承担清偿票款的责任。而收款人取得出票人的票据后，即取得票据上的权利。

出票是基本的票据行为，是设立票据权利的行为。本票和支票也有出票行为。

二、背书（Endorsement）

（一）背书的含义

背书是指持票人在票据背面或粘单上签字，并将其交付给被背书人的行为。背书的基本目的是转让票据及票据权利，背书是票据转让的一种重要方式，也是票据成为流通证券的标志。同出票行为一样，背书也包括两个动作：①在票据背面或者粘单上记载有关事项并签名。我国《票据法》规定，背书必须记载被背书人名称、背书日期，并由背书人签章；背书未记载日期的，视为在汇票到期日前背书。②交付给被背书人。只有经过交付，背书行为才算完成，背书才能发挥法律效力。即背书后，被背书人成为债权人，获得汇票的全部权利，而背书人成为债务人，不仅向后手担保汇票的承兑及/或付款，而且还要担保前手签名的真实性和票据的有效性。

虽然汇票、本票、支票都可以经过背书而转让，但并不是所有票据都能背书转让。对于限制性抬头或标注"不得转让"字样的票据是不可以背书转让的，而对于"来人抬头"票据，不须背书即可转让。因此，背书转让的只是指示性抬头票据。

（二）背书的种类

根据背书时记载的内容不同，背书可以分为以下几种。

1. 记名背书

记名背书又称特别背书（Special Endorsement）、正式背书、完全背书，是指背书时需要记载"支付给被背书人"字样，并经背书人签字。例如：

Pay to the order of B Co.

For A Co., London

Signature

表示 A 公司将票据权利转让给 B 公司，其中 A 公司为背书人，而 B 公司是被背书人。被背书人 B 公司作为持票人拥有继续进行背书转让该汇票的权利，可用背书和交付方法继续转让汇票。

记名背书是最正规的一种背书方式，保证了票据背书的连续性，使后手有条件成为正当持票人。如图 2-2 所示，从一系列的记名背书中可以看出背书的连续性。

拓展阅读：
汇票背书实训

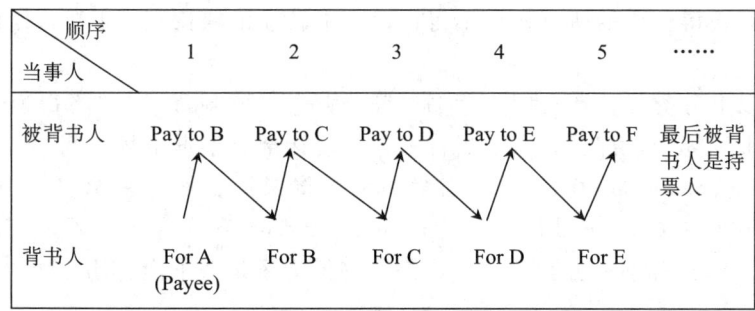

图 2-2　记名背书

2. 限制性背书（Restrictive Endorsement）

限制性背书是指"支付给被背书人"的指示中带有限制性的词语，即限定某人为被背书人或记载有"不得转让"字样。例如：

Pay to B Bank only（Not negotiable/Not transferable）

For A Co., London

Signature

一般来讲，做成限制性背书的汇票，被背书人不应把汇票再行流通或转让，只能凭票取款。关于限制背书的受让人能否再次转让票据，各国票据法规定不同。《英国票据法》规定，限制性背书的被背书人无权再转让票据权利；《日内瓦统一票据法》和我国《票据法》规定，限制性背书的票据仍可由被背书人进一步转让，但原背书人即作限制背书的背书人只对直接后手负责，对其他后手不承担保证责任。

3. 有条件背书（Conditional Endorsement）

有条件背书是指对被背书人享有的票据权利附加了前提条件的背书。例如：

Pay to B Co. on delivery of B/L No. 2024015

For A Co., London

Signature

有效的汇票必须是无条件的支付命令，但背书却是可以带有条件的，因为附带的条件仅对背书人和被背书人有约束作用，它与付款人和出票人无关。带有条件背书实际是指背书行为中的交付，只有在条件完成时方可把汇票交给被背书人。然而多数国家包括我国的《票据法》都规定，背书不得附有条件，背书时附有条件的，所附条件不具有汇票上的效力。

4. 托收背书（Endorsement for Collection）

托收背书又称委托收款背书，是指记载有"委托收款"（For collection）字样的背书。例如：

Pay to B Bank for collection

For A Co., London

Signature

托收背书下，背书人背书的目的并不是转让票据权利，而是委托被背书人代为行使票据权利，即代为收款，多用于银行间的代理业务。被背书人虽然持有汇票，但没有获得汇票的所有权，不得再以背书转让汇票权利，但可以继续作托收背书。

除了以上分类外，还有回头背书、部分背书、分割背书、"不得追索"字样的免责背书等类型。部分背书是指背书人只转让部分票据金额。例如："Pay to A Co., for the amount of 50%"。分割背书是指将票据金额分割给多个被背书人。例如："Pay to A Co., and B Co., for the amount of 50% separately"。我国《票据法》规定，部分背书和分割背书无论是背书行为还是背书内容均无效。

三、提示（Presentation）

（一）提示的含义

提示是指持票人向付款人出示票据、要求按票面指示获得承兑或付款的行为。票据是一种权利凭证，要实现票据权利必须向付款人提示票据，以便要求实现票据权利。因此，提示实际上就是持票人要求票据权利的行为。实务中，付款人见到汇票叫作见票（Sight）。

提示有两种表现形式：承兑提示和付款提示。承兑提示是持票人在票据到期前向付款人出示票据，要求其承诺到期付款的行为。承兑提示只是针对远期汇票而言的，即远期汇票需要两次提示，先提示承兑、到期后再提示付款；而即期汇票是见票即付，因此只有一次付款提示。

（二）提示的要求

无论是提示承兑还是提示付款，持票人的行为须符合以下规定才能获得票据权利。

1. 在规定时限内提示

一般各国票据法对承兑提示和付款提示都规定了相应的期限，如果持票人未能在规定时限内进行提示，就会丧失对其前手的追索权。

2. 在规定的地点提示

持票人应在汇票载明的付款地点向付款人提示。如果汇票没有载明付款地点，则向付款人营业所提示；如果没有营业所，则到其住所提示。由于目前使用的汇票大部分以银行为付款人，因此持票人还可以通过银行票据交换所向付款人提示或委托自己的往来银行向付款行提示。

（三）提示时限的规定

1. 《英国票据法》的规定

（1）即期票据持票人应在出票日起1个月、本地支票10日内提示付款。

（2）见票后定期付款的汇票自出票日起1个月提示承兑。

（3）远期汇票、本票自到期日起10日内做付款提示。

2. 《日内瓦统一票据法》的规定

（1）即期票据持票人应在出票日后的1年内提示付款。

（2）见票后定期付款的汇票应在出票日后的1年内提示承兑。

（3）远期票据在到期日及以后两个营业日内做付款提示。

3. 我国《票据法》的规定

即期汇票、本票的持票人在自出票日起的 2 年内，远期汇票的持票人在自出票日起的 2 年内，有权对出票人和承兑人要求票据权利；支票的持票人在出票后 6 个月内，有权对出票人要求票据权利。过了此期限，持票人便丧失票据权利。

（1）定日付款和出票后定期付款的汇票应当在汇票到期日前提示承兑。

（2）见票后定期付款的汇票应自出票日起 1 个月内提示承兑。

（3）即期汇票持票人应自出票日起 1 个月内提示付款。

（4）远期汇票自到期日起 10 日内提示付款；未按期提示，持票人丧失对前手的追索权。

四、承兑（Acceptance）

承兑是汇票特有的票据行为，本票和支票都没有承兑行为。

（一）承兑的含义

承兑是指远期汇票的付款人以其签名表示同意按照出票人的命令进行付款的票据行为。付款人承兑汇票后成为承兑人，是汇票的主债务人，承兑人不得以出票人的签字是伪造的、背书人无行为能力等理由来否认汇票的效力。

承兑包括两个动作：一是写明"已承兑"（Accepted）字样并签字，也可以只签字；二是将已承兑汇票交付持票人。这样，承兑就是有效的和不可撤销的。承兑的交付有两种：一种是实际交付，即付款人在承兑后将汇票退还给持票人；另一种是推定交付，付款人在承兑后将所承兑的汇票留下，而以其他方式通知持票人汇票已承兑并告知承兑日期。国际银行业务习惯上是由承兑行发出承兑通知书给持票人，用来代替交付已承兑汇票给持票人。

付款人是否对汇票进行承兑，需要有考虑时间。《英国票据法》规定考虑时间在提示的次一个营业日营业时间终了之前，《日内瓦统一票据法》规定考虑时间可从第一次提示后之次日起至第二次提示时为止。

承兑通常在汇票的正面作出，也可以作在粘单上。承兑时盖上"承兑"戳记，写上承兑日期，经承兑人签字即可（如图 2-3 所示）。

拓展阅读：
汇票承兑实训

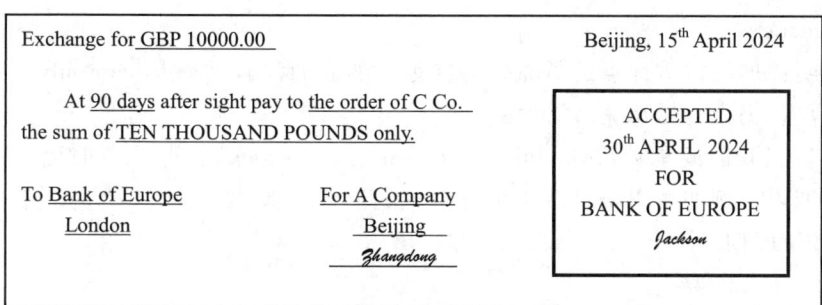

图 2-3 承兑示例

(二) 承兑的种类

汇票的承兑有两种：普通承兑和限制承兑。

1. 普通承兑（General Acceptance）

普通承兑是指承兑人对出票人的指示不加限制地同意确认，通常所称的承兑即指普通承兑。

2. 限制承兑（Qualified Acceptance）

限制承兑是指承兑时用明白的措辞改变汇票承兑后的效果。常见的限制承兑有以下几种：

(1) 带有条件的承兑（Conditional Acceptance），即承兑人承兑时加列附带条件，表明其付款依赖于所提条件的完成。例如：

ACCEPTED

1st June 2024

Payable on delivery of B/L No. 165

For A Bank Ltd., London

Signature

(2) 部分承兑（Partial Acceptance），即承兑时仅承诺支付票面金额的一部分。例如，汇票的票面金额为 GBP 6000.00，而付款人作如下承兑：

ACCEPTED

1st June 2024

Payable for amount of GBP4500.00 only

For A Bank Ltd., London

Signature

(3) 限定地点承兑（Local Acceptance），即承兑时注明仅在某一特定地点支付。例如：

ACCEPTED

1st June 2024

Payable atBank of China, Guangzhou Branch and there only

For A Bank Ltd., London

Signature

说明：加注付款地点的承兑，即在地点的后面没有"and there only"字样限制的承兑，仍为普通承兑。

(4) 延长时间承兑（Qualified Acceptance as to time），即承兑时延长了汇票的付款期限。例如，出票日后4个月付款的汇票，承兑时写明9个月付款。

ACCEPTED

1st June 2024

Payable at9 months after date

For A Bank Ltd., London

Signature

五、付款（Payment）

付款是指持票人向付款人或承兑人提示票据，经付款人或承兑人正当地支付票款的行为。所谓正当付款（Payment in Due Course）是指付款人或承兑人在汇票到期日后善意地将票款支付给持票人，且不知道票据权利有何缺陷。其他人（如背书人）所做的付款只是广义付款，不能解除汇票的债权和债务，只是转移了债权，可依民法的规定向有关当事人请求补偿。付款是汇票流通过程的终结，是汇票债权债务的最终清偿，持票人取得票款时会被要求在票据背面签名，付款人会在已付款汇票上注明"收讫"字样，然后将票据交给付款人。

六、拒付（Dishonour）

拒付又叫退票，是指持票人提示汇票要求承兑时遭到拒绝而不获承兑或持票人提示汇票要求付款时遭到拒绝而不获付款。若汇票在合理时间内提示遭到退票，持票人就会立即产生追索权，有权向背书人和出票人追索票款。

拒付的原因主要有：一是持票人到期不获承兑或付款，包括：付款人明确表示拒付；虽未明确拒付，但在规定时效内未做承兑或付款；承兑人或付款人避而不见；作部分承兑或付款。二是承兑人或付款人死亡、破产或因违法被责令终止业务活动。三是在非承兑票据的出票人破产时，付款人大多会拒付。

七、退票通知（Notice of Dishonor）

退票通知的目的是要汇票债务人及早知道拒付之事，以便做好准备。《英国票据法》规定：持票人若不做成退票通知并及时发出，即丧失其追索权，但正当持票人的追索权不因遗漏通知而受到损害。《日内瓦统一票据法》和我国《票据法》则规定：不及时通知退票并不丧失追索权，但如因未及时通知而造成前手遭受损失时，应负赔偿之责，其赔偿金额以汇票金额为限。

发出退票通知有两种方法（如图2-4所示）：一种方法是持票人将退票事实通知前手背书人，前手背书人再通知他的前手背书人，一直通知到出票人；另一种方法是持票人将退票事实通知全体前手。我国《票据法》规定，持票人应当自收到被拒绝承兑或者被拒绝付款的有关证明之日起三日内，将被拒绝事由书面通知其前手；其前手应当自收到通知之日起三日内书面通知其再前手。持票人也可以同时向各汇票债务人发出书面通知。

八、拒绝证书（Protest）

拒绝证书是拒付地点的法定公证人做出证明拒付事实的公证证书。《英国票据法》规定，外国汇票遇到付款人退票时，持票人须及时做成拒绝证书，如未

拓展阅读：
付款人付款注意事项

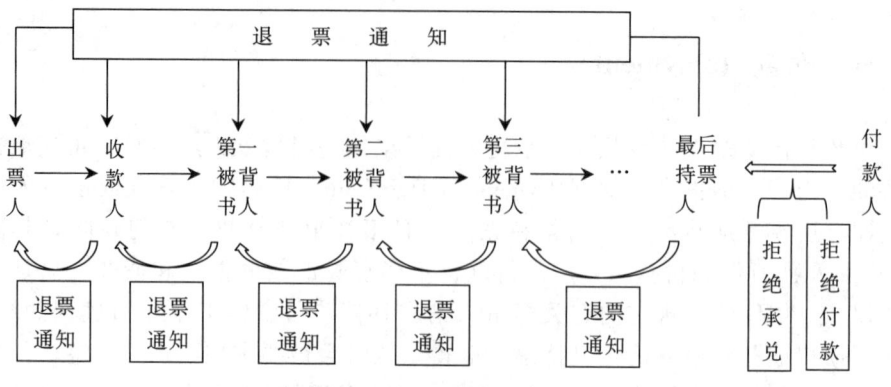

图 2-4　发出退票通知的方法

按此要求办理，则出票人和背书人可解除责任。我国《票据法》规定，持票人不能出示拒绝证明、退票理由书或者未按照规定期限提供其他合法证明的，丧失对其前手的追索权，但是承兑人或者付款人仍应当对持票人承担责任。

持票人请求公证人做出拒绝证书时，应将汇票交出，由公证人再次向付款人提示，遭到拒绝时按规定做出拒绝证书。持票人凭退回的汇票和拒绝证书向前手背书人行使追索权。持票人要求公证人做成拒绝证书时所付的公证费用，在追索票款时一并向出票人算收。有时出票人为了免除此项费用，可在汇票上加注"放弃拒绝证书"字样，则持票人不须做成拒绝证书，即可行使追索权。如果汇票有了此项记录，仍然做成拒绝证书，则该证书有效，但公证费用应由持票人自行负担。

九、追索（Recourse）

追索是持票人遭到拒付后，向其前手（背书人、出票人）及其他票据债务人（保证人）行使付款请求权的一种票据行为。持票人行使追索权需具备三个条件：一是必须在法定期限内提示汇票，没有提示票据，持票人不得行使追索权；二是必须在法定期限内做成退票通知，将退票事实通知直接前手或全体前手；三是必须在法定期限内做成拒绝证书。

行使追索权的对象是背书人、出票人、承兑人以及其他债务人。追索顺序可以按照票据背书人的先后次序，也可以直接向出票人或任何背书人追索。实务中，持票人一般都是向出票人追索。这是因为，出票人是票据的原始债务人，如果依次按顺序追索，最后一定是出票人付款，而且按顺序逐一追索不仅手续繁杂，费用也会相应增加。即使在承兑人是主债务人的情况下也是如此，因为承兑人付款的资金来源于出票人，实际上是出票人付款，只有在出票人破产或无力支付时，才由承兑人付款。

按顺序追索时，只能按照债务顺序由后手向前手追索，但不能向其形式上的前手追索。我国《票据法》第六十九条规定，持票人为出票人的，对其前手无追索权；持票人为背书人的，对其后手无追索权。例如：当出票人 A 签发一张汇票给收款人 B，B 背书转让给 C，C 再行转让……汇票又回头转让给 A 或 C 时，追索的对象有两种情况：

第一种情况：A→B→C→D→E→F→A。

如果 A 被拒付，作为出票人 A 实际上是最前顺序债务人，所以他不能向其形式上的前手 B、C、D、E 和 F 追索。

第二种情况：A→B→C→D→E→C。

如果 C 被拒付，他实际上是第三顺序债务人，D 和 E 是其后手，所以 C 只能向 B 和 A 追索，而不能向其形式上的前手 D 和 E 追索。

持票人行使追索权时，其追索的金额包括：汇票的票面金额；因延期偿还票款而应付的利息，即提示付款日（即期票据）或到期付款日（远期票据）到清偿日之间的利息；做成拒绝证书及发出拒付通知的相关费用。

十、保证（Guarantee）

保证是非票据的债务人对于票据债务人的出票、背书、承兑等行为所发生的债务予以担保的行为。保证人为票据债务人保证时，保证人与被保证人所负责任完全相同。保证人履行了保证责任即清偿了票据债务后，可行使持票人对被保证人及其前手的追索权。关于"保证"这一票据行为，《英国票据法》未做规定，而《日内瓦统一票据法》和我国《票据法》都对此做了专门规定。

拓展阅读：
汇票的贴现

保证人对汇票进行保证时，通常是在汇票或汇票粘单上注明"保证（Per Aval/Payment Guaranteed）"字样、保证人名称和住所、被保证人名称、保证日期、保证人签章（如图 2-5 所示）。如果未记载被保证人，对于已承兑的汇票，应以承兑人为被保证人；对于其他票据，则以出票人为保证人。如果未记载保证日期，出票日期即为保证日期。保证不得附带条件，附有保证条件的，不影响对票据的保证责任，但保证条件无效。

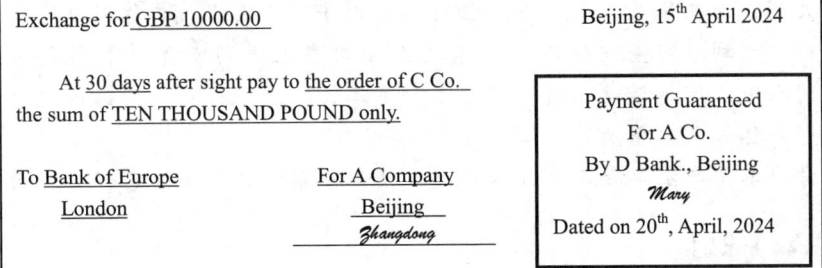

图 2-5 保证示例

任务二测试题

任务三 本票和支票

【任务要求】

学生要掌握本票和支票的概念、内容、种类。

学生要理解本票、支票和汇票三者之间的区别与联系。

学生要依据本票和支票的缮制要点,能正确签发、审核本票和支票。

教学活动1 本票

微课:本票

【活动设计】

1. 通过【案例导入】,讲解本票的定义和必要项目。
2. 学生分组,结合实际业务,完成本票的制作和审核。

【案例导入】

2024年8月1日,一位意大利客商将一张甲银行意大利分行某支行签发的金额为400万欧元的正本本票交给我国A公司欲购买一批商品,声称日后还可签发1000万美元的本票给A公司作为投资。该本票为一年期的远期本票,票面上出票日期、出票人、签字等一应俱全。出于风险考虑,A公司将其交给开户银行乙银行审核,细心的银行业务员发现了疑点:本票签发日为7月30日,签发地为意大利,但在8月1日上午就已到A公司手中。乙银行工作人员遂通过总行向甲银行意大利分行查询核实,并建议A公司在未得到回复前不要向意大利客商及中间人做任何承诺或支付任何费用。第二天,该银行收到甲银行意大利分行的答复,声称该本票系伪造。

思考:本票与汇票相比有什么特点?使用本票结算时应注意哪些方面?

【基础知识】

一、本票的定义

《英国票据法》关于本票的定义是:A promissory note is an unconditional promise in writing made by one person to another signed by the maker engaging to pay on demand or at a fixed or determinable future time a sum certain in money to or to the order of a specified person or to bearer. 即本票是一人向另一人签发的，约定即期或定期或在可以确定的将来时间向一个特定的人或其指定人或来人无条件支付一定金额的书面付款承诺。

我国《票据法》第七十三条关于本票的定义是："本票是出票人签发的，承诺自己在见票时无条件支付确定金额给收款人或持票人的票据。"

二、本票的必要项目

根据《日内瓦统一票据法》的规定，本票必须具备以下项目：①"本票（Promissory Note）"字样。②无条件付款承诺。③收款人名称。④出票日期和地点（未载明出票地点时，以出票人名称旁的地点为出票地点）。⑤一定金额的货币。⑥付款期限（未载明期限则为见票即付的本票）。⑦出票人签字。⑧付款地（未载明付款地时，出票地视为付款地）。本票示例如图2-6所示。

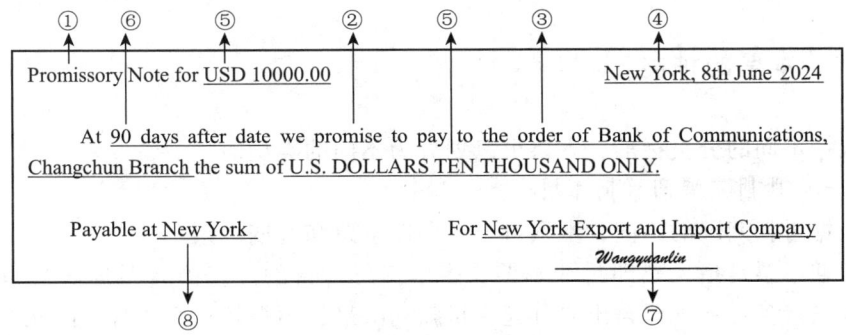

图2-6 本票示例

三、本票与汇票的异同

本票和汇票都属于票据，都具有票据的共同特征，即它们必须是以货币表示、金额一定、以无条件支付的书面形式做成；收款人可以记名也可以不记名；付款期限可以为即期也可以为远期。另外，《日内瓦统一汇票、本票公约》第七十七条还规定"有关汇票的规定，如与本票特性不抵触时，同样适用于本票"。

（一）基本当事人不同

本票有两个基本当事人，即出票人和收款人；汇票有三个基本当事人，即出票人、付款人、收款人。本票不允许出票人与收款人做成相同的一个当事人，汇票允许出票人与收款人做成相同的一个当事人。

（二）付款方式不同

本票是出票人自己出票自己付款，所以出票人向收款人承诺自己付款，它是承诺式的票据。汇票是出票人要求付款人无条件地支付一定金额的货币给收款人的书面支付命令，付款人没有义务必须支付票款，除非他承兑了汇票，所以汇票是命令式或委托式的票据。

（三）主债务人不同

本票的主债务人是出票人；而汇票的主债务人在承兑前是出票人，在承兑后是承兑人，出票人在承兑后处于从债务人的地位。

（四）票据行为不同

本票是付款承诺，因此远期本票不必办理承兑，也就没有提示承兑、参加承兑等与承兑有关的票据行为；而远期汇票则有这些票据行为。需要注意的是，见票后定期付款的本票，应由持票人向出票人提示以确定到期日，这种行为称为见票，而不是承兑。

（五）签发份数不同

本票只能签发一张；汇票可以签发一套，通常是一式两份。

（六）追索手续不同

国际本票遭到退票时，无须做成拒绝证书即可行使追索权；而国际汇票遭到退票时，若要保留追索权，则须做成拒绝证书。

四、本票的种类

根据不同的分类标准，本票可以划分为不同的类型。

（一）即期本票和远期本票

根据付款期限的不同，本票可分为即期本票和远期本票。

即期本票是指见票即付的本票，多以支付为目的。我国《票据法》只承认即期本票，且规定本票自出票日起，付款期限最长不得超过两个月，因此，在我国本票只是一种支付工具。

远期本票是指持票人只能在票据到期日请求出票人付款的本票，多以融资为目的。

（二）银行本票和商业本票

根据出票人的不同，本票可分为商业本票和银行本票。

商业本票（Trader's Note），又称一般本票，是指公司、企业或个人签发的本票。商业本票的信用基础是商业信用，出票人的付款缺乏保证，因此使用范围渐趋缩小。实务中，中小企业很少签发本票，一些大企业签发本票通常也限于出口买方信贷中使用。

银行本票（Banker's Note）是指银行签发的本票。银行本票多为即期，远期使用的较少。即期银行本票习惯称为出纳发出的命令，意即上柜即可取现，它能代替现钞作为支付工具，可用于大额现金交易中。由于即期银行本票的发行在一定意义上会增加货币投放量，因此各国往往对银行发行本票有一些限制。

我国《票据法》第七十三条规定"本法所称本票，是指银行本票"。

（三）记名本票、无记名本票和指示本票

根据抬头方式不同，本票可分为记名本票、无记名本票和指示本票。

拓展阅读：
旅行支票

记名本票又称抬头本票，是指在本票上明确记载收款人的名称或姓名的本票。

无记名本票又称来人本票，是指本票上没有记载收款人的名称。此种本票持票人转让时无须背书，仅凭交付即可转让。

指示本票是指本票上记载的收款人名称或姓名后面载有"或其指定人"字样的本票。此种本票转让时须背书。

我国《票据法》第七十五条规定，本票必须记载收款人名称，否则，本票无效。所以，我国没有无记名本票。

此外，由于本票具有出票人和付款人合二为一的特性，所以任何出票和付款重叠在一个当事人身上的票据都是带有本票性质的票据，如国库券（Treasury）、国际支付凭证（International Money Order）、信用卡（Credit Card）、旅行支票（Traveler's Cheque）、流通存单（Certificate of Deposit）等。

案例分析：银行出具本票诈骗案

教学活动 2　支票

【活动设计】

1. 通过【案例导入】，讲解支票的定义、必要项目和种类。
2. 学生分组，结合实际业务，完成支票的制作和审核。

【案例导入】

德国甲公司开立一张以 A 银行为付款人、我国乙公司为收款人、金额为 20000 欧元的支票，用以支付从乙公司购得的农产品货款。乙公司收到支票后立即向 A 银行提示要求付款，A 银行审核支票后拒付，理由是该支票为空头支票。乙公司遂与甲公司联系，但甲公司已不知去向。

思考：什么是空头支票？贸易结算中应该如何防范支票风险？

微课：支票

【基础知识】

一、支票的定义和特点

(一) 支票的定义

《英国票据法》关于支票的定义是："Briefly speaking, a cheque is a bill of exchange drawn on a bank payable on demand. Detailedly speaking, a cheque is an unconditional order in writing addressed by the customer to a bank signed by that customer authoring the bank to pay on demand a sum certain in money to or to the order of a specified person or to bearer. " 即简单地说，支票是以银行为付款人的即期汇票。详细地说，支票是银行存款客户向他开立账户的银行签发的，授权该银行即期支付一定数目的货币给一个特定人或其指定人或来人的无条件书面支

付命令。

我国《票据法》第八十二条关于支票的定义是：支票是出票人签发的，委托办理支票存款业务的银行或者其他金融机构在见票时无条件支付确定的金额给收款人或持票人的票据。

(二) 支票的特点

(1) 出票人必须是银行存款客户，在银行没有存款的人绝不可能成为支票的出票人。

(2) 支票的付款人仅限于银行，出票人要与存款银行签订使用支票协定，即存款银行要同意存款人使用支票。

(3) 必须使用存款银行统一印制的支票，不能像汇票和本票那样由出票人自制。

(4) 支票为见票即付。支票都是即期付款，不允许写成远期付款，只要支票要项齐备合格，持票人提示时，付款银行必须见票即付。

(5) 通常情况下，支票的出票人都是主债务人，但保付支票除外。保付支票的主债务人为保付银行。

二、支票的必要项目

根据《日内瓦统一票据法》的规定，支票必须具备以下项目：①"支票(Cheque/Check)"字样；②无条件支付命令；③一定金额的货币；④出票日期和出票地点；⑤付款行名称和地点（如缺少付款地，则付款人名称旁的地点视为付款地）；⑥收款人；⑦出票人名称和签字（未载明出票地点时，以出票人名称旁边的地点为出票地点）。支票示例如图2-7所示。

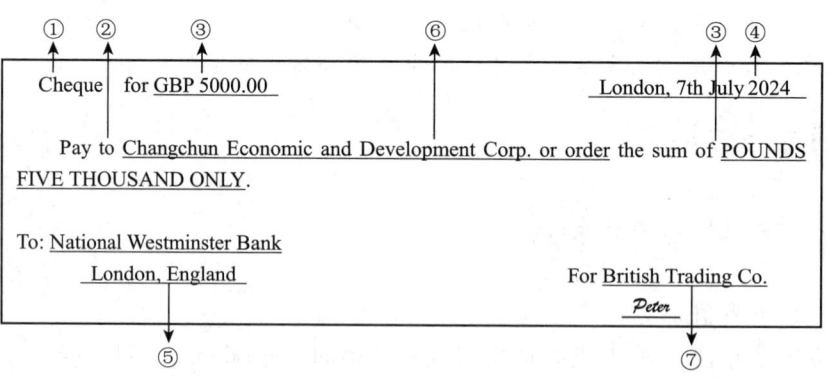

图 2-7 支票示例

三、支票的种类

（一）根据支票是否划线划分

1. 普通支票（Open Check）

普通支票也称非划线支票（Uncrossed Check）或一般支票（General Check），是指票面上无两条平行线的支票。普通支票的持票人可以持票向付款银行提取现金，也可以通过其往来银行代收转账。

2. 划线支票（Crossed Check）

划线支票又称平行线支票，是指由出票人或持票人在普通支票正面（一般在左上角）划两条平行线的支票。划线支票只能用于转账结算，不得用于支取现金。使用划线支票的主要目的是防止支票在遗失时被人冒领，即使被冒领也有可能通过银行转账线索追回款项，从而起到保障收款人利益的作用。

划线支票又可分为普通划线支票和特别划线支票。

（1）普通划线支票（General Crossing Check）。普通划线支票是指不注明收款银行的划线支票。这种划线支票任何一家银行都可以代收转账支票。普通划线支票的两条平行线不一定是在支票的左上角，也不需要穿过整张支票，对两条平行线之间的距离并无特别规定。

普通划线有以下几种：①支票带有横过票面的两条平行线，中间无任何加注；②划线中加注"Banker"字样；③划线中加注"& Co."字样；④划线中加注"Account Payee"字样，意思是记入收款人账户，这是指示代收行要将票款记入收款人账户；⑤划线中加注"Not Negotiable"字样，意思是不可转让，如仍转让，受让人的权利不得优于前手。

	Banker	& Co.	Account Payee	Not Negotiable
①	②	③	④	⑤

（2）特别划线支票（Special Crossing Check）。特别划线支票是指在两条平行线中间记载特定银行名称的支票。这种划线支票只有指定银行才可以作为票款的代收银行。特别划线支票如图 2-8 所示。

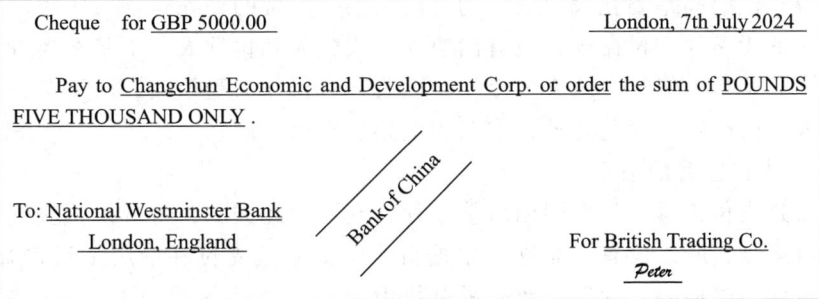

图 2-8　特别划线支票示例

(二) 根据支票的抬头形式划分

1. 记名支票（Cheque Payable to Order）

记名支票是指在支票的收款人一栏中记载收款人的具体名称的支票。如"付给欧罗巴公司"（Pay to Europa Corp.）或"付给欧罗巴公司或其指定人"（Pay to the order of Europa Corp.）。持记名支票取款时，必须由收款人签章并经付款行验明其真实性。除非记名支票有限制转让的文字，否则记名支票即为指示性抬头支票，可以背书转让。

2. 不记名支票（Cheque Payable to Bearer）

不记名支票又称来人支票或空白支票，这种支票不记载收款人的具体名称，只写明"付交来人"（Pay to Bearer）。持不记名支票取款时，无须收款人签章，持票人仅凭交付即可转让支票权利，银行对持票人获得支票是否合法不负责任。

从实质上讲，支票也可以分为限制性、指示性和来人抬头。

(三) 其他分类

1. 保付支票（Certified Check）

凡由付款银行批注"保付"（Certified to Pay）字样并签字的支票称为保付支票。支票一经保付，可以避免出票人开空头支票，而且签署保付的银行必须付款。支票经保付后，保付银行成为主债务人，支票的可靠性随之提高，因而有利于流通。普通支票通常是未加保付的支票。

2. 银行支票

银行支票是指由银行签发并由银行付款的支票。如我国的定额支票就属于这一性质，定额支票是由有关单位将款项交存银行后，由银行开出的、统一载明确定金额的支票，这种支票通常用于农副产品收购的价款支付。

3. 空头支票

空头支票是指支票金额超过银行存款余额，或超过银行允许的透支额度的支票。各国对签发空头支票者的制裁规定一般体现在票据法中。如我国《票据法》第一百零二条规定，签发空头支票或者故意签发与其预留的本名签名式样或者印鉴不符的支票，骗取财物的，依法追究刑事责任。

案例分析：空头支票的防范

四、支票和汇票的区别

支票和汇票同是委托式票据，均是由出票人签发的委托付款人向收款人支付一定金额的无条件支付命令，也有出票人、收款人和付款人三个基本当事人。但是，支票必须是由银行存款客户签发，以其开户行作为受票人，而汇票的出票人和受票人不受限定。除此之外，支票和汇票还有以下区别。

1. 功能和付款期限不同

支票是支付工具，只有即期付款一种，支票一经提示，付款人就应按照票面金额支付票款，所以没有承兑这一票据行为。汇票是支付和信用工具，有即期、远期、定期不同期限，远期汇票有承兑行为。

微课：支票的止付和退票

2. 提示期限不同

由于支票是即期票据，必须在短期内使用，而汇票却可以在较长时期内流通，所以两者提示的期限是不同的。

3. 主债务人不同

支票的主债务人是出票人；汇票的主债务人承兑前是出票人，承兑后是承兑人。

4. 增强信用的方式不同

为了避免出票人开出空头支票，保证支票提示时付款，可由付款行加具"保付"字样并签字。汇票没有保付的做法，但可由第三者保证。

5. 份数不同

支票只能开具一张，汇票可以开具一套。

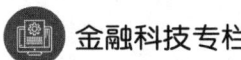

金融科技专栏

民生银行供应链票据业务

民生银行于2021年启动供应链票据项目，自建民信易链供应链平台。通过该平台，为企业提供开票、承兑、流转、贴现等全周期"票据支付+融资服务"。2022年，民生银行上线"网银版"供票贴现产品，民信平台供票功能正式上线，首笔供应链票据再贴现业务成功起息。2023年，"直连版"供票贴现模式率先在民信平台上线，同年实现与简单汇等平台的直连对接放款及新一代票据系统迁移。2023年2月，江西省某民营制造企业在该平台签发3000万元供应链票据，民生银行帮助产业链上游企业完成票据签收、背书等全流程线上操作，南昌分行还对该笔票据予以再贴现政策支持，为企业让利约116个BP，降低了中小企业融资成本。

供应链票据是供应链金融规范创新的重要实践。发展供应链票据，能有效推进应收账款票据化，盘活企业账款，解决中小微企业融资难、融资贵问题。

资料来源：中国金融新闻网。

金融职业素养专栏

在国际结算中，票据不仅是支付工具，更是商业信用的载体。我们要坚守法律合规性，精通《票据法》，票据的"要式性"要求要绝对精准：金额大小写一致性、付款期限明确性、收款人名称完整性等细节，直接关系票据效力，要践行操作零失误，确保汇票、本票、支票的签发、背书、承兑严格合规。票据牵涉多重法律责任，任何操作瑕疵（如背书不连续、签章模糊）均可能引发纠纷。我们要时刻警惕"融资性票据"陷阱，严格审查票据背后交易合同与物流单据的真实性，杜绝为虚构贸易开立票据。另外，随着近年来全球反洗钱监管的升级，对票据来源的尽职调查也已成为职业红线。

任务三测试题

思维导图

综合实训

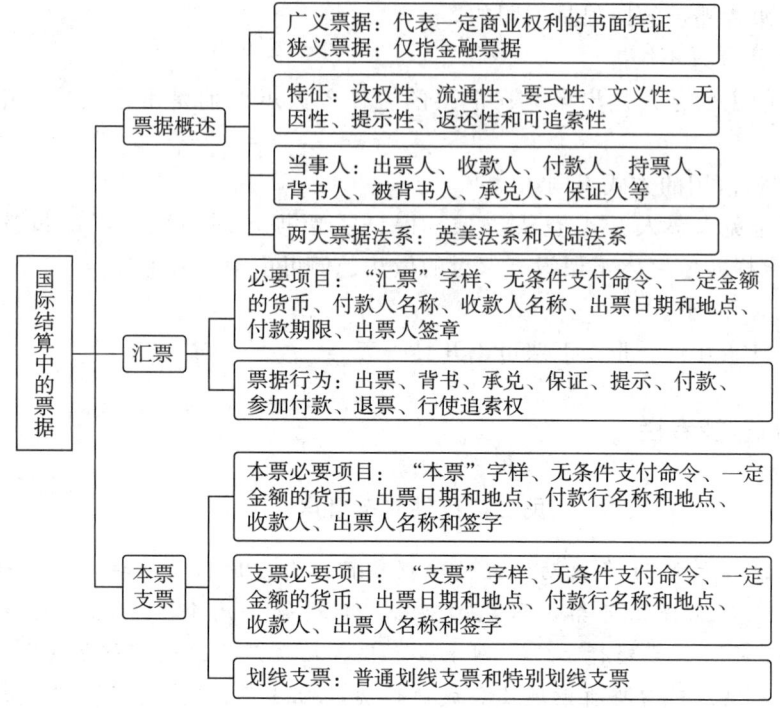

项目三 | Chapter 3
汇款方式

PPT

【知识目标】
1. 掌握汇款的定义、当事人及其责任与权利。
2. 掌握电汇、信汇和票汇业务的定义及其业务流程。
3. 熟悉汇款申请书的填写和审核要点。
4. 掌握票汇项下银行汇票的制作和审核方法。
5. 掌握汇款业务中不同账户设立情况下头寸偿付的方法。

【能力目标】
1. 能正确受理电汇汇款业务。
2. 能正确填写和审核汇款申请书。
3. 能正确制作 MT103 电文。
4. 能正确拨付汇款头寸并处理汇款解付业务。

【素质目标】
1. 弘扬工匠精神，提高学生反洗钱的风险意识。
2. 培养学生职业道德，增强其维护国家金融安全的责任感。

任务一 概　　述

【任务要求】

学生要理解并掌握汇款方式的含义、类型及当事人。

学生要熟知汇款方式的流程和在国际贸易中的应用。

学生课后要搜集相关资料，并分析汇款业务的发展趋势。

教学活动1　国际汇兑

【活动设计】

通过【案例导入】，引导学生进入汇款业务学习；进一步讲解国际汇款概念，了解"顺汇"和"逆汇"的区别。

【案例导入】

2024年5月4日，吉林金华贸易有限公司外贸业务员王峰携进出口合同来中国农业银行某分行国际业务部，申请办理国际汇款业务，汇款金额为50万美元。

思考：什么是国际汇款业务？你了解该业务的程序吗？

【基础知识】

一、国际汇兑的概念

汇兑是银行的主要业务，通过汇兑，客户可以免除运送现金的不便，提高结算速度。根据汇款人和收款人是否处于同一个国家，汇兑可以分为国内汇兑和国际汇兑。国际汇兑是指银行借助一定的结算工具在不同国家之间进行资金调拨，以结清两国客户间的债权债务关系。国际汇兑分动态和静态两种。动态国际汇兑是指一国汇款人将一种货币兑换成另一种货币，通过银行将资金汇付给另一国收款人，以实现国家间债权债务清偿和国际资金的转移。汇是指在国家间的货币资金转移，兑是指两种不同货币资金的转换。静态国际汇兑主要是指外汇，即一国以外币表示的用于国际结算的支付手段。

二、顺汇和逆汇

资金的流动必须通过各种结算工具的传送来实现。结算工具通常是指票据、电讯工具和邮寄支付凭证等,这些结算工具在国与国之间流动就可以结清两国之间的债权债务关系。在一定的条件下,使用某种货币通过某种方式结清债权债务关系即为结算方式,也叫支付方式。当前,国际上通行的结算方式有:汇款方式(Remittance)、托收方式(Collection)、信用证方式(Letter of Credit)、保函方式(Letter of Guarantee)等。国际结算方式按资金流向和结算工具流向是否一致可分为顺汇和逆汇两大类。

假定甲国某出口商向乙国某进口商出口一批纺织品,货款为 50000 美元,该笔货款的结算可以采取顺汇和逆汇两种方法。

(一) 顺 汇 (Remittance)

顺汇又称汇付,是指债务人主动将款项交给本国银行,委托该银行通过某种结算工具将款项汇付给国外债权人或者收款人。结算工具的流向和资金的流向相同,因此称为顺汇(如图 3-1 所示)。

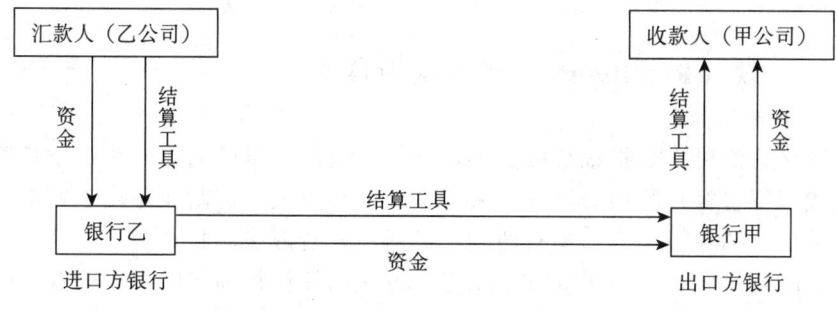

图 3-1 顺汇

(二) 逆 汇 (Reverse Remittance)

逆汇是指债权人通过出具票据委托本国银行向国外债务人收取汇票金额的结算方式,因结算工具的流向和资金的流向相反而被称为逆汇(如图 3-2 所示)。逆汇通常由债权人签发汇票向债务人收款,这种方法也被称为出票法。

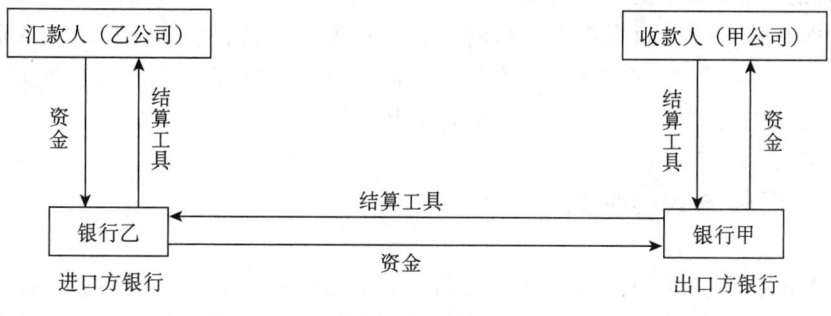

图 3-2 逆汇

在银行业务中,电汇、信汇和票汇均属于顺汇结算方式;托收和信用证业务属于逆汇结算方式。

教学活动2　汇款方式的基本知识

【活动设计】

通过【案例导入】,讲解汇款的概念、性质、汇款业务的当事人及其关系。

【案例导入】

某日,苏州A银行经办一笔汇出汇款业务,金额为123000欧元,汇款申请书中"收款银行"栏填写"Hongkong and Shanghai banking Corp. Ltd（汇丰银行）,Singapore"。

思考:什么是汇出汇款业务？在此业务中,A银行和汇丰银行分别有哪些职责？

【基础知识】

一、汇款（Remittance）的定义和特点

汇款又称汇付,是指银行接受客户委托,通过自身的通汇网络,委托国外的联行或代理行将客户款项交给收款人的一种结算方式。汇款业务属于顺汇,是商业银行最传统的业务之一,具有便利、灵活、收费低廉等特点。

在国际贸易中,当买卖双方采用汇款方式结算债权债务时,说明双方的贸易或由卖方先将货物发运至买方,再由买方付款,或由买方向卖方预先支付款项,然后卖方发货。显而易见,汇款方式是建立在买卖双方相互提供信用基础上的支付方式,属于商业信用的范畴。

汇款是以银行为中间媒介,清算进出口双方之间的债权债务。汇出行和汇入行在汇款业务中承担着收付委托款项的责任,并因此收取汇款手续费用。银行虽然参与进出口双方货款清算的过程,但并不介入双方的买卖合同,对合同双方的责任和义务的履行不提供任何保证,甚至不代办货运单据的移交。在汇款方式下货运单据的移交一般由出口方自行转交给进口方,因此,汇款结算方式的运用有赖于交易一方对另一方的信任,不是卖方向买方提供信用,就是买方向卖方提供信用,交易中提供信用的一方必然承担着较大的风险。

二、汇款方式的种类

根据汇款业务所使用的结算工具和汇兑手段的不同,银行可向客户提供若干种汇款方式供客户选用。在不同汇款方式下,尽管款项最终均可汇至收款人,但

汇兑的速度、成本及便利程度等却有所不同。按汇出行与汇入行之间所使用的结算工具的不同，汇款业务可分为电汇（Telegraphic Transfer，T/T）、信汇（Mail Transfer，M/T）和票汇（Remittance by Banker's Draft，D/D）三种方式。

三、汇款业务的当事人及其关系

（一）汇款业务的当事人

汇款方式一般有四个当事人：汇款人、收款人、汇出行和汇入行。

1．汇款人（Remitter）

汇款人是委托银行将款项汇交收款人的当事人，通常是国际贸易中的进口商或债务人。其责任是填写汇款申请书、提供汇出款项并承担有关费用。

2．汇出行（Remitting Bank）

汇出行是指接受汇款人委托，办理款项汇出业务的银行，通常是汇款人所在地银行。其职责是按汇款人要求将款项通过通汇网络汇给收款人。汇出行办理的汇款业务叫作汇出汇款业务（Outward Remittance）。

3．汇入行（Paying Bank）

汇入行也称解付行，是指接受汇出行委托，向收款人解付汇入款项业务的银行，通常是收款人所在地银行，它必须是汇出行的联行或代理行。其职责是证实汇出行委托付款指示的真实性，通知收款人取款并付款。汇入行办理的汇款业务叫作汇入汇款业务（Inward Remittance）。

微课：汇款的定义及当事人

4．收款人（Payee/ Beneficiary）

收款人是指接受汇款人所汇款项的当事人，通常是国际贸易中的出口商或债权人。

（二）汇款业务当事人之间的关系

1．汇款人与收款人之间的关系

实务中表现为两个方面：一是在非贸易汇款中，由于资金单方面转移的特性，使汇、收双方表现为资金提供与接受的关系；二是在贸易汇款中，由于商品买卖的原因，使汇、收双方表现为债权债务关系。

2．汇款人与汇出行之间是委托与被委托的关系

汇款人委托汇出行办理汇款业务时，要出具汇款申请书。汇款申请书是汇款人与汇出行委托与接受委托的契约凭证，它明确了双方在该项业务中的权利与义务。

3．汇出行与汇入行之间既有代理关系又有委托与被委托的关系

一般代理关系在前，即两行事先签有业务代理合约或有账户往来关系，在代理合约规定的业务范围内，两行各自承担所尽之责。就一笔汇款业务而言，汇出行通过汇款凭证，传递委托信息，汇入行接受委托，承担解付汇款义务。

4．收款人与汇入行之间通常表现为账户往来关系

收款人在汇入行开有存款账户。收款人与汇入行之间也可以没有关系，汇入行基于汇出行的委托，有责任向收款人解付该笔款项。

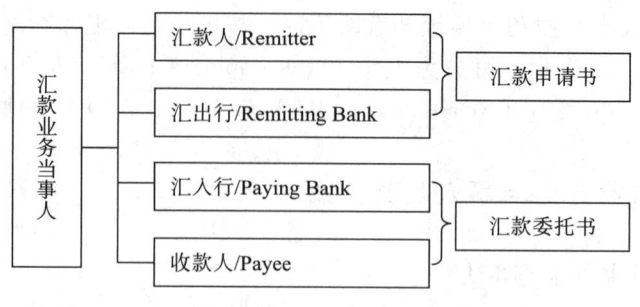

图 3-3 汇款业务当事人及其关系

教学活动 3　汇款方式在国际贸易中的应用

微课：汇款方式在国际贸易中的应用

【活动设计】

1. 组织课堂讨论，探讨分析国际贸易往来中如何应用汇款方式。
2. 学生搜集汇款案例，分析不同汇款应用形式的优点与缺点。

【基础知识】

在国际贸易中，当以汇款方式结算买卖双方债权债务时，根据货款汇付和货物运送时间顺序的不同，汇款分为先付款后交货和先交货后付款两种类型，前者称为预付货款（Payment in Advance），后者称为货到付款（Payment after Arrival of the Goods）。

一、预付货款

预付货款是指买方（进口商）先将货款的全部或者一部分通过银行汇交卖方（出口商），卖方收到货款后，根据买卖双方事先签订的合约，在一定时间内或立即将货物运交进口商的结算方式。此方式对进口商而言是预付货款，对出口商而言则是预收货款。对银行来说，预付货款属于汇出款项，预收货款属于汇入款项。在国际贸易中，处理汇入款项业务的银行，向出口商结汇后，出口商才将货物运出，所以此种结算方式又叫"先结后出"。

预付货款对出口商有利，对进口商不利。对出口商来说，一是货物未发出，已收到一笔货款，等同于得到无息贷款；二是收款后再发货，降低了货物出售的风险，如果进口商毁约，出口商可没收预付款；三是出口商可以充分利用预收货款，甚至可在收到货款后，再购货发出。对进口商来说，一是未收到货物，已先垫付了款项，将来如果不能收到或不能如期收到货物，或货物与合同不符时，将遭受损失或承担风险；二是货物到手前先付出货款，会造成资金周转困难及利息损失。

为了保障自己的权益，减少预付货款风险，进口商往往通过银行与出口商达成解付款项的条件协议，常称为"解付条件"。解付条件由进口商在汇出汇款时提出，由解付行在解付时执行。常见的解付条件为：收款人取款时，要出具个人书面担保或银行保函，担保收到货款后如期履约交货，否则退还已收到货款并附加利息；或保证提供全套货运单据等。除了附加"解付条件"外，进口商有时还会向出口商提出对进口商品折价支付，作为抵补因预付货款造成的资金利息损失。

预付货款主要适用于三种情形：一是出口商的商品是进口国市场上的畅销商品，进口商需求迫切，为取得高额利润而不惜预付货款；二是进出口双方关系密切，相互了解对方资信状况，进口商愿以预付货款购入货物；三是卖方货物旺销，出口商与进口商初次成交，卖方对买方资信不甚了解，顾虑买方收货后不按合约履行付款义务，为了收汇安全，卖方提出预付货款作为发货的前提条件。

二、货到付款

货到付款是指出口商先发货，进口商后付款的结算方式。此方式实际上属于赊账交易（Open Account Transaction）或延期付款（Deferred Payment）结算。

货到付款在国际贸易中分为售定（Goods Sold）和寄售（Sold on Consignment）两种。售定是指买卖双方已经成交，货物售妥发运，并经进口商收到后一定时期内将货款汇交出口商。多数的货到付款系指售定方式。寄售是指出口商将货物运至进口国，委托进口国的商人在当地市场代为销售，待售出后被委托人将货款按规定扣除佣金后全部汇交出口商。售定和寄售是两种不同的商品销售和结算方式，在国际贸易中根据不同的市场策略和风险偏好来选择使用。售定强调的是基于信任的先发货后收款模式，适合于有稳定合作关系的贸易伙伴；而寄售则是一种更为灵活但风险也相对较高的销售方式，适合于需要市场测试、或者难以预测销售情况的商品。

货到付款对进口商有利，对出口商不利。对进口商来说，一是买方不承担资金风险，货物未到或货物不符合合同要求则不付款，在整个交易中买方占据主动地位；二是由于买方常在收到货物一段时间后再付款，无形中占用了卖方资金。对出口商来说，一是卖方先发货，必然要承担买方不付款的风险；二是由于货款常常不能及时收回，卖方资金被占用，有可能造成一定的损失。

出口商为了保障自己的权益，减少货到付款的风险，可以采取以下措施：一是对进口商的资信进行调查；二是应尽量分批出运货物，降低风险；三是要求进口商提供付款保函；四是充分利用各种金融工具规避汇率风险。

任务一测试题

任务二 汇款方式的种类

【任务要求】

学生要理解并掌握三种汇款方式的含义、特征及处理流程。

学生要熟知汇款业务中常用 SWIFT 报文的制作和审核。

学生要能读懂贸易合同,并依据合同填写境外汇款申请书,处理相关汇款业务。

教学活动 1 电汇

【活动设计】

1. 通过【案例导入】,引导学生进入电汇汇款的学习,讲解电汇的基本理论、境外汇款申请书的填写与审核、SWIFT 报文的制作。

2. 学生四人一组,分角色模拟汇款人、汇出行、汇入行和收款人,完成电汇业务的处理。

【案例导入】

2024 年 5 月 5 日,长春东光进出口公司(地址长春市南关区至善路 263 号)职员王敏准备好了报关单、商业发票等单据和材料,向中国银行提出办理电汇汇款业务。该笔汇款业务的收款人为纽约出口贸易公司,金额为 103000 美元,用途为进口机械设备的货款。纽约出口贸易公司的开户行为花旗银行纽约分行(地址:No. 12,Cat Rd.,New York)。

思考:如何用汇款方式实现这笔资金的结算?什么是电汇汇款?各方当事人如何操作?

【基础知识】

一、电汇的定义和特点

(一)电汇的定义

电汇是汇出行应汇款人的申请,通过拍发加押电报或电传或使用 SWIFT 等清算系统指示汇入行解付一定金额给收款人的汇款方式。

微课:电汇

(二) 电汇的特点

1. 速度快

电汇是收款速度最快的汇款方式，但汇款人必须承担较高的费用，通常用于紧急款项或大额款项的支付、资金调拨等。

2. 优先级别高

银行汇款业务中，电汇优先级别较高，均当天处理。电汇交款迅速，银行无法占用客户资金。

3. 安全可靠

电汇安全可靠。目前电汇大部分采用电传和 SWIFT 系统发出，它们是银行之间的直接通信手段，减少了邮递环节，产生差错的可能性很小。电传是按分钟计价，比按字计价的电报费用降低了成本。SWIFT 系统是非营利组织，费用不高，安全快速。因此，汇款实务中，电汇业务的比例在逐渐增大。

思政课堂：
维护国家安全
——CIPS 让国际汇款更安全

二、电汇的业务流程

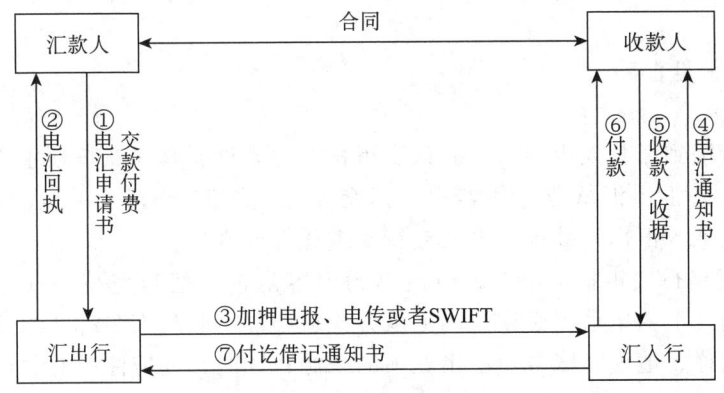

图 3-4 电汇业务流程

注：

①买卖双方签订贸易合同，支付方式为电汇（T/T）。汇款人（进口商）向银行提出汇款申请，填写汇款申请书（见表 3-1），交款付费。

②汇出行（进口方银行）接受汇款人申请，在收妥款项和银行费用后，在汇款申请书上签章，将电汇回执退给汇款人，以此表明接受了汇款人的委托。

③汇出行拍发加押电报、电传或使用 SWIFT 等电讯方式向汇入行发出汇款委托书（MT103 或电报报文），委托汇入行将款项解付给收款人。在汇款委托书上，汇出行告知汇入行该笔汇款的偿付方式，同时将款项拨付给汇入行。

④汇入行收到汇款委托书时要进行仔细审核，在确认款项收妥后，向收款人发出电汇到账通知书，通知收款人收取汇款。

⑤收款人在收款人收据上签字。

⑥汇入行向收款人解付汇款。

⑦汇入行向汇出行发出付讫通知，该笔汇款业务完结。

实训微课：汇款申请

微课：汇款申请书填写

实训微课：汇出汇款

三、电汇的业务处理

电汇的业务处理主要包括汇款申请、汇出汇款、汇入汇款、汇款解付四个环节。

（一）汇款申请

1. 解读合同，确认汇款相关信息

买卖合同是汇款人凭以办理汇款业务的主要依据。一般来说，业务人员在解读合同时应着重判断付款条件、买卖双方名称和地址、汇款币种和金额、起运地和目的地、最迟装运日期、需要提交的单据等业务要点，若付款条件为T/T，即从相关内容中确定汇款所需必要信息，以确保能正确办理电汇业务。

2. 填写境外汇款申请书，提交汇款所需文件

境外汇款申请书（见表3-1）是银行办理境外汇款的必要凭证，由汇款人在申请境外汇款时根据业务情况填写。境外汇款申请书关系着汇款能否安全、顺利、及时到达，所以填写时必须做到完整、准确、无误。汇款人填写完毕后，需将合同、发票等相关文件连同境外汇款申请书一并提交给银行，完成汇款申请业务。

（二）汇出汇款

1. 审核

汇出行接到汇款人申请时，要认真审核有关文件，其注意事项主要有：

（1）办理汇出汇款业务的客户须提交收汇、结汇、售汇、付汇管理办法规定的有效凭证、汇出汇款申请书及银行支款凭据或现钞。

（2）汇出行要审核汇出汇款申请书的内容是否清楚与完整，双方的责任义务是否明确。汇款申请书必须注明汇款方式、金额、收款人名称、地址或收款人的开户行名称、地址、账号、汇出款项的来源，同时，还应注明有关国外费用由谁负担。除港澳地区外，必须用英文填写汇款申请书内容。

（3）汇出行须按规定对有效凭证的有关项目进行合规性和表面一致性的审核。

（4）对货到付款项下汇出汇款，汇出行应凭客户提供的有效商业单据、正本进口货物报关单、贸易进口付汇核销单及/或进口付汇备案表办理。

2. 汇出汇款

汇出行受理客户汇款申请后，要对汇出汇款进行登记、落实汇出资金，并按客户要求将款项汇出。

（1）汇出汇款掌握要点。汇出行应遵循拉直付汇路线、减少中转环节、减轻费用负担、提高汇款效率、缩短解付周期的原则，同时考虑收款人所在国家（地区）的政治、经济状况等因素合理选择汇入行。汇出行应首选位于汇款货币清算中心的海外、港澳联行或与汇出行有账户关系的代理行，其次选择与汇出行有汇款货币账户关系的收款人开户银行，最后选择与收款人开户银行有汇款货币账户关系的代理行。

表 3-1　　　　　　　　境外汇款申请书

拓展阅读：
电汇汇款申请书的填写方法

案例分析：正确填写汇款申请书

（2）适用于汇款方式的 SWIFT 报文。若客户在汇款申请书中选择了电汇方式，汇出行必须遵照客户要求办理汇出汇款业务。目前，银行通常使用 SWIFT 系统处理电汇汇款业务。适用于汇款方式最常用的 SWIFT 报文格式是 MT103

微课：适用于汇款方式的 SWIFT 报文格式

和 MT202。

当汇出行和汇入行有直接账户往来关系时，一般使用 MT103 一种报文即可完成电汇业务；当汇出行和汇入行没有直接账户往来关系时，汇出行须同时发送 MT103 和 MT202 两种报文才能完成电汇业务。其中：MT103 发至收报行，不带头寸；MT202 发至账户行，由账户行将款项汇至收款行。电汇必须严格按照 SWIFT 标准格式对外发出 MT103 汇款指示和 MT202 头寸拨付指示。

①MT103 报文格式。MT103 即单笔客户汇款（single customer credit transfer），其栏位含义见表 3-2。

拓展阅读：
MT103 参数说明

表 3-2　　　　　　　　SWIFT MT103 栏位介绍

Status（状态）	Tag（代码）	Field Name（栏位名称）
M	20	Sender's Reference（发报行的参号）
O	13C	Time Indication（时间指示）
M	23B	Bank Operation Code（银行操作代码）
O	23E	Instruction Code（指示代码）
O	26T	Transaction Type Code（双方约定的交易代码）
M	32A	Value Date/ Currency/ Interbank Settled Amount（起息日及银行间的清偿币别、金额）
O	33B	Currency/ Instructed Amount（汇款人指示的币别和金额）
O	36	Exchange Rate（汇率）
M	50a/K	Ordering Customer（汇款人）
O	51A	Sending Institution（发报行）
O	52a	Ordering Institution（汇款行）
O	53a	Sender's Correspondent（发报行的代理行）
O	54a	Receiver's Correspondent（收报行的代理行）
O	55a	Third Reimbursement Institution（偿付行）
O	56a	Intermediary Institution（中间行）
O	57a	Account With Institution（账户行）
M	59a	Beneficiary Customer（收款人）
O	70	Remittance Information（汇款信息）
M	71A	Details of Charges（费用细则）
O	71F	Sender's Charges（发报行的费用）
O	71G	Receiver's Charges（收报行的费用）
O	72	Sender to Receiver Information（发报行给收报行的信息）
O	77B	Regulatory Reporting（法定报告资料）

注：M = Mandatory 意为必选项；O：Optional 意为可选项。

②MT103 报文应用。2024 年 6 月 1 日，CHANGCHUN EXPORT TRADE CO., LTD 指示其开户行中国银行吉林分行汇出 USD20000.00 给花旗银行纽约分行，

作为 NEW YORK TRADE CO., LTD 的货款。NEW YORK TRADE CO., LTD 在花旗银行的账号为 400-100-2514。所有银行费用由汇款人承担。

该业务中发报行和收报行之间有直接的美元账户关系，因此不需要有中间行参与整个清算过程。实例中使用的 MT103 报文如图 3-5 所示。

```
SENDER                 BKCHCNBJ840
MESSAGE TYPE           103
RECEIVER               CITIUS33

SENDER'S REFERENCE：    20：596931/DEV
BANK OPERATION CODE：   23B：CRED
VALUE DATE/CURRENCY/INTERBANK SETTLED AMOUNT：  32A：240601USD 20000，00
CURRENCY/INSTRUCTED AMOUNT：   33B：USD 20000，00
ORDERING CUSTOMER：50K：CHANGCHUN EXPORT TRADE CO., LTD CHANGCHUN CHINA
BENEFICIARY CUSTOMER：59：NEW YORK TRADE CO., LTD NY 10046 USA
DETAILS OF CHARGES：71A：OUR
```

图 3-5　SWIFT 电汇报文示例

案例分析：伪造电汇凭证案

③MT 202 报文格式。MT 202（General Financial Institution Transfer）为单笔银行头寸调拨所用报文格式，是由付款行或代表付款行的银行直接或通过代理行发送给收款行的银行，用来将头寸调入收款行账户的报文格式。

该报文格式也可以用来要求收报行将发报行的头寸在发报行开立在收报行的几个账户之间调拨，或要求收报行借记发报行的账户，同时贷记发报行开在另一账户行（项目"57a"中列明的银行）的几个账户中的一个账户。

拓展阅读：MT202 参数说明

（三）汇入汇款

汇入行收到汇出行的汇款通知时，要对汇款通知进行认真审核。审核无异议，登记汇入汇款，在落实好汇款头寸后向收款人发送收款通知。汇入行审核汇款通知的注意事项主要有：

（1）对汇入的电汇，需核对其密押。如有不符，应速向汇出行查询。未收到汇出行的证实答复，不能办理解付手续。

实训微课：汇入汇款

（2）对汇款通知中头寸偿付条款进行合理性和可行性审查。若偿付条款汇入行不能接受，应向汇出行提出更改要求；若汇款通知没有注明头寸偿付条款，应要求汇出行予以明确。

（3）收款人的名称、地址或开户银行、账号是否清楚、明了，若收款人在汇入行开户，其账号与户名是否相符。

（四）汇款解付

收款人收到汇入行的收款通知后，一般会立即要求汇入行办理汇款解付业务。汇入行解付汇款一般应坚持以下原则：①汇入汇款应以"收妥头寸"为解付原则；②收妥头寸的汇款解付必须坚持"随到随解"原则；③汇款解付必须坚持"谁款谁收"原则。

教学活动 2 信汇

【活动设计】

通过【案例导入】，引导学生进入信汇学习；进一步讲解信汇的概念、特点和业务处理流程及要点。

【案例导入】

2024 年 3 月 5 日，吉林宏发进出口公司（地址长春市朝阳区卫星路 3113 号）职员李东林准备好了报关单、商业发票等单据和材料，向光大银行长春分行提出办理信汇汇款业务。该笔汇款业务的收款人为加拿大 A 贸易公司，金额为 65000 加拿大元，用途为进口汽车零附件的货款。加拿大 A 贸易公司的开户行为蒙特利尔银行（Bank of Montreal）。

思考：什么是信汇汇款？其与电汇汇款有何区别？

【基础知识】

一、信汇的定义和特点

微课：信汇

信汇是汇出行应汇款人的申请，用航空信函指示汇入行解付一定金额给收款人的汇款方式。信汇业务的程序与电汇程序基本相同，所不同的是汇出行应汇款人的申请，以信汇委托书（M/T Advice）或支付委托书（Payment Order）作为结算工具，通过航空邮寄至汇入行，委托其解付。

信汇委托书或支付委托书上须加具有权签字人的签字，汇入行收到委托书时，凭汇出行的印鉴样本核对签字、审核委托书并确认汇款头寸收妥后，即可通知收款人前来领取汇款。收款人领取汇款时，必须持证明自己身份的证件，并在汇款收据上签名或盖章。

信汇的优点是费用低廉；缺点是因邮递关系，收款较慢。由于信汇在途时间较长，因此汇出行可占用整个邮程时间内的信汇资金。目前，信汇业务较少使用。

二、信汇的业务流程

信汇的业务流程如图 3-6 所示。

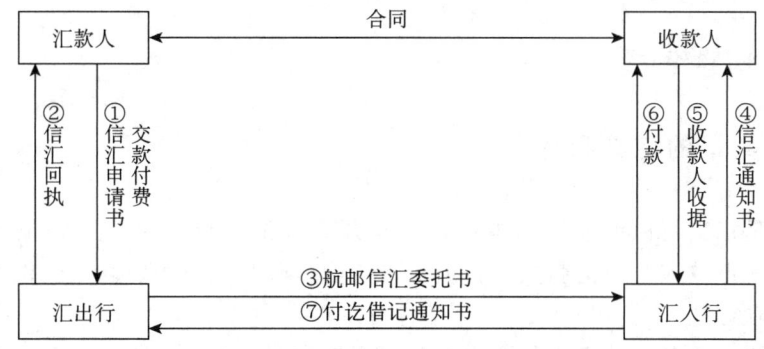

图 3-6 信汇业务流程

注：

①交易双方签订交易合同，约定采用信汇方式结算。汇款人用英文填写汇款申请书，向银行提出汇款申请，并交款付费。

②银行审核汇款申请，同意接受申请后将银行盖章的信汇回执返还给汇款人。

③汇出行根据申请书缮制信汇委托书，航邮到国外汇入行。

④汇入行收到信汇委托书，审核无误并落实汇款头寸后，通知收款人取款。

⑤收款人持收款人收据到汇入行取款。

⑥汇入行向收款人解付汇款。

⑦若汇入行是汇出行的账户行，可以解付和借记汇出行账户同时进行，然后给汇出行发送借记通知书。

教学活动 3 票汇

【活动设计】

通过【案例导入】，引导学生进入票汇业务学习；进一步讲解票汇的概念、特点和业务处理流程及要点。

【案例导入】

吉林甲企业与美国乙公司签订一份贸易合同，出口一批货物。合同中规定：支付条款为装运月份前 15 天以票汇方式结算。在履约过程中，乙公司延至装运月份的 15 日才从邮局寄来一张银行汇票。为保证按期交货，甲企业于收到汇票次日即将货物出运，同时委托中国银行代收票款。1 个月后，中国银行通知甲企业，该汇票系伪造，已被退票。此时，货物已抵达目的港，并已被乙公司凭甲企业自行寄去的单据提走。事后甲企业进行了追偿，但乙公司早已人去楼空，甲企业遭受货款两空的重大损失。

思考：什么是票汇汇款？与电汇汇款业务有何区别？如何防范票汇汇款业务中的风险？

【基础知识】

一、票汇的定义和特点

票汇是汇出行应汇款人的申请，代其开立以汇入行为付款人的银行即期汇票，并交还汇款人，由汇款人邮寄或自带给国外收款人，由收款人到汇入行凭票取款的汇款方式。

办理票汇业务时，汇出行要出具汇票通知书或票根（Advice of Drawing），寄至汇入行，以便汇入行在收款人持票向其取款时，核对汇票的真伪。

票汇具有较大的灵活性，取款方便。根据汇款人的需要，汇出行签发不同抬头的银行汇票，汇款人可将汇票带到国外亲自取款，也可以将汇票寄给国外的债权人由其取款；票汇的汇入行无须通知收款人前来取款，收款人自行持票到汇入行取款。

票汇使用的银行汇票能代替现金流通，收款人可以通过背书转让汇票。汇票转让的次数越多，流通时间越长，对银行越有利，因为银行可以无偿占用这段时间的汇款资金。因此，票汇可以为银行提供更多的利润。

票汇的汇兑速度取决于汇款人寄（带）汇票的时间、邮递速度及汇票的流通转让时间，速度不仅慢于电汇，有时也会低于信汇。票汇汇费与信汇汇费大体一致。

微课：票汇

二、票汇的业务流程

票汇的业务流程如图 3-7 所示。

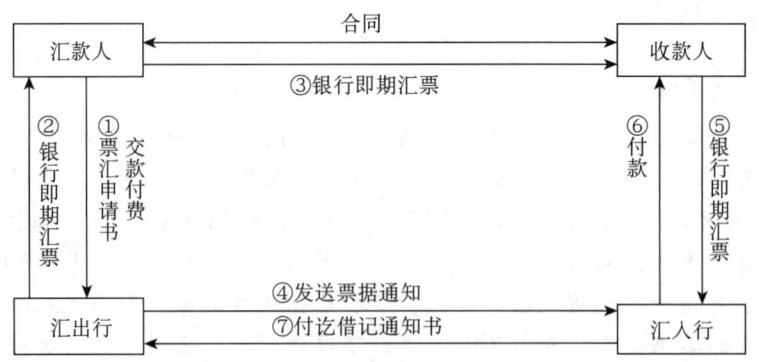

图 3-7 票汇业务流程

注：
①汇款人填写票汇申请书，向银行提出汇款申请，同时交款付费给汇出行。
②汇出行审核同意后，开立银行即期汇票交给汇款人。
③汇款人将银行即期汇票邮寄给收款人或自行携带出境。
④汇出行向汇入行发送票据通知（汇票一式四联的第二联），汇入行凭此联与收款人提交

的汇票正本核对。

⑤收款人凭银行即期汇票向汇入行取款。

⑥汇入行对汇票和票据通知进行审核，确认无误后由收款人对汇票进行背书，汇入行核实后付款给收款人。

⑦汇入行将付讫借记通知书寄给汇出行，通知款项已经解付。

三、票汇样本示例

2024 年 12 月 7 日，长春旭东进出口公司向中国银行长春分行提出票汇汇款申请，支付美国 ABC 进出口公司货款 511000 美元。中国银行长春分行审核汇款申请后同意办理该笔汇款业务，开出一张银行即期汇票交给长春旭东进出口公司业务人员。汇票样本如图 3-8 所示。

案例分析：电汇改票汇案

```
                        BANK OF CHINA
                   This draft is valid for one year
                     from the date of issue

Exchange for USD511000.00                    CHANGCHUN 7th Dec. 2021
      At _____ sight pay to the order of  ABC Import and Export Co.
The sum of US. Dollars five hundred eleven thousand only         .

TO: Bank of china, New York Branch
410 MADISON AVENUE NEW YORK, NY 10017, U.S.A.
                                    For Bank of china, Changchun Branch
                                         zhangdonghua
```

图 3-8 汇票样本

一般来说，票汇中的汇票具备以下几个特征：①汇票的收款人是汇款的收款人。本汇票的收款人为 ABC Import and Export Co.。②汇票的付款人是汇入行。本汇票的付款人为 Bank of china，New York。③汇票的出票人是汇出行。本汇票的出票人为 Bank of china，Changchun Branch。④汇票期限为 at sight，即汇票是即期汇票。本汇票有效期限为 1 年，"This draft is valid for one year from the date of issue"。⑤如果没有特别指明，汇票可以经收款人背书后进行流通。

任务二测试题

任务三
汇款头寸调拨与退汇

【任务要求】

学生要掌握各种汇款头寸的偿付方式。

结合具体汇款业务，学生要能正确运用汇款头寸偿付方式。

学生要熟知退汇的处理流程，并能正确处理退汇业务。

教学活动 1　汇款方式的偿付

【活动设计】

通过【案例导入】，引导学生进入汇款头寸调拨的学习，进一步讲解主动贷记、授权借记、共同账户行记账和各自账户行转账。

【案例导入】

汇款的偿付

中国 A 银行向纽约 B 银行发送 MT103，受益人是 B 银行客户。由于 A 银行和 B 银行之间没有账户关系，A 银行于是用 MT202 通知其境外账户行 C 银行，将资金调拨给 B 银行。

思考：汇款资金拨付方式有哪些？在实务中汇出行应如何选择资金拨付方式？

【基础知识】

汇款的偿付是指汇出行在向汇入行发出付款委托后，应及时向汇入行拨付头寸或偿付汇款的行为，俗称拨头寸。汇款的偿付既是汇出行的责任，也是衡量其信誉高低的重要标志。汇出行应在汇款委托中清楚指示汇款头寸的划拨方法和汇款资金的清算路线。

在汇款实务中，头寸拨付有两种方式：一种是先拨后付，即汇出行在受理一笔汇款业务后，先将头寸拨付给汇入行，汇入行收到头寸后才向收款人进行解付，这是最主要的头寸拨付方式；另一种是先付后拨，即汇出行受理汇款业务后，先将汇款通知寄给汇入行，汇入行根据通知先垫付资金给收款人，然后向汇出行索偿，这种方式对汇入行来说存在着一定的风险，应该谨慎使用。

思政课堂：
维护国家安全
——推进跨境业务反洗钱工作坚决维护国家金融安全

根据汇出行与汇入行之间账户关系的设置情况，汇款头寸的偿付方式具体有如下四种。

一、主动贷记

当汇入行在汇出行开立账户时，可采用汇出行主动贷记汇入行账户的方式来对汇入行进行偿付，这种头寸偿付方式称为"主动贷记"（如图 3-9 所示），是一种比较方便的头寸偿付方式。汇入行在收到汇出行汇款委托书和贷记报单后，就表明头寸已经收妥，可以向收款人进行解付。

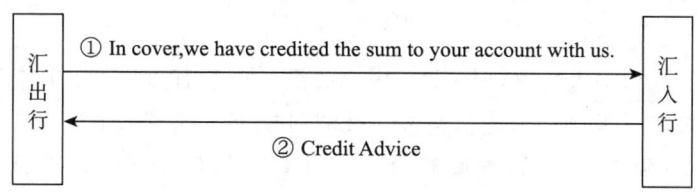

图 3-9　主动贷记说明图

二、授权借记

当汇出行在汇入行开立账户时，汇出行可采用授权汇入行借记汇出行在汇入行账户的方式来对其进行偿付，这种头寸偿付方式称为"授权借记"（如图 3-10 所示）。汇出行向汇入行发送汇款委托指令，说明偿付方式，汇入行借记汇出行账户后，向收款人进行解付，并向汇出行发送借记报单。

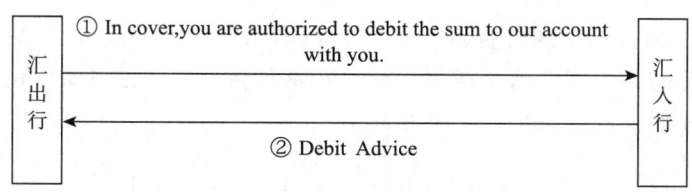

图 3-10　授权借记说明图

三、共同账户行转账

当汇出行与汇入行互相不设置账户，但在同一第三方银行（俗称碰头行）开立账户时，汇款头寸不能通过双方账户直接划转，就需要通过碰头行拨付。此种情况下，汇出行委托汇入行解付汇款时，汇款委托中说明汇款头寸通过双方共同账户行进行划转，同时向碰头行发出划转指令（如图 3-11 所示）。汇入行收到碰头行的贷记报单后确认收妥头寸，即可向收款人进行解付。

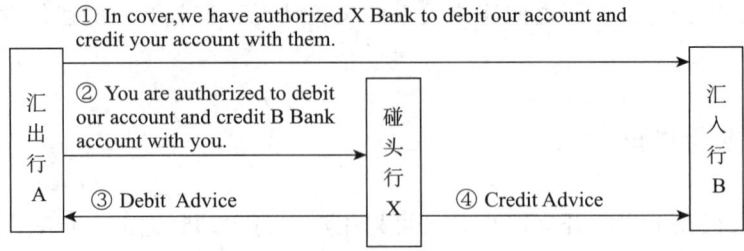

图 3-11　共同账户行转账说明图

四、各自账户行转账

如果汇出行和汇入行之间既没有账户关系，也没有碰头行，则需要通过它们各自账户行的共同账户行来拨付头寸，此时可能涉及四家或五家银行。

（1）当汇出行与汇入行各自的账户行有直接账户往来时，汇款头寸的偿付往往需要通过四家银行才能完成（如图 3-12 所示）。

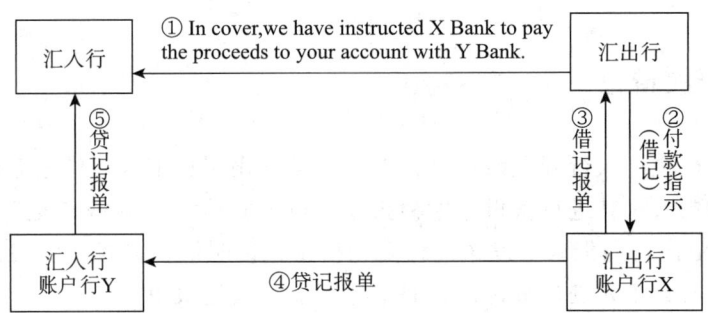

图 3-12　各自账户行转账说明图

（2）当汇出行与汇入行各自的账户行没有直接账户往来时，则需要通过它们各自账户行的共同账户行来拨付头寸，在这种情况中，汇款头寸的偿付需要通过五家银行才能完成（如图 3-13 所示）。

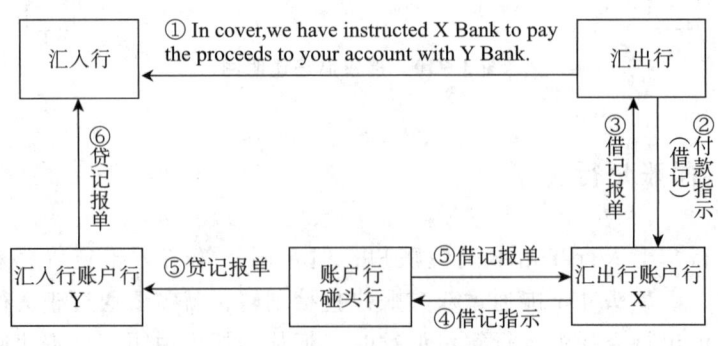

图 3-13　各自账户行转账说明图

采用汇出行与汇入行各自账户行转账偿付汇款头寸时，偿付时间长、费用多并且查询困难，因此业务上应尽量避免用这种方法偿付。

教学活动2　退汇

【活动设计】

通过【案例导入】，引导学生进入退汇业务学习，讲解收款人主动退汇和汇款人要求退汇的业务处理要点。

【案例导入】

2024年9月9日，吉林凯维照相器材公司（地址长春市汽开区东风大街5678号）职员吴峰准备好各项单据和材料，向中国银行长春分行汽车厂支行提出办理电汇汇款业务，银行审核同意后为其办理了电汇，并收取了手续费和汇款金额。10月12日，吴峰又来到汽车厂支行要求退汇，原因是该公司与国外进口公司合同取消。

思考：中国银行是否会同意吉林凯维照相器材公司的退汇申请？如何办理退汇业务？

【基础知识】

退汇是汇款在解付前的撤销。退汇可以是收款人提出，也可以是汇款人提出。退汇的原因一般有三种：一是收款人提出退汇；二是汇款人提出退汇；三是汇入行提出退汇。

一、收款人主动退汇

一般来说，收款人提出退汇，退汇业务办理相对简单。信汇和电汇项下办理退汇，收款人通知汇入行，汇入行将汇款凭证和头寸退给汇出行，汇出行通知汇款人前来办理退汇即可。票汇项下办理退汇，收款人将汇票退回给汇款人，由汇款人持票到汇出行办理退汇手续。

二、汇款人要求退汇

退汇通常由汇款人提出。如果汇款尚未解付，汇出行、汇入行一般应同意汇款人的退汇要求。退汇的办理程序如下。

（一）信汇和电汇项下的退汇

汇款人首先要向汇出行提交退汇申请书，说明退汇理由，汇出行接受汇款人对信汇或电汇的退汇申请后，应立即用电、函告知国外汇入行办理退汇，待接到国外汇入行同意退汇的通知后，再转告国内汇款人持汇款回执前来办理退款。

（二）票汇项下的退汇

汇款人在寄出汇票前，可由汇款人持原汇票到汇出行申请办理退汇手续，汇出行应发函（电）通知汇入行将有关的汇票通知书（或票根）注销寄回（现在一般不再寄票根）；若汇款人已将汇票寄出才要求退汇时，汇出行为维护银行票据的信誉，一般不予接受。

如果汇款人将汇票遗失、被窃，则可以办理挂失止付手续。由汇款人向汇出行出具认赔保证书，保证万一发生重付，由汇款人负责赔偿银行因此遭受的损失，汇出行即可通知汇入行挂失止付，待汇入行书面确认后，汇出行再办理补发汇票手续。

三、汇入行主动退汇

如果超过银行规定取款期限，收款人不来汇入行取款，汇入行也可以主动办理退汇，将汇款凭证和头寸退给汇出行，汇出行通知汇款人前来办理退汇即可。

 金融科技专栏

中国银行区块链汇款业务

2023年6月，中国银行推出基于区块链的智能汇款系统，为一家跨境电商企业提供实时跨境结算服务。该企业主营电子产品出口，以往通过传统SWIFT电汇需2—3个工作日到账，且手续费较高。中行通过接入RippleNet区块链网络，实现汇款路径的智能优化，同时利用AI自动匹配合规审核与反洗钱（AML）规则，将汇款时间压缩至10分钟内完成，手续费降低40%。此外，系统支持多币种自动兑换，企业可实时追踪资金流向，大幅提升了跨境资金管理效率。

汇款业务长期面临到账慢、费用高、透明度低、操作复杂等问题。数字化技术的应用能突破这些问题：区块链技术通过分布式账本实现跨境汇款的实时清算，减少中间行扣费，如SWIFT gpi、支付宝的"区块链跨境汇款"；AI与大数据能自动完成合规筛查、汇率优化和风险预警，例如汇丰银行的AI汇款路由引擎。

资料来源：中国银行2023年区块链汇款报告。

 金融职业素养专栏

跨境汇款是跨国资金流动的重要手段，也是国际贸易结算中常用的支付方式。我们要有投身金融生态文明建设的责任感与使命感，助力保障跨境汇款的安全快捷及整体金融安全；要强化自身金融风险防范意识与能力，维护我国金融机构的良好声誉；要提高职业道德素养，提升对跨境汇款业务的风险防控与管理水平；要树立为客户提供优质、便捷、高效、安全的跨境汇款服务的意识，增强反金融诈骗能力,从而保障我国出口收汇与付汇安全,为国家"稳外贸"工作贡献力量。

 思维导图

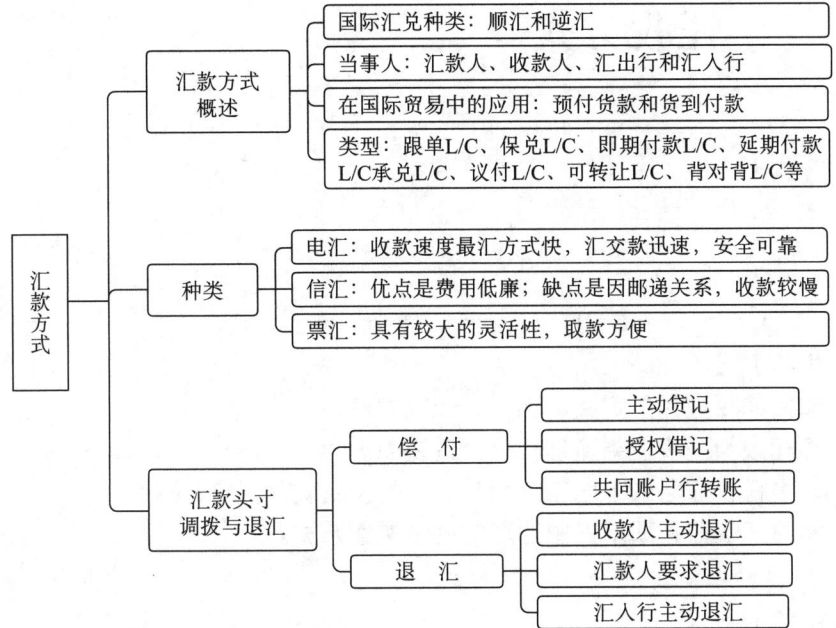

任务三测试题

综合实训

项目四 | Chapter 4
托收方式

PPT

【知识目标】
1. 掌握托收业务的定义、当事人及其权责。
2. 熟知跟单托收业务流程及其处理要点。
3. 掌握托收业务项下出口商面临的风险及其防范措施。
4. 掌握托收业务项下进出口商的资金融通方式。

【能力目标】
1. 能处理跟单托收项下的汇票,并对汇票进行托收背书。
2. 能根据业务要求填写并审核托收申请书。
3. 能根据实际业务需求制作并审核托收指示。
4. 能依据《托收统一规则》(URC522)分析处理有关案例。

【素质目标】
1. 倡导工匠精神,提升学生爱岗敬业、精益求精和专注精神。
2. 培养学生职业素养,使其在处理托收业务时能恪守职业道德和职业规范。

任务一 概述

拓展阅读:《托收统一规则》

【任务要求】
学生要掌握托收结算方式的定义、特点及当事人的权利义务关系。

学生课后要阅读有关托收结算方式的国际惯例,从中详细把握托收结算方式的特点、当事人的权利义务关系、业务处理原则以及业务处理要点等内容;掌握托收的关键术语,读懂教师提供的托收凭证样本,并能正确说明其内容。

教学活动1 托收的定义和特点

【活动设计】

1. 通过【案例导入】,引导学生进入托收结算方式的学习,进一步讲解托收的含义和特点。

2. 组织课堂讨论,分析托收结算方式和汇款结算方式的不同点,讨论在实务中出口商应如何在二者之中进行选择。

【案例导入】

2024年11月7日,出口商山西顶峰贸易有限公司职员董力委托中国农业银行太原分行办理一笔男式衬衫的出口托收业务,其中,发票号为2024117,金额为50万美元,托收方式为D/P AT SIGHT。山西顶峰贸易有限公司共提交汇票2份,发票3份,装箱单3份,产地证3份,提单3份,保险单2份。进口商为美国的LANDO COMPANY LTD.。

思考:什么是托收业务?如何办理托收业务?

【基础知识】

一、托收的定义

国际商会制定的《托收统一规则》(URC522)第二条对托收的定义是:托收是指银行根据收到的指示处理金融单据和/或商业单据,以便:①取得付款和/或承兑;②凭付款和/或承兑交单;③按照其他条款和条件交单。

托收定义中的"金融单据"是指汇票、本票、支票或其他类似用以取得款项的凭证;"商业单据"是指发票、运输单据、物权单据或其他类似单据或其他任何非金融单据的单据。

通俗地讲,托收是债权人为向债务人收取款项,出具债权凭证(包括汇票、本票、支票等)委托银行代为收款的一种结算方式。

从具体业务实践看,银行处理托收业务要比汇款业务复杂,其中要涉及提交票据和单据的过程,而且各国银行对托收的做法不同,因此熟悉和掌握有关托收的国际惯例对正确采用托收方式和处理托收业务十分必要。

拓展阅读:
eURC

拓展阅读:
eURC1.0

二、托收的特点

（一）托收是建立在商业信用基础之上的结算方式

托收属于商业信用，即商人间的信用。出口商与托收银行之间、托收银行与代收银行之间只是一种代理关系。无论是托收银行还是代收银行，在跟单托收方式中，只是对进出口货物的安全性、收汇的及时性负有道义上的责任，至于进口商能否按照规定的交单条件付款赎单，完全取决于其付款能力和付款愿望，银行并不承担付款责任。

（二）托收方式属于逆汇方式

托收方式是出口商开出汇票，连同货运单据（即跟单汇票）交给银行，委托银行向进口商收取货款，进口商收到货运单据经审单无误后再通过银行对出口商付款的结算方式。托收方式中结算工具（汇票）的传递方向与货款的流向相反，因此，托收方式是逆汇方式。

（三）托收方式对进口商更加有利

托收方式项下，出口商是在货物发运后凭商业单据向进口商收取货款，这一方面占用了出口商自身的资金，另一方面，货款能否收妥、何时收妥、收多收少完全取决于进口商的资信，银行对此既不承担付款责任，也不承担担保付款责任。因此，托收结算方式对进出口商来说，利益风险并不平衡，对出口商的风险要更大一些。

三、托收的种类

（一）光票托收

光票托收是指仅凭金融单据而不附带商业单据的托收。这里的金融单据包括汇票、本票、支票、付款收据或其他类似的单据；商业单据是指代表物权的货运单据（仅附非货运单据，如发票、垫款清单等的汇票也属于光票范畴）。光票托收由于没有货运单据，不直接涉及货物的转移或处理，银行只需要根据票据收款即可，因此，业务处理比较简单。

在国际贸易中，光票托收的金额一般较小，通常用于收取货款尾数、样品费、佣金、代垫费用等。在国际非贸易中，光票托收则主要用于旅行支票的托收，如银行代理涉外饭店、宾馆、旅行社等向旅行支票的签发公司收款。在实际工作中，光票托收还包括许多委托行不能立即解付或因各种原因不能立即付款的各类票据的托收。

（二）跟单托收

跟单托收是指附带有商业单据（主要是货运单据）的托收。跟单托收可以附带汇票也可以不附带汇票。不附带汇票的托收并不影响跟单托收的效果，此时，发票金额代表汇票金额。近几十年来，欧洲大陆的部分国家，对于即期托收业务，已开始免除汇票的使用，从而减轻了商人在汇票上加贴印花的负担。但

微课：托收的定义和特点

是，不附带汇票的托收如果出现拒付，由于缺少独立于商业合同的票据，则会对委托人产生不利影响。所以，不附带汇票的托收一般适用于彼此信任的客户之间且不需要用汇票做流通工具的情况。对于远期托收业务，则不能免除汇票。因此，跟单托收最实质的要件是代表货权的运输单据。国际贸易中货款的托收大多采用跟单托收。

教学活动2　托收的当事人

【活动设计】

通过【案例导入】，引导学生进入托收的深入学习，了解并掌握托收有哪些当事人，以及当事人之间的权责关系。

【案例导入】

接上例，2024年11月7日，中国农业银行太原分行审核山西顶峰贸易有限公司的托收申请后，同意为其办理跟单托收业务。

思考：该笔跟单托收业务涉及哪些当事人？他们之间是什么样的关系？

【基础知识】

一、托收当事人

银行接受客户委托，运用托收方式结算国家间的债权债务关系时，必须通过国外的联行或代理行才能完成。因此，托收方式的基本当事人有四个：出口商、出口方银行、进口商和进口方银行。实际业务中，根据不同需要也会涉及其他当事人。

（一）委托人（Principal）

委托人是指委托银行办理托收的当事人，一般是出口商。

（二）托收行（Remitting Bank）

托收行又称委托行，也称寄单行，是指接受委托人的委托通过国外分行或代理行向债务人收取款项的银行，往往是出口商的开户行。

（三）代收行（Collecting Bank）

代收行又称受托行，是指接受委托行的委托，向债务人收取款项的银行，一般都是托收行在进口商所在地的分行或代理行。

（四）付款人（Drawee）

付款人是指承担付款责任的人，一般是进口商。

（五）提示行（Presenting Bank）

提示行是指跟单托收中向付款人提示汇票和单据的银行，也称交单行。一般情况下，代收行可以委托与付款人有往来账户关系的银行为提示行，也可以自己

微课：托收的当事人

做提示行。

(六) 需要时的代理人 (Principal's Representative in case of Need)

在托收业务中,如发生付款人拒付,委托人可指定在付款人所在地的代理人代为料理货物存仓、保险、转售、运回等事宜,这个代理人就是"需要时的代理人"。按照国际惯例,委托人如拟指定需要时的代理人,必须在托收申请书上写明此代理人的权限。如在委托书中对代理人的权限未做规定,代收行可以不受理代理人的任何指示;超过规定权限的指示,代收行也可不予受理。

二、托收当事人间的关系

(一) 委托人与付款人之间的关系

在国际货物贸易中,委托人与付款人分别为出口商与进口商,他们之间的关系是货物买卖关系。出口商的义务是:必须按照合同规定向进口商按时、按质、按量交运货物,必须向进口商提交符合合同要求的单据。进口商的义务是:在出口商向他提交了足以证明出口商已经履行了合同义务的单据时,按合同规定付款。如双方中有违反合同规定致使对方造成损失,违约方应负责赔偿。

(二) 委托人与托收行之间的关系

委托人与托收行之间的关系是委托代理关系,两者关系的依据是托收申请书 (Collection application),托收申请书实质上是委托人与托收行之间的委托代理合同。受托收申请书的约束,委托人与托收行的责任如下:

1. 委托人的责任

(1) 填写指示明确的托收申请书,主要包括:

①交单方式。交单方式是付款交单还是承兑交单;是否可以分批付款,分批赎票;远期汇票提前付款可否给予进口商回扣或利息、逾期付款应否追加利息等。

②货款收妥后的处理方式。托收行只有在代收行已收妥货款并划入自己账户的情况下才会将货款支付给委托人。代收行收妥货款后,可以用电报或航函的方式通知托收行,但用哪一种方式则需根据托收行的指示。为此,委托人需在代理合同中确定用电报还是航函通知。

③银行费用的处理。一般情况下,进口商和出口商各自负担本国银行的费用。根据URC522的规定,如果托收申请书中仅规定费用须由进口商负担,而进口商拒付费用时,则代收行可以将自己应收的费用从应汇给托收行的货款中扣除;如果托收申请书明确规定不准豁免该项费用,则托收行、代收行、提示行对因此而产生的付款延迟或额外开支不负责任。

④拒付时是否需做拒绝证书。委托人在委托代理合同中应对遭到拒绝承兑或拒绝付款时是否做成拒绝证书给予明确指示。根据银行惯例,在委托人没有指示必须做成拒绝证书时,银行没有义务在拒付时做拒绝证书。

⑤拒付后货物处理的方式。理想的处理方式是出口商能在进口当地找到买主就地将货物售出;如果出口商在进口地有可靠的代理人,他可以在汇票上记载预

备付款人以应急。如果没有前述的两种可能性时，委托人可以在托收申请书中明确指示银行，如发生拒付，在货物到达进口地后立即办理货物的提货、存仓和保险。但需要注意的是，URC522第十条（2）款规定："即使接到特别指示，银行也没有义务对与跟单托收有关的货物采取任何行动，包括对货物进行存储和保险。银行只有在个案中、在其同意的限度内，才会采取该类行动"；第十条（3）款还规定："无论银行是否收到指示，银行为保护货物而采取措施时，对有关货物的结局及/或状况及/或对受托保管及/或保护货物的任何第三方的作为及/或不作为概不承担责任。但是，代收行必须毫不延误地将其所采取的措施通知向其发出托收指示的银行。"

⑥选定国外的代收行。如果委托人明确指示通过国外的某一银行作为代收行收款，如托收行与该银行开有账户，则可按委托人指示办理；否则，须征得委托人同意后，由托收行自行选择一家银行作为代收行。

（2）及时指示。当银行将发生的一些意外情况通知委托人时，委托人必须及时指示，否则，因此而发生的损失由委托人自行负责。

（3）负担费用。委托人不但要向托收行支付手续费，而且应负担托收行为执行委托指示而支出的各种费用；即使托收行没有收到货款，委托人也必须支付这些费用。如果托收申请书中规定国外代收行的费用须由进口商负担并不得豁免，在进口商拒付货款时，国外代收行的费用也必须由委托人承担。

2. 托收行的责任

（1）执行委托人的指示。托收行在托收业务中完全处于代理人的地位，它必须根据委托人的指示办事。因此对于托收行来说，最主要的责任就是：依据托收申请书制作"托收指示"，确保二者严格相符。如果委托人的有些要求确实无法执行，托收行应向委托人解释，由委托人修改申请书后再办理托收。

（2）准确及时寄发单据。托收行对委托人提供的单据是否与买卖合同相符不负责任。托收行没有审核单据内容的义务，只需确保单据的种类和份数与托收申请书一致即可。如发现单据遗漏，托收行应立即通知委托人补交。在具体业务中，托收行一般会对委托人交来的主要单据进行重点核对，但这完全是银行对客户提供的服务，而不是应尽的责任。托收行核对单据种类和份数相符后，要及时寄发单据。银行（包括托收行、代收行、提示行等）办理托收业务时，应与办理信用证业务一样，须善意和谨慎行事，这是一条基本的原则。

（3）承担过失责任。托收行在受理托收业务时，向委托人收取手续费，因此托收行必须善意和谨慎地行事，凡因未按照申请书的指示而产生的后果，托收行应承担过失之责。

（三）托收行与代收行之间的关系

代收行是托收行的代理人，代收行须严格按照托收行所发出的托收指示办事。因此代收行的基本责任与前述托收行的责任大致相同，并负有一些特殊责任：

1. 保管好单据

托收是通过银行承兑交单或付款交单，进口商要取得单据，必须对汇票承兑

案例分析：跟单托收业务中银行的责任

或付款，因此，代收行在进口商未承兑或未付款时，绝对不能把单据交给进口商。此外，在进口商拒绝承兑或拒绝付款时，代收行应立即通知托收行，并且在通知中声明保管单据听候托收行的指示。一般在发出这种通知后，如在合理时间内未能收到托收行的进一步指示时，代收行应发电催复。

2. 无义务对托收项下货物采取任何行动

按照URC522的规定，银行对跟单托收项下的货物，没有任何行动义务。但是，为了保护委托人的货物，不管有没有指示，如果银行采取了提货、存仓、保险等行动，则该银行对于货物的处理、货物的状况、对受托保管或保护该项货物的第三者所采取的行动或疏漏均不负责。不过代收行必须将这些行动通知托收行。

3. 托收情况的通知

按照银行的习惯做法，代收行应根据下列规则，通知托收情况。

（1）代收行发给托收行的所有通知或报道中必须列有合适的说明，其中必须列明托收行的托收指示编号。

（2）如无明确的指示，代收行必须用最快的邮件，将托收情况的有关通知寄给托收行，包括付款通知、承兑通知、拒绝付款或拒绝承兑通知等；如果代收行认为事情紧急，也可以使用更快的通知方法进行通知，如电报、电传或电子通信系统等，费用由委托人负担。

（3）代收行向付款人提示单据要求承兑或付款而遭到拒付时，应尽力查明理由并通知托收行。

（四）代收行与付款人之间的关系

代收行与付款人之间并不存在契约关系。付款人对代收行的提示是否付款，完全由他与委托人之间所订立的契约义务而决定，即只有在委托人提交的单据能够证明委托人已履行了买卖合同中的义务的情况下，付款人才进行付款。

教学活动3　托收的交单方式

【活动设计】

通过【案例导入】，引导学生进入托收交单方式的学习，掌握不同交单方式下托收的业务流程，并了解不同交单条件对出口商和进口商的影响。

【案例导入】

2024年12月10日，出口商长春出口贸易公司职员王强到中国银行长春分行办理一笔玩具的出口托收业务，其中，发票号为20241210，金额为USD50000.00，托收方式为D/P AT 30 DAYS AFTER SIGHT。该公司共提交汇票2份，发票3份，装箱单3份，产地证3份，提单3/3份，保险单2/2份。进口商为NEW YORK IMPORT TRADE CO. LTD，该公司账户行为BANK OF AMERICA, NEW YORK BRANCH。

案例分析：商业跟单托收应谨慎选择付款方式

思考：此笔跟单托收业务中 D/P AT 30 DAYS AFTER SIGHT 是指什么？办理该笔托收业务的风险有哪些？

【基础知识】

跟单托收方式下，出口商在货物发运后，要委托银行将货运单据交付给进口商。根据交付单据的条件不同，跟单托收可以分为付款交单、承兑交单和凭其他条款和条件交单三种交单方式。不同交单方式下的跟单托收，不仅业务流程有所不同，其对出口商和进口商的影响也不同。跟单托收的交单方式如图 4-1 所示。

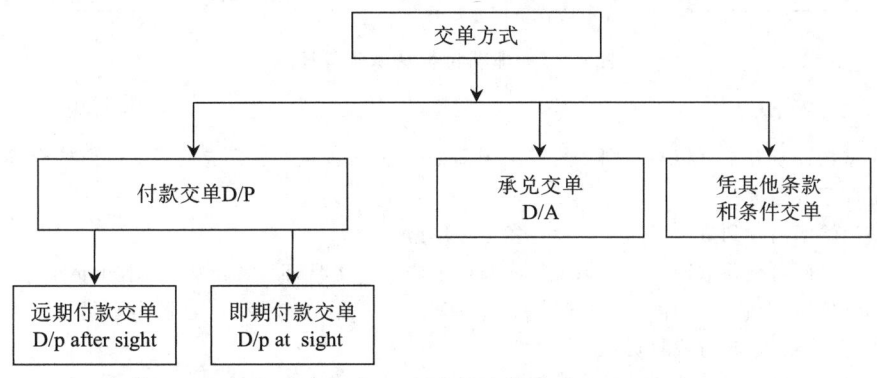

图 4-1　托收的交单方式

一、付款交单

付款交单（Documents against Payment，D/P）是指代收行以付款为条件向进口商交出单据，即只有在进口商付清全部货款后进口商才将单据交出。根据付款时间的不同，付款交单又可分为即期付款交单和远期付款交单。

（一）即期付款交单（D/P at sight）

即期付款交单是指委托人开立即期汇票，代收行收到汇票和单据立即向进口商提示，进口商审单无误付款后，代收行才将单据交付给进口商。采用这种方式，原则上代收行第一次提示单据时，付款人就应立即付款。按照国际惯例，代收行给进口商赎取单据的时间为 24 小时，以便进口商能在第一次提示单据后的下一个工作日办理付款。

采用即期付款交单方式，出口商在进口商付款之前始终控制着单据，从而控制着货物，不会出现既收不到货款，又失去货物的情况，有利于降低风险。如果进口商付款，则出口商能迅速收到货款，避免资金积压，有利于提高资金的使用效率。

即期付款交单的业务程序如图 4-2 所示。

（二）远期付款交单（Documents against Payment after Date or Sight，D/P after Date or Sight）

远期付款交单是指委托人开立远期汇票，代收行收到远期汇票和单据后，立

微课：托收结算的交单方式和业务流程

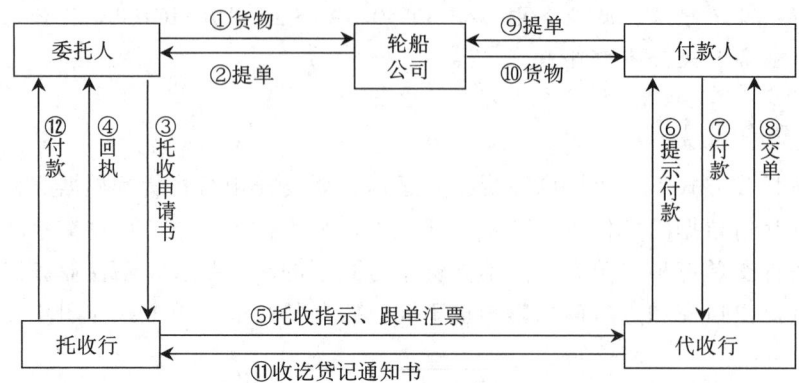

图 4-2 即期付款交单业务程序

注：

①进出口双方签订贸易合同，约定采用即期付款交单方式结算货款。出口商按合同规定向运输部门发运货物。

②运输部门收到货物后向出口商签发运输单据。

③出口商缮制并取得符合合同规定的商业单据，开立即期汇票，填写托收申请书（Appllcation for Collection）（具体式样见表 4-2），声明"即期付款交单"，连同全套货运单据提交给托收行，委托托收行代收货款。

④托收行接受托收申请、清点单据无误后将回执返还给委托人。实务中，银行通常还需出口商填写客户交单联系单（具体式样见表 4-5），作为收到汇票及单据的凭证。

⑤托收行依据托收申请书缮制托收指示（Collection Order），连同汇票、货运单据等寄送给代收行，委托代收行代收货款。

⑥代收行收到单据和托收指示后向托收行发送 MT410，再依据托收指示制作到单通知书向进口商提示按即期汇票和单据要求付款。

⑦进口商审核单据，确认单据无误后向代收行付款。

⑧代收行将单据交给进口商。

⑨进口商凭提单向轮船公司要求提货。

⑩轮船公司将货物交给进口商。

⑪代收行根据托收指示，制作 MT400 通知托收行托收款项已收妥。

⑫托收行向委托人付款。

即向付款人提示汇票要求承兑，付款人先办理承兑手续，汇票到期时代收行再次提示要求付款，付款人付清货款后代收行才将全部单据交出。

远期付款交单的业务程序如图 4-3 所示。

远期付款交单的缺点：在"远期"时间间隔之内，有时货物在买方付款前已经抵达目的港，由于尚未取得单据，买方无法提取货物，致使货物滞留港口码头，容易遭受损失或罚款。从银行角度来讲，代收行（提示行）为了执行托收指示，不得不将单据延至付款以后交出，所以银行没有责任。对此，URC522 第七条规定："如果托收包含有远期付款的汇票，而且托收指示表明应凭付款发放商业单据时，则单据只能凭该项付款才能发放，而代收行对由于交付单据的任何延误所产生的任何结果将不承担责任。"

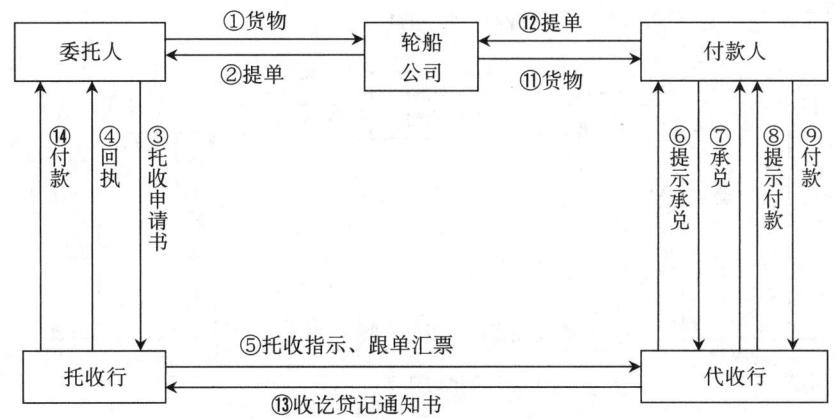

图 4-3 远期付款交单业务程序

注：

①进出口双方签订贸易合同，约定采用远期付款交单方式结算货款。出口商按合同规定向运输部门发运货物。

②运输部门收到货物后向出口商签发运输单据。

③出口商缮制并取得符合合同规定的商业单据，开立远期汇票，填写托收申请书（Application for Collection），声明"远期付款交单"，连同全套货运单据提交给托收行，委托托收行代收货款。

④托收行接受托收申请、清点单据无误后将回执单返还给委托人。实务中，银行通常还需出口商填写客户交单联系单（具体式样见表 4-5），作为收到汇票及单据的凭证。

⑤托收行依据托收申请书缮制托收指示（Collection Instruction），连同汇票、货运单据等寄送给代收行，委托代收行代收货款。

⑥代收行收到单据和托收指示后向托收行发送 MT410，再依据托收指示制作到单通知书向进口商提示远期汇票和单据要求承兑。

⑦进口商审核单据，确认单据无误后对远期汇票进行承兑。代收行通知托收行票据承兑情况。

⑧汇票到期后，代收行向进口商提示要求其付款。

⑨进口商付款。

⑩代收行将单据交给进口商。

⑪进口商凭提单向轮船公司要求提货。

⑫轮船公司将货物交给进口商。

⑬代收行根据托收指示，制作 MT400 通知托收行托收款项已收妥。

⑭托收行向委托人付款。

二、承兑交单

承兑交单（Documents against Acceptance，D/A）是指委托人开立远期汇票，代收行收到汇票和单据立即向付款人提示，付款人承兑后代收行即将单据交出，待汇票到期日进口商再履行付款义务的交单方式。

承兑交单方式下，代收行向进口商交出单据的条件是进口商对出口商的远期

案例分析：D/A 托收案

汇票进行承兑。承兑交单的业务程序如图4-4所示。

拓展阅读：远期 D/P 与 D/A 区别

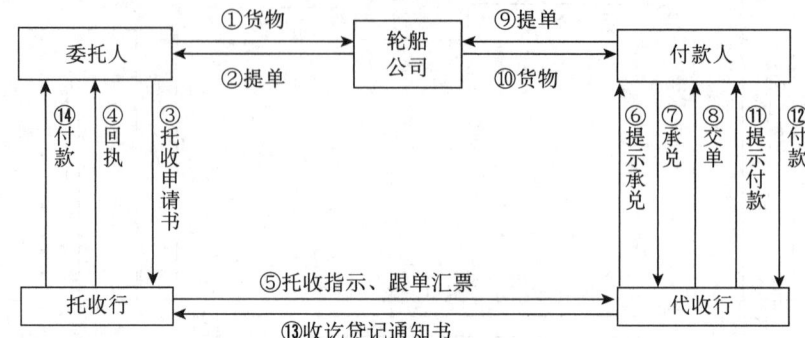

图4-4 承兑交单业务程序

注：

①进出口双方签订贸易合同，约定采用承兑交单方式结算货款。出口商按合同规定向运输部门发运货物。

②运输部门收到货物后向出口商签发运输单据。

③出口商缮制和取得符合合同规定的商业单据，开立远期汇票，填写托收委托申请书（Application for collection），声明"承兑付款交单"，连同全套货运单据提交给托收行，委托托收行代收货款。

④托收行接受托收申请、清点单据无误后将回执单返还给委托人。实务中，银行通常还需出口商填写客户交单联系单（具体式样见图4-5），作为收到汇票及单据的凭证。

⑤托收行根据托收申请书缮制托收指示（Collection Instruction），连同汇票、货运单据等寄送给代收行，委托代收行代收货款。

⑥代收行收到单据和托收指示后向托收行发送MT410，再依据托收指示制作到单通知书向进口商提示远期汇票和单据要求承兑。

⑦进口商审核单据，确认单据无误后对远期汇票进行承兑，并用报文通知托收行承兑情况。

⑧代收行将单据交给进口商。

⑨汇票到期后，代收行向进口商提示要求其付款。

⑩进口商付款。

⑪进口商凭提单向轮船公司要求提货。

⑫轮船公司将货物交给进口商。

⑬代收行根据托收指示，用MT400报文通知托收行托收款项已收妥。

⑭托收行向委托人付款。

三、凭其他条款和条件交单

跟单托收业务中，付款交单和承兑交单两种交单方式比较常见。除这两种方式外，实务中还有分批部分付款、凭本票交单、凭付款承诺书交单、凭签字的信托收据交单等方式。这些交单方式的区别在于获取单据的条件不同，其处理流程基本相似，不再赘述。

（一）分批部分付款交单

分批部分付款交单是指代收行一部分凭即期付款、其余部分凭承兑并在将来日期付款的单独汇票而交出商业单据。这种交单方式的优点是可以减少出口商在承兑交单条件下的风险。在托收行发给代收行的托收指示中，其交单条款为："Delivery of documents against part of collection to be paid at sight and the balance by way of the acceptance of a separate draft payable at a future date."

（二）凭本票交单

凭本票交单是指在跟单托收业务中，用进口商开立的本票代替出口商开立的汇票，代收行在进口商向其提交本票时交出商业单据。这种交单方式的优点是既可以避免汇票产生的印花税，又可以用进口商开出的本票来明确进口商在约定的未来日期付款的责任。在托收行发给代收行的托收指示中，其交单条款为："Delivery of documents against promissory note."

（三）凭付款承诺书交单

凭付款承诺书交单是指用付款承诺书代替本票或汇票，代收行凭进口商的付款承诺书（承诺在将来日期付款）而交出商业单据。这种交单方式的优点是节省印花税，付款较汇票更灵活。在托收行发给代收行的托收指示中，其交单条款为："Delivery of documents against letters of undertaking to pay."

除以上三种交单方式外，其他交单方式还包括凭信托收据交单和凭提货担保交单，这两种交单方式将在托收的融资方式中详述。

任务一测试题

任务二
托收方式的业务流程

【任务要求】

学生要掌握托收业务流程和业务处理要点。

学生要依据贸易合同，能正确填写和审核托收申请书，并处理相关托收业务。

学生课后要搜集有关不同交单方式下的托收案例，并进行比较分析。

教学活动1 托收申请

【活动设计】

通过【案例导入】，引导学生掌握出口托收申请业务的处理要点；学生模拟托收委托人（出口商）角色进行托收凭证、单据填制和审核，完成托收申请业务的实训操作。

【案例导入】

2024年4月1日，广达贸易有限公司（Quanta Trading Co., Ltd.）与韩国六之系贸易有限公司（June System Trading Co., Ltd.）签订太阳镜出口合同，合同总金额为270000美元，托收银行是中国建设银行深圳分行（China Construction Bank, Shenzhen Branch），代收银行是韩国国民银行（Kookmin Bank）。4月15日，货物出运后，根据合同约定，出口商开始准备相关单据并向托收银行申请办理托收业务。销售合同的其他内容、汇票和单据情况见表4-1。

表4-1 广达贸易有限公司汇票和商业单据情况表

汇票付款期限：AT SIGHT														汇票金额：USD270000.00		
发票编号：IV0001114														发票金额：USD270000.00		
单据																
名称	汇票	发票	海关发票	海运提单正本	海运提单副本	航空运单	货物收据	保险单	装箱单/重量单	数量/质量/重量证	产地证	GSP FORM B	检验/分析证	受益人证明	船公司证明	电抄	装运通知
份数	2	3				2		2	3			1					

双方约定采用即期付款交单的跟单托收方式结算货款。

思考：如何采用托收方式办理货款结算？有哪些手续？如何填制相关凭证？

在托收方式中，委托人做为发起者，需根据买卖合同严格、谨慎地填写托收申请书和客户交单联系单，并制作托收汇票，连同其他相关单据和文件一并提交给托收行，委托其办理托收业务。

一、填写托收申请书

托收申请书（Application for Documentary Collection）也称托收委托书，是委托人与托收行之间委托代理关系的合同，也是银行办理托收业务的依据。因此，在申请办理托收业务前，出口商必须仔细准备好托收申请书上所涉及的条款和要求，然后按照贸易合同内容及业务需要谨慎填写托收申请书（见表4-2），避免托收业务中产生任何误解。

一般来讲，委托人填写托收申请书时需注意明确以下事项：

（1）委托人。委托人一般为出口商，应填写详细的名称、地址、电话、传真号码。

（2）付款人。付款人为进口商，应填写详细的名称、地址、电话、传真号码等。如果进口商的资料不详细，就会增加代收行的工作难度，从而延长出口商的收汇时间。

（3）代收行。一般是付款人的账户行。委托人在该栏内填写国外代收行的

拓展阅读：托收申请书填写要点

微课：跟单托收申请书的填写

表 4-2　　　　　　　　　跟单托收申请书

中国农业银行
AGRICULTURAL BANK OF CHINA

跟 单 托 收 申 请 书
APPLICATION FOR DOCUMENTARY COLLECTION

Date 日期＿＿＿＿＿＿＿＿

To: Agricultural Bank of China　　　　Branch 致：中国农业银行　　　　　　　　　行 We enclose the following draft(s) / documents as specified hereunder which please collect in accordance with the instructions indicated herein. 兹附上汇票和单据如下，谨请贵行依照本申请书的要求为我公司办理托收。 This collection is subject to URC 522. 此托收遵循国际商会第 522 号出版物《托收统一规则》。	To: Collecting Bank (Full name & address) 致：代收行（全称和地址）	
Drawer (Full name & address) 收款人(全称和地址)	Tenor（期限）	
	Draft / Inv. No. 汇票/发票号码	Currency and Amount 币种及金额
Drawee (Full name & address) 付款人(全称和地址)		

DOCUMENTS 单据

DRAFT	COM. INV.	PACKING LIST	B/L	N/N B/L	AWB.	ORIGIN CERT.	INS. POL.	INSP. CERT.	CERT.	CABLE COPY

Special Instructions (See box marked "X") 特殊条款（用"X"在方框中标明）：
☐ Please deliver documents against ☐ payment ☐ acceptance.
请办理☐付款交单☐承兑交单。
☐ All your charges are to be borne by the drawee.
你行所有费用由付款人承担。
☐ In case of a time bill, please advise us of acceptance giving maturity date.
如果托收包含远期汇票，请通知我公司承兑到期日。
☐ In case of dishonour, please do not protest but advise us of non-payment / non-acceptance giving reasons.
如果发生拒付，无须拒绝证书但应通知我公司拒绝付款或拒绝承兑的原因。
☐ Please instruct the Collecting Bank to deliver documents only upon receipt of all their banking charges.
请指示代收行收妥全部银行费用后再提交单据。
☐

Disposal of proceeds upon collection　（款项收妥后，请按照以下要求办理）

联系人：　　　　　　　电话：

申请人（盖章）

名称和地址。按照惯例，若委托人无此明确指示，或者其指定银行与托收行无代理关系或资信不高，托收行可另行指定代收行。

（4）汇票期限。委托人要按照汇票上的期限填写，确保二者一致。

（5）汇票（或发票）编号。委托人要按照汇票或发票上的编号填写。

（6）托收币种和金额。委托人要填写托收款项的币种和大、小写金额，确保大、小写金额一致。

（7）所提交单据的名称和份数。委托人要填写提交给银行的正本和副本的单据名称和数量。

（8）交单条件。委托人要明确填写是付款交单还是承兑交单。按照惯例，若未明确交单条件，银行则按照付款交单处理。

（9）遇到意外情况或遭到拒付时的通知手段（电信还是航邮）及是否要作拒绝证书。按照惯例，无此明确指示者，银行可任选通知手段及按不作拒绝证书处理。

（10）迟付利息的利率、计息期限算法以及是否不得放弃收息。按照惯例，如果未声明不得放弃收取迟付利息，则当付款人拒付利息时，银行可以放弃收息。

（11）托收费用（包括手续费及其他有关费用、托收行的费用与代收行的费用）中哪些由付款人负担及是否不得放弃向付款人收取这一费用。按照惯例，如果未声明不得放弃收取这一费用，则当付款人拒付这一费用时，银行可放弃收取这一费用。

（12）代收行得到付款后以何种工具（电信还是航邮）向托收行拨付款项及作付款通知。按照惯例，无此明确指示者，银行可任意选择拨付及通知工具。

（13）委托人签字/签章以及银行账号、电话号码等。

（14）其他还可以有诸如指定需要时的代理人及其代理权限，请代收行或付款人代为缮制的单据及其式样和用语要求，以及对于远期 D/P 托收是否允许提前付款及其贴息算法或是否允许分期付款交单等指示。若因托收申请书中指示有误或指示不完全、不明确等造成托收延误/损失将由委托人承担。

实训微课：托收申请

二、制作托收汇票

无论光票托收还是跟单托收，汇票通常都是托收中不可缺少的单据。托收方式中所使用的汇票，一般是由出口商向进口商或银行签发，要求后者即期或在一个固定的日期或在可以确定的将来时间，对某人或某指定人或持票人支付一定金额的无条件的书面支付命令。

（一）托收汇票的制作要点

托收业务中所使用的汇票，除了应具有汇票的一般要求外，其制作还要注意以下几点：

1. 出票人（Drawer）

一般为托收业务的委托人，即出口商或卖方。

2. 付款人（Drawee）

通常是进口商或买方，可根据合同中买方的名称和地址填入，以备持票人查找、提示。URC522规定：托收指示应载明付款人或提示所在地的完整地址，代收行对于因所提供的地址不完整或不准确而引起的任何延误不承担责任。

3. 收款人（Payee）

可以是委托人（出口商）、托收行或代收行。若收款人是托收行或代收行，汇票中要加注"委托收款（For Collection）"字样。实际业务中，托收汇票的收款人一般使用指示性抬头，如："Pay to the order of a CO."。

4. 付款期限

可以是即期也可以是远期，取决于交单条件。如交单条件为即期付款交单（D/P at sight），则本栏填写"D/P at sight"。

5. 出票条款（Drawn under）

托收项下的出票条款一般要求列出为某某号合同项下装运多少数量的某商品办理托收，例如：Drawn under Contract No. ms1506 against shipment of ×× for collection.

以本活动案例导入中的托收业务为例，其委托人所签发的汇票如图4－5所示。

```
Exchange for USD270000.00                    shenzhen ,15 April,2024
   At   sight  of   this First of Exchange pay to the order of Tianjin Textiles Co.
the sum of U.S. DOLLARS TWO HUNDRED AND SEVENTY THOUSAND only.
Drawn Under shipment of sunglasses from SHENZHEN to FUSHAN .

To: June System Trading Co., Ltd.            For Quanta Trading Co., Ltd.
    Jinding Garden Busan, Korea                      Liongyang
```

图4－5　托收中的汇票示例

（二）托收背书

1. 托收背书的含义

托收背书（Endorsement for Collection），也称委托收款背书，是指背书人在票据上背书时，清楚地注明持票人是委托被背书人代为收取票款。这种背书仅授予被背书人行使票据权利，代为收款，转让的是票据的使用权而不是所有权。

2. 托收背书的特点

托收背书下，被背书人有两种权限：

（1）被背书人可以行使汇票上的一切权利，例如：请求承兑或付款；在票据退票时发送退票通知；提出票据诉讼等。

（2）被背书人可以以同一目的再次对票据进行背书。换言之，被背书人可以再通过背书将其代理权转让给第三人，这时第二被背书人所行使的权利与第一被背书人相同，即只有代理收款权而没有票据所有权。

3. 托收背书的形式

托收背书比较常见的形式有两种，一种是以委托人（出口商）为收款人时所做的托书背书，另一种是以托收行为收款人时所做的托收背书。

（1）以委托人为收款人。当托收行不向委托人提供融资服务时，委托人所开立的汇票一般以委托人自己为收款人，在这种情况下，委托人向托收行进行托收委托时，以"委托收款背书"方式做第一次托收背书，交付给托收行，托收行再以"委托收款背书"方式，做第二次托收背书，交付给代收行，由代收行向付款人收取款项。

对于本活动案例导入中的托收业务，广达贸易有限公司（Quanta Trading Co.，Ltd.）签发以自己为收款人的汇票后，其和托收行所作的托收背书如图4-6所示。

被背书人	Pay to the order of China Construction Bank, Shenzhen Branch　for collection.	Pay to the order of CitiBank NA, New York Branch for collection.
背书人	For Quanta Trading Co., Ltd. *Liongyang*	For　China Construction Bank, Shenzhen Branch *Yangxiaoxu*

图4-6　托收背书示例

（2）以托收行为收款人。当托收行向委托人提供出口押汇融资服务时，委托人所开立的汇票一般以托收行为收款人，托收行以"委托收款背书"方式交付给代收行，由代收行向付款人收取款项，只需做一次托收背书。

三、填写客户交单联系单

客户交单联系单是出口商为办理托收或信用证结算方式的交单业务，向银行提交的说明收款方式、单据明细、公司联系人、单据处理方式等情况的登记详单（见表4-3），目的是便于银行检查单据和联系出口商。光票托收不需要交单，所以也不需要提交客户交单联系单。出口商填写客户交单联系单时，要确保联系单上的信息准确无误，包括托收当事人名称、联系方式、交单条件、单据信息、委办事项等，同时也要确保相关信息和托收申请书一致。

表4-3　　　　　　　　　客户交单联系单

致：　　　　　　　　行

兹随附下列出口单据一套，信用证业务请按国际商会现行《跟单信用证统一惯例》办理，跟单托收业务请按国际商会现行《托收统一规则》办理。				
信用证	开证行：			信用证号：	
	信用证附　　次修改	提单日期：	效期：	交单期限：　　天
无证托收	付款人全名及详址：			
	代收行外文名称及详址（供参考）：			
	交单方式：（　）D/P（　）D/A			付款期限	

续表

发票编号：						核销单编号：				金额：			
单据	名称	汇票	发票	海关发票	装箱单/重量单	产地证	GSP FORM A	数量/质量/重量证	检验/分析证	出口许可证	保险单	运输单据	受益人证明	船公司证明
	份数													

委办事项（打"×"者）
（　）上述单据我司申请办理押汇；
（　）上述单据系代理出口项下业务收妥后请原币划_____
　　　开户行：_____　　　　账号：_____
（　）单据中有下列不符点：（　）请向开证行寄单，我司承担一切责任；
　　　　　　　　　　　　（　）请电询开证行同意后寄单；
　　　　　　　　　　　　（　）请征询我公司意见。
（　）_____
公司联系人：　　　　联系电话：　　　　公司签章：

银行记录专栏	业务编号		接单日期：		
	银行费用：议付/托收：	邮费：	电费：	小计：	
	费用由　　　承担	索汇方式：	寄单方式：		

审单记录：

　　　　　　　　　　　　　　银行经办：　　　　银行复核：
　　　　　　　　　　　　　　审单日期：　　　　审单日期：

教学活动 2　出口托收

【活动设计】

通过【案例导入】，引导学生学习并掌握出口托收业务的处理要点；学生模拟托收行角色，完成托收申请审核、托收指示制作等业务操作。

【案例导入】

2024 年 4 月 15 日，广达贸易有限公司（Quanta Trading Co., Ltd.）向中国建设银行深圳分行（China Construction Bank, Shenzhen Branch）提出托收申请，并向其提供了合同、托收申请书、单据等相关文件。

思考：中国建设银行如何受理出口托收业务？需要注意哪些事项？

托收行在处理出口托收业务时，需要对出口商的托收申请进行审核，在保证交易真实、合法的基础上接受托收业务申请,并根据托收申请书制作并向代收行发出托收指示,委托代收行向付款人收取款项和处理单据。

一、接单并审核

托收行业务人员在收到委托人的托收申请时,要对委托人提交的相关文件和单据进行认真、细致地审核,审核要点主要有:

(1) 审核客户提交的托收委托书。委托书除需标明"按照国际商会第 522 号出版物《托收统一规则》办理"外,还需注明出口收汇核销单编号。若客户系首次向托收行交单,还应要求客户提供经营进出口业务的批文、工商营业执照、账号等。若客户系外商投资企业,须在交单委托书中注明收汇后结汇或原币入账,并写明有关账号。

(2) 托收行应对委托书中的委托事项逐一审核,特别是交单条件。委托书必须清楚表明是即期付款交单、承兑交单抑或远期付款交单。在远期付款交单的托收业务中,若含有远期汇票,客户在托收委托书中还必须说明是按承兑交单处理还是按付款交单处理。

(3) 核验客户交来单据的种类、份数,并逐笔登记签收。

(4) 审核托收委托书中是否指定代收行。若客户交单委托书中指定的代收行非托收行代理行时,原则上可按客户指示办理。

(5) 当客户提交的运输单据收货人作成以代收行或代收行的指定人时,银行应向客户说明因代收行不肯提货而造成的损失,或因交货发生的费用和损失、开支均由客户承担,银行不承担任何费用和开支。

二、制作托收指示

托收行业务人员对委托人提交的托收申请书和相关单据审核无误后,要制作完整、准确、清楚的托收指示。

(一) 托收指示的含义

托收指示(Collection Instruction)是寄送托收单据的面函(Covering Letter),是托收行根据托收申请书制作的、委托代收行向付款人收取款项和处理单据的文件。

实训微课:出口托收指示

托收指示的重要性有:①所有用于托收的单据必须附有一项托收指示,注明该项托收将遵循《托收统一规则》第 522 号出版物,且托收指示中列出完整和明确的具体指示。银行只根据该托收指示中的命令和 URC522 行事;②代收行仅被托收指示中载明的指示所引导,不会为了取得指示而审核单据;③除非托收指示中另有授权,代收行将不理会来自除了他所收到托收指示的有关人/银行以外的任何有关人/银行的任何指令。

(二) 托收指示的制作要点

托收行应根据托收申请书的内容和要求制作托收指示。托收行在制作托收指示时需注意两个问题：一是托收指示中的内容应与托收申请书相一致；二是索汇路线应使用规定的收汇账户行。

托收指示必须包含URC522第4条B分条第1~11款表明正当托收业务所必需的详细资料。如果委托人/托收行没有提供所需的资料，则代收行对延迟或不符不承担责任。代收行对于短少的资料应发出通知，在收到完全资料以前，代收行没有必要采取任何行动去办理托收业务。因此委托人/托收行必须确保所有、必要的资料和指示已经包含在托收指示中。一般情况下，托收指示（见表4-3）包含的内容有：

（1）抬头，即代收行详情，包括全称、邮政和SWIFT地址、电传、电话和传真号码。

（2）出票人（委托人）详情，包括全称、邮政地址或者办理提示的场所以及电传、电话和传真号码（如果有的话）。

（3）付款人详情，包括全称、邮政地址或者办理提示的场所以及电传、电话和传真号码（如果有的话）。

（4）待托收的金额和货币。

（5）所附单据清单和每份单据的份数。

（6）收款指示，根据托收行和代收行之间的账户设立情况而确定。

（7）凭以取得付款和/或承兑的条件和条款。

（8）凭以交付单据的条件。

（9）托收费用由谁支付以及拒付时如何处理（是否发拒付通知；是否作拒绝证书等）。

（10）延迟付款时是否收取延付利息以及收取标准。

表4-4 托收指示

Collection Instruction   ORIGINAL

Dear Sir: We enclose the following item（s）/douments for collection	DATE: OUR REFERENCE NO.:
TO（Collecting Bank）：	Drawer:
Drawee：	Amount
	Deliver Documents Against
Invoice NO：	Maturity Date:
Documents:	

Draft		Cert of Origin	
Invoice		BENE'S CERT	
B/L		Quality Cert	
N/N B/L		G. S. P. FORM A	

续表

Insurance Policy		AWB OR C/R	
P/W List		INSP CERT	
Other Documents			

Reimbursement Instructions

Please following instructions marked " × "
☐ Deliver documents against   ☐Payment   ☐Acceptance.
☐ All your banking charges are for account of drawee.
☐ Do not waive banking charges and/or iInterest.
☐ Advise us non – payment/non – acceptance and stating reasons by teletransmission
☐ Protest for non – payment/non – acceptance.
☐ Hold draft (s) and documents pending further instructions from us in case of non – payment/non – acceptance.
☐ If payment is delayed collect interest at % P. A. for the period of such delay.

This collection is subject to
uniform rules for collections   For   **Bank**
（1995 Revision） ICC Publication   Authorized Signature
No. 522.

（三）托收指示的收款指示

托收指示中的重要指示有两个：一个是交单条件，另一个是收款指示。收款指示的拟订必须结合托收行与代收行的账户开设情况，常用的收款指示有以下三种。

（1）当托收行在代收行开立账户时，出口托收指示中的收款指示要写明："收妥款项，请贷记我行在你行的账户，并以 SWIFT 或航邮通知我行（如图 4 – 7 所示）。"此种情况下，代收行收妥货款就会贷记托收行账户，并向托收行发出贷记报单。托收行接到贷记报单，得知货款已收妥后，则可立即贷记委托人账户，完成此笔托收业务。

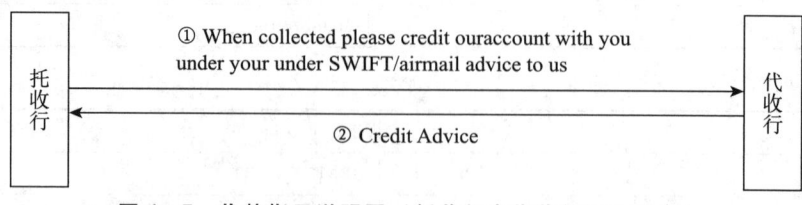

图 4 – 7 收款指示说明图（托收行在代收行开立账户）

（2）当代收行在托收行开立账户时，出口托收指示中的收款指示要写明：

"请代收款项并以 SWIFT 或航邮方式授权我行借记你行在我行的账户（如图 4-8 所示）。"此种情况下，代收行收妥款项后就会发出支付委托书（Payment Order），授权托收行借记自己的账户。托收行接到支付委托书后，则立即借记代收行账户，贷记委托人账户，完成此笔托收业务。

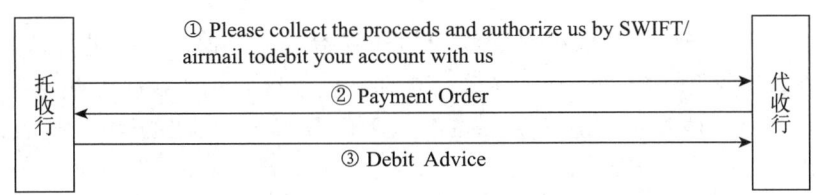

图 4-8　收款指示说明图（代收行在托收行开立账户）

（3）当托收行与代收行之间没有设立账户，托收行在第三家银行××银行开立账户时，出口托收指示中的收款指示要写明："请代收款项并将款项汇至××银行贷记我行在该行的账户，并请该行以 SWIFT 或航邮通知我行（如图 4-9 所示）。"此种情况下，代收行就会将收妥的款项汇交××银行，再由××银行贷记托收行账户并通知托收行。托收行得知款项已收妥后，则可立即贷记委托人账户，完成此笔托收业务。

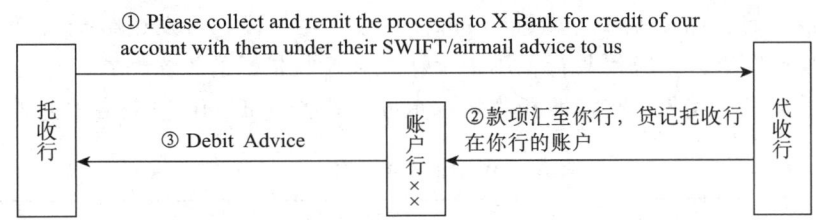

图 4-9　收款指示说明图（托收行与代收行之间没有设账户）

教学活动 3　进口代收

【活动设计】

通过【案例导入】，引导学生学习并掌握进口代收业务的处理要点。学生模拟代收行角色，完成收单审核、进口代收登记、付款通知赎单等业务。

【案例导入】

2024 年 4 月 28 日，韩国国民银行（Kookmin Bank）收到中国建设银行深圳分行（China Construction Bank, Shenzhen Branch）的托收指示以及相关单据，即准备处理进口代收业务，通知进口商赎单。

思考：银行处理进口代收业务需注意哪些事项？

代收行在收到托收行的托收指示和单据后，需要对托收指示和单据进行审核，确定接受代收业务委托后，代收行需向托收行发送确认报文，并及时通知付款人（进口商）办理付款赎单等业务。

一、代收行受理进口代收业务

实训微课：进口代收

进口代收业务中，代收行对于收到的托收指示和单据，应当进行认真审核，以确保进口代收业务指示清楚、明确、合理。代收行的业务处理要点主要有：

（1）注意托收指示上应注明"按照国际商会第522号出版物《托收统一规则》办理"。

（2）收到国外托收行寄交的进口代收单据，应依据托收指示核实单据的份数和种类，并按规定审查委托书和单据的有关项目。若份数及种类等有误，应立即电告托收行，并不承担任何责任。

（3）对托收指示中内容不明确或超出代收行责任范围的代收业务，代收行应洽国外修改。若未注明交单条件（D/P或D/A），则按付款交单处理。

（4）如托收指示中要求代收行在付款人拒付时作成拒绝证书，或要求代收行代办存仓保险等，应告知托收行是否办理此类业务。

如代收行确定接受托收行委托，通常需向托收行发送 MT410 报文进行确认。MT410 报文的名称是确认（Acknowledgement），是由代收行发送给托收行，或由一家代收行发给另一家代收行，用来确认收到托收指示的报文格式。除非另有表述，该报文表示代收行将按照托收指示承办该业务。MT410 报文格式见表4-5。

表4-5　　　　　　　　　　MT410 格式说明

M/O	Tag	Field Name	
M	20	Sending Bank's TRN	代收行编号
M	21	Related Reference	托收行的托收编号
M	32a	Amount Acknowledged	确认的托收货币和金额
O	72	Sender to receiver information	附言

表内有关参数说明：

72：该项目可能出现代码：/DRAWEE/，关于付款人的情况不详，请提供更详细情况；/FORWARD/，我行已将该托收业务转我……分行，请接洽该分行。

二、代收行通知进口商赎单

代收行审核托收指示和单据无误后，应根据托收指示缮制进口代收赎单通知书（见表4-6），及时通知付款人赎单。代收行制作赎单通知书时需注意以下几点：①注意正确填写跟单托收业务中的各方当事人；②正确列明与托收指示相同的交单条件；③注意单据的种类和份数必须严格与托收指示相符；④明确托收币种和金额；⑤明确托收付款期限；⑥明确银行费用、利息的处理。

表 4-6　　　　　　　　对外付款/承兑通知书

对 外 付 款 / 承 兑 通 知 书

银行业务编号：　　　　　　　　　　　　　　　　　　　　　　　　　　　　　　日期：

结 算 方 式	□信用证 □保函 □托收 □其他	信用证/保函编号	
来单币种及金额		开证日期	
索汇币种及金额		期　　限	到期日
来 单 行 名 称		来单行编号	
收 款 人 名 称			
收款行名称及地址			
付 款 人 名 称			
□对公组织机构代码		□对私	个人身份证号码
扣费币种及金额			□中国居民个人 □中国非居民个人
合同号		发票号	
提运单号		合同金额	

单据	汇票	发票	海运提单	航空运单	货物收据	保险单	装箱单	重量单	产地证	检验证书	装船通知

银行附言
上述单据已到，现提示贵公司： □请于____年____月____日之前来我行办理即期付款/承兑并到期付款/拒付。 □如拒付，请于上述日期前提交拒付理由书详述拒付理由，我行将根据国际惯例和贵公司在《开证申请人承诺书》中的承诺审核处理。（适用于信用证结算方式） □如在上述日期之前，贵公司既不来我行办理即期付款/承兑并到期付款，也不提交拒付请求，我行将根据国际惯例和贵公司在《开证申请人承诺书》中的承诺办理即期付款/承兑并到期付款/拒付。（适用于信用证结算方式） □如拒付，请于上述日期前提交拒付理由书详述拒付理由，我行将根据国际惯例审核处理。（适用于非信用证结算方式） □如在上述日期之前，贵公司既不来我行办理即期付款/承兑并到期付款，也不提交拒付请求，我行将根据国际惯例办理即期付款/承兑并到期付款/拒付。（适用于非信用证结算方式）

申报号码		实际付款币种及金额		
付款编号		如为购汇支出，则购汇汇率		
收款人常驻国家（地区）名称及代码		是否为保税货物项下付款	□是	□否
是否为预付货款	□是 □否	外汇局批件/备案表号		
付款币种及金额		金额大写		
其中	购汇金额		账　号	
	现汇金额		账　号	
	其他金额		账　号	

续表

交易编码	相应币种及金额		交易附言	
☐同意付款 ☐同意承兑并到期付款 ☐申请拒付 联系人及电话： 申报日期：	付款人印鉴（银行预留印鉴）		银行业务章 经办：　　复核：　　负责人：	

三、进口商赎单

进口商收到代收行赎单通知时，应根据买卖合同对单据进行审核，确认单据无误后，进口商须向银行提交加盖公章的《进口代收单据付款/承兑通知书》，以明确是否付款或承兑。

如系付款，进口商还需提交贸易进口付汇核销单（代申报单）、进口付汇单位名录查验联及购汇申请书（如需要）。进口商赎单时，代收行必须严格按照托收指示列明的交单条件将单据释放给客户，其注意事项主要有：

（1）付款交单方式下，除非托收行另有指示，代收行必须在付款人付出全部款项后才能放单，交单日期不得早于托收行规定的日期。

（2）远期付款交单方式下，代收行应首先向付款人提示单据要求到期付款，到期日付款人付款后，代收行方可将全套正本单据交付款人。

（3）承兑交单方式下，代收行应毫不延误地向付款人提示承兑。付款人承兑后，方可将全套正本单据交承兑人，并在到期日前提示付款人付款。

（4）若客户不予付款或承兑，代收行要代为保管单据，并立即与托收行联系。

四、代收行发送付款通知

进口商付款后，代收行需将该笔托收款项按照托收指示中的收款指示支付给托收行，并制作 MT400 报文发送托收行，通知托收行款项已经收妥。

MT400 报文的名称是付款通知（Advice of Payment），是由代收行发给托收行，或由代收行的分行发给托收行或托收行的分行，亦可以由代收行发给另一家代收行，用来通知托收款项下的付款或部分付款以及该托收款项的结算。除非报文中另有明确表述，发报行和收报行之间通常建有账户关系并将用于该业务的结算。

MT400 报文格式见表 4-7。

实训微课：进口商赎单

实训微课：付款结卷

表 4-7　　　　　　　　　　　MT400 报文的格式示例

20	Sending bank's TRN	代收行编号
21	Related Reference	有关业务编号
32A	Date, Currency, Amount collected	代收金额和货币，到期日
33A	Date, Currency, Proceeds Remitted	汇出金额和货币，到期日
58A	Beneficiary Bank	收款行
71B	Details of charges	费用明细

拓展阅读：
MT400 报文制作方法

教学活动 4　托收解付

【活动设计】

通过【案例导入】，引导学生学习并掌握出口托收解付业务的处理要点。学生模拟托收行角色，完成向委托人解付以及业务结卷的操作。

【案例导入】

D2024 年 5 月 4 日，中国建设银行深圳分行（China Construction Bank, Shenzhen Branch）收到韩国国民银行（Kookmin Bank）发来的 MT400 报文，确认托收款项已收妥。

思考：托收行在处理托收解付业务时需注意哪些事项？

托收行收到国外代收行付款通知后，应及时确认托收款项是否到账，若已到账，应立即向委托人解付。托收行处理出口托收解付业务的要点如下：

（1）收到账户行的贷记报单或其他转账凭证后，应调卷核对，确认无误后办理结汇手续。

（2）托收行在办理结汇或入账时，还需记录出口商提供的出口收汇核销单编号。结汇后，给出口商一张结汇水单，供出口商记账，另一张核销专用联供出口商向外汇局核销时使用。

（3）代理出口项下的收汇及受益人账户在异地的出口收汇，托收行应按外汇局规定办理原币划转或结汇后划转。

（4）经外汇局批准以出口收汇归还外汇债务者，其出口收汇原币记入现汇账户或办理款项划拨。

（5）已办理出口押汇者，出口收汇冲销出口押汇账户，有关国外费用另从出口商账户中扣除。

实训微课：出口托收解付

任务二测试题

任务三
托收方式中的风险与资金融通

【任务要求】

学生要掌握托收业务中进口商和出口商可能面临的风险，能针对风险类型设计相应的防范措施。

学生要分析托收方式中进口商和出口商的融资需求，能针对不同需求选择相应的融资方式。

教学活动1 托收方式中的风险

【活动设计】

通过【案例导入】，引导学生进入托收方式中有关风险的学习，讲解风险的类型和防范措施。

【案例导入】

2024年2月，我国A公司与英国B公司签订出口合同，支付方式为D/P 120 Days After Sight。中国C银行作为托收行，将单据寄出后，直到2024年8月尚未收到款项，遂应A公司要求指示代收行——英国D银行退单，但D银行回电称：单据已凭进口商B公司承兑放单。虽经多方努力，但进口商B公司以各种理由不付款，进出口商之间交涉无果。之后C银行一再强调是D银行错误放单造成出口商钱货损失，要求D银行付款，D银行对C银行的催收拒不答复。10月25日，D银行告知C银行进口商已宣布破产，并随附法院破产通知书。

思考：跟单托收方式有哪些风险？应如何防范？

【基础知识】

一、跟单托收方式中出口商的风险

托收方式是一种基于商业信用的结算方式，不论交单条件是D/P还是D/A，总是出口商发货在先，收取货款在后。出口商与托收行之间、托收行与代收行之间仅是委托和被委托的关系。因此，托收业务中，出口商面临的风险较大。

微课：跟单托收的风险及其防范

（一）进口商信用风险

进口商信用风险是出口商面临的最为直接的风险。信用风险一方面是由于进口商经营不善，没有足够资本支付出口商货款，货款无法收回；另一方面则是进口商迫于市场竞争压力，或者市场已经存在不利于其发展的变化因素，如果按原合同金额付款进口商就无利可图，因此，有些进口商会找种种借口拒绝赎单、提货、付款。

（二）政治法律风险

托收结算方式下，进口国政府行为及法律因素也会给出口商顺利收汇带来不确定性的负面影响。因政治或经济原因，进口国政府突然改变进口政策，如对某些商品禁止或限制进口，或者在外汇审批方面施加某种限制，导致进口商无法进口货物或申请不到进口所需外汇，致使货物抵达目的地后，进口商却无法进口或不能付款。而在法律因素方面，国际惯例以及国家间的商业协议等法律条款的变化也可能给出口商带来托收风险，譬如很多国家通过签订协议和法律文件，加强彼此之间的合作，但出口商却没能熟悉这些法律条文，未采取相应的风险防范措施以应对复杂形势，从而使出口托收难以顺利开展。

拓展阅读：
审慎选择代收行

（三）其他风险

除了前两种风险外，出口商在托收方式下还可能面临其他风险。如汇率波动带来的货物计价和结算汇兑方面的风险；代收行收到货款后，不及时将货款划拨给托收行，一旦倒闭，出口商就无法收回货款；代收行与进口商勾结，提货后不付款，使出口商蒙受损失；因不可抗力和人为破坏导致出口商的货物发生损失。

二、出口商的风险防范措施

（一）做好售前调查工作

采用托收方式结算，是出口商出于对进口商的信任，带有对进口商融资的性质。因此，在做出口托收时，出口商不仅要详细调查进口商的资信和经营作风，还要调查出口商品在进口地的市场销售状况、行市趋势。同时还要弄清进口国的外贸管制和外汇管制情况、进口国的海关和卫生检疫当局的各项规章制度以及对方要求提供的某些特殊单据。

思政课堂：
坚守契约精神——跟单托收中出口商的风险管理

（二）选择有利的价格术语，争取自办保险

价格术语可分为实际交货条件和推定交货条件。实际交货条件以出口商向进口商实际交付货物的行为来履行其交货义务，进口商只有在收到货物后才有义务付款，如 EXW、DDP 等。此类交货条件不宜采用托收结算方式，因为出口商交货后不再拥有控制物权的单据。推定交货条件是指出口商不直接将货物交给进口商，而是只要将货物交给承运人托运并向进口商出示物权单据，后者就必须付款，如 CIF、CFR、FOB、FCA 等。此类交货条件宜采用托收结算方式。但对于 FOB、FCA 来说，由于运输是进口商安排，因此，也不适宜采用托收方式。结合保险情况来看，托收结算方式下，出口商应尽量争取采用 CIF 或 CIP 价格条件成交，出口商不但能控制物权，而且一旦发生风险损失，还能得到保险公司的赔偿。

案例分析：托收业务中价格条件的选择

（三）选择有利的结算方式

在结算方式上，出口商可以根据具体情况先要求进口商预付一部分货款作为采用跟单托收方式的前提条件，有时也可以采用部分按信用证方式、部分按托收方式的办法，以便减少托收过程中可能产生的风险。此外，不得不全部采用托收方式时，则应力争多做即期 D/P，少做或不做远期 D/P，尤其是 D/A。

（四）认真履行贸易合同，审慎选择代收行

托收方式下，出口商为了顺利收款，必须做到三个一致：所交货物与合同规定一致、单据与合同一致、单据与单据一致，避免授人以柄导致拒付发生。另外，托收虽然属于商业信用，货款的收回主要取决于进口商，但如果代收行选择得好，不仅可以回避代收行自身带来的风险，而且还能对出口货款起到促收作用。实务中，代收行大多由托收行选定，在选择时，出口商可以要求托收行按照联行、账户行、一般代理行的顺序进行优选。

三、跟单托收方式中进口商的风险及防范

跟单托收方式中，进口商面临的主要风险是付款提货后发现货物与原样品或要求有差距，甚至是假货。此种情况下，虽然进口商可以通过控告出口商不履约而要求赔偿，但这种跨国赔偿诉讼往往很困难。为了避免货物不符等风险，进口商可采取如下几项措施进行防范。

一是慎重选择出口商。在签订贸易合同之前，进口商可通过适当途径，对出口商的资信、经营作风等情况事先作好充分调查。

二是交单条件最好选择承兑交单。对进口商来说，承兑交单比付款交单主动一些，但这与出口商的立场刚好相反。

三是仔细审核单据。由于银行不负责审单，因此进口商要对单据进行仔细审核，防止票据和单据伪造。对某些检验证书类的单据可指定由国际上信誉卓著的机构出具。如从法国进口商品，为保证货物质量，可以要求出口商提供由法国国际检验局出具的质量证。

四是价格条件尽可能争取 FOB。采用 FOB 价格条件成交，进口商可以用自己的船进行运输，并自己办理保险，从而可以防止出口商伪造单据、故意沉船、纵火等行为的发生。但需要注意的是，进口商的交单条件和价格条件往往与出口商处于相对的立场，因此要综合考虑，灵活运用。

教学活动 2　托收方式中的资金融通

【活动设计】

通过【案例导入】，引导学生探索托收方式中进口商和出口商的资金负担，了解进出口双方可能产生的融资需求，进一步讲解托收方式中出口融资和进口融资的类型。

【案例导入】

某中国制造商 M 与一家美国客户 A 签订了一份大额订单，金额为 200 万美元，双方约定以远期付款交单托收方式进行结算。但制造商 M 在发货后，面临了临时资金短缺问题，需要从银行获得短期资金融通予以周转。

思考：在此种情况下，制造商 M 可以获得何种融资呢？

【基础知识】

一、跟单托收出口押汇

（一）出口押汇的概念

出口押汇（Outward Bill），是指出口商将代表货权的提单及其他单据抵押给银行，并从银行得到扣除押汇利息及费用后的有追索权的垫款方式。出口押汇是跟单托收方式是出口商向银行融资的主要方式。

（二）出口押汇的操作程序

（1）企业与银行签订出口押汇合同。该合同可适用于一笔业务，也可协定一个总额度，连续周转使用。出口押汇合同中规定了托收行的追索权和处理货物的权利。

（2）货物出口后，企业向银行逐笔申请押汇，填写出口押汇申请书，并提供全套出口代收单据及其他托收要求的材料。

（3）结算部门审核上述材料和单据，经审批后发放贷款，并通知出口商。

（4）国际结算部门对外寄单索汇。

（5）收汇后归还出口押汇款项，如未及时收汇，客户部须按照出口押汇合同的要求督促客户归还出口押汇款项。

（三）出口押汇的特点

出口押汇的特点有：①出口押汇是一种融资活动；②出口押汇是以购买或抵押全套货权单据为基础；③出口押汇具有追索权；④押汇金额为出口收款额扣减有关费用；⑤押汇期限一般略长于收款期。

由于跟单托收中的付款人是进口商，对押汇银行而言，其垫款能否收回取决于进口商的信誉，风险较大。因此，银行一般不太愿意做托收出口押汇，或对托收出口押汇的要求很严格，如要求进口商的资信良好、押汇单据必须是全套货权单据、必须取得出口保险等，此外还要收取较高的押汇利息和手续费用。

二、凭信托收据借单提货

信托收据（Trust Receipt，T/R），又称进口押汇，是指在远期付款交单托收业务中，当货物、单据已到达目的地而付款期限未到时，进口商为尽早提货而向代收行借出单据时出具的书面凭证。信托收据具有借据及保证书的双重性质。

案例分析：信托收据信用风险

进口商出具信托收据的目的是未付款时先向代收行借出单据并提货。这实际上是进口商向银行融资的一种方式，但并不是所有进口商都能通过出具信托收据得到融资。如前所述，代收行有保管好单据的责任。如果代收行借出了单据，付款人也因此提了货，那么代收行在到期日就必须向委托人（出口商）付款，除非是出口商主动授权代收行通过信托收据放单。因此，代收行为了控制风险，一般只是在付款人（进口商）信誉较好时才愿借出单据。

信托收据中一般记载以下内容：①在进口商付款赎回信托收据之前，单据、货物的所有权仍属于代收行。②进口商只能以货主（出口商或代收行）的名义提货，将货物存仓。如果出售货物，所得货款应如数存入银行（代收行），以便汇票到期时支付货款。③如果代收行因借出单据而受到损失，进口商应负责赔偿。④代收行可随时取消信托收据，收回单据及货物。

三、担保提货

担保提货是指在进口贸易结算中，货物到达目的地而单据未到时，进口商向银行申请开立提货担保书，交给货物承运人先予提货，待进口商取得正本提单后，再以正本提单换回提货担保书，是进口商向银行融资的一种方式。

进口商向银行申请担保提货时，应向银行提交担保提货申请书。申请书的主要内容包括：货物名称、唛头、船名、发货人、装运地点及日期、合同号、金额、保证条款、进口商签字盖章等。其中，进口商向银行的保证条款是必不可少的内容。进口商一般应保证以下内容：一是不以任何理由拒付或延付货款；二是单据到达后立即承兑/付款，以单据向运输公司换回提货担保书并退还给银行；三是承担银行因出具提货担保书而遭受的任何损失。

此外，进口商还须向银行提交轮船公司发出的货到通知书、商业发票、进口合同副本。在接到担保提货申请时，银行应先审查申请书及有关文件资料，再按实际货价收取全额保证金，然后才开具担保提货保证书，以避免进口商提货后不付款或拖延付款情况发生时，银行处于被动局面。

银行加签提货担保书会承担较大风险。一方面，客户提供的货价数据不一定与真实数据相符，特别是客户还可能存在蓄意少报货价或出口商蓄意增大发票金额的情况，导致银行可能需要承担较高的付款责任；另一方面，当进口商与轮船公司发生运费或卸货费用纠纷时，银行由于加签了提货担保书，有可能使其处于纠纷之中。因此，银行对托收项下的担保提货，要求往往很严格，如审批时收取十足保证金等。

【本项目小结】

托收是债权人为向债务人收取款项，出具债权凭证（包括汇票、本票、支票等）委托银行代为收款的一种支付方式。托收业务当事人一般包括委托人、托收行、代收行、付款人、提示行、需要时的代理人。在国际货物贸易中，委托人与付款人分别为出口商与进口商，他们之间的关系是买卖关系；委托人与托收行、托收行与代收行之间的关系则是委托代理关系。托收结算方式依据的最新国际惯例是国际商会制定的《托收统一规则》522号出版物，简称为URC522。

根据是否附带商业单据，托收业务可分为光票托收和跟单托收。光票托收是指仅凭金融单据而不附带商业单据的托收；跟单托收是指附带有商业单据（主要是货运单据）的托收。国际贸易中货款的托收大多采用跟单托收，而光票托收则通常用于收取货款尾数、样品费、佣金、代垫费用等。

跟单托收方式下，出口商在货物发运后，要委托银行将货运单据交付给进口商。跟单托收根据交付单据的条件不同，可以分为付款交单、承兑交单和凭其他条款和条件交单三种交单条件。不同交单条件下的跟单托收，不仅业务流程有所不同，其对出口商和进口商的影响也不同。付款交单（Documents against Payment，D/P）是指代收行以付款为条件向进口商交出单据，即只有在进口商付清全部款项后代收行才将单据交出。付款交单又可分为即期付款交单和远期付款交单。承兑交单（Documents against Acceptance，D/A）是指委托人开立远期汇票，代收行收到汇票和单据立即向付款人提示，付款人承兑后代收行即将单据交出，待汇票到期日进口商再履行付款义务的交单方式。除采用付款交单和承兑交单两种交单方式外，跟单托收实务中还有分批部分付款、凭本票交单、凭付款承诺书交单、凭签字的信托收据交单等方式。

托收业务处理主要包括托收申请、出口托收业务、进口代收业务和出口托收解付业务四个主要业务环节。托收申请业务环节，委托人需要谨慎填写托收申请书，以确保正确、快速地办理托收业务；出口托收业务环节，托收行需认真审核托收申请文件，并制作托收指示；进口代收业务环节，代收行应仔细审核托收指示，依据指示处理进口商赎单业务，并严格按照托收指示要求释放单据；出口托收解付业务中，代收行应及时确认托收款项是否收妥，若已收妥，应立即向委托人解付。

托收方式是一种基于商业信用的结算方式。在跟单托收业务中，出口商和进口商均可能遭遇某种风险，但不论交单条件是D/P还是D/A，总是出口商发货在先收取货款在后，因此，托收业务中，出口商面临的风险更大。针对各种可能出现的风险，出口商和进口商要采取有效措施进行防范，包括做好资信调查、选择有利的价格术语和交单条件等。托收方式中，常见融资方式包括对出口商提供的融资方式——托收出口押汇业务和针对进口商的融资方式——凭信托收据借单提货和提货担保业务。

 金融科技专栏

中国工商银行"智能跟单托收"服务

2023年，中国工商银行推出"智能跟单托收"服务，为一家机械设备出口企业处理了一笔涉及中东买方的D/P（付款交单）托收业务。传统模式下，企业需提交纸质提单、商业发票、保单等单据，银行人工审核后邮寄至代收行，全程需5—7个工作日，且存在单据丢失风险。

任务三测试题

综合实训

工商银行通过数字化托收平台完成以下流程：

电子单据（eDocs）：企业上传电子提单（eBL）、数字化发票等，系统自动校验数据一致性。

智能合规审核：AI自动匹配信用证条款、海关数据及贸易合同，减少人工干预。

区块链存证：单据哈希值上链，确保不可篡改，代收行可实时查验真伪。

状态实时追踪：企业可通过网银或手机App查看托收进度，如买方是否承兑、款项是否入账等。

该笔业务从交单到买方付款仅耗时2天，较传统模式提速60%，同时降低了单据寄送风险。

资料来源：工商银行2023年贸易金融报告。

 金融职业素养专栏

托收是国际贸易结算中常见的方式，正确处理托收业务对一国收汇、付汇安全至关重要。我们要聚焦合规性与严谨性，树立金融安全理念，增强金融风险防范意识，为国家经济安全筑牢防线。在业务处理中，要严格遵循国际商会《托收统一规则》（URC522）及各国相关法律法规，提高职业道德修养，提升防范出口收汇、付汇资金安全风险的意识与能力。要秉持敬业、精益、专注的工匠精神，保障出口收汇、付汇资金安全，扎实做好金融服务工作，助力我国经济社会平稳发展。

 **思维导图**

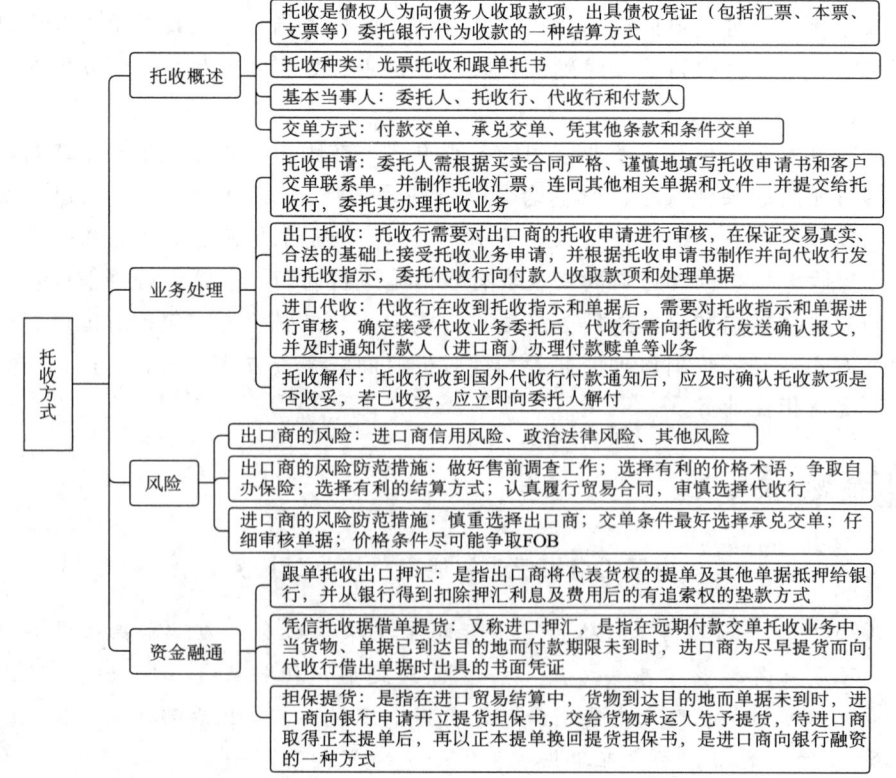

项目五 Chapter 5
信用证方式

PPT

【知识目标】
1. 理解信用证的定义、特点、作用。
2. 掌握信用证当事人的权利与义务。
3. 掌握信用证的基本内容和种类。
4. 熟知信用证方式的业务流程。

【能力目标】
1. 能完成开证申请业务,并能正确填写和审核开证申请书。
2. 能完成出口信用证业务,并能正确缮制和审核 MT700 报文。
3. 能完成审单业务,并能正确处理不符点单据。
4. 能正确分析实务中发生的信用证案例,并提出相应的处理意见。
5. 能根据实际贸易业务需求,正确选择和运用资金融通方式。

【素质目标】
1. 培养学生契约精神,在学生心中根植诚实守信信念。
2. 加强学生职业道德和职业素养教育,使其树立正确的人生观和价值观。
3. 培养学生工匠精神和创新精神,树立"匠德、匠心、匠术"的职业理念。

任务一 概 述

【任务要求】

学生要掌握信用证的定义和特点，并能正确分析信用证案例。

学生课后要阅读信用证方式涉及的国际惯例，结合惯例理解和掌握信用证理论知识。

教学活动 1　信用证的定义和特点

【活动设计】

1. 通过【案例导入】，讲解信用证的定义和特点。
2. 组织课堂讨论，探讨信用证方式可能存在的风险。

【案例导入】

2024 年 12 月，吉林甲公司与新加坡乙公司签订销售合同，出口 1 吨木耳，乙公司向新加坡大华银行申请开立信用证，信用证中商品品名为黄花菜。甲公司业务人员审证时发现与合同有误，为避免违反合同规定，照常发运木耳，然后把载明"1 吨木耳"的货运单据提交大华银行要求付款。大华银行审单时认为单证不符，遂提出拒付。

思考：大华银行的拒付是否合理？甲公司发现信用证与合同不符时应如何操作？

微课：信用证的定义和特点

【基础知识】

一、信用证的定义

信用证（Letter of Credit，L/C）是开证行（进口方银行）应申请人（进口商）的要求，向受益人（出口商）开立的承诺在一定期限内凭规定的单据支付一定金额的书面承诺。简单地说，信用证是一种带有条件的银行付款书面承诺。

《跟单信用证统一惯例》（UCP600）第 2 条对信用证的定义如下："指一项不可撤销的安排，无论其名称或描述如何，该项安排构成开证行对相符交单予以承付的确定承诺。"

本定义中的承付是指：①如果信用证为即期付款信用证，则即期付款；②如果信用证为延期付款信用证，则承诺延期付款并承诺到期日付款；③如果信用证

思政课堂：培养诚信意识——信用证

拓展阅读：UCP600

为承兑信用证，则承兑受益人开出的汇票并在汇票到期日付款。

二、信用证的特点

（一）信用证是一种银行信用，开证行承担第一性的付款责任

信用证是开证行有条件的付款承诺。开证行一旦开出信用证，就以自己的信用做出付款保证，对受益人承担第一性付款责任。UCP600第七条规定，信用证一经开出，只要受益人提交了符合信用证规定的单据，开证行就必须按信用证所适用的情形予以承付，也就是说只要受益人按信用证规定提交相符单据，就保证能从银行取得货款。可见，信用证是一种银行信用，开证行对受益人的责任是一种独立的付款责任，即使进口商倒闭或无力付款，开证行仍然要承担付款责任。

（二）信用证是一种自足文件，不依附于贸易合同而独立存在

信用证的开立虽然是以贸易合同为基础，但一经开立并被受益人接受后，便成为独立于贸易合同以外的独立契约，不受贸易合同的约束。即使信用证中使用了"As per contract No. 123 dated 20241215"等类似描述提及某份合同，银行亦与该合同无关。对此，UCP600第四条明确规定："就其性质而言，信用证与可能作为其开立基础的销售合同或其他合同是相互独立的交易，即使信用证中含有对此类合同的任何援引，银行也与该合同无关，且不受其约束。因此，银行关于承付、议付或履行信用证项下其他义务的承诺，不受申请人基于其与开证行或与受益人之间的关系而产生的任何请求或抗辩的影响。"可见，信用证是独立于贸易合同之外的另一契约，是一种自足文件。银行只对信用证负责，只凭信用证所规定的单据向出口商付款，而不管出口商实际上是否履行贸易合同，所提交的单据是否符合合同的要求。贸易合同的修改、变更甚至失效都丝毫不影响信用证的效力。

（三）信用证业务是一种纯粹的单据业务

UCP600第五条规定："银行处理的是单据，而不是与单据有关的货物、服务或履约行为。"同时第三十四条规定："银行对任何单据的形式、充分性、准确性、内容真实性、虚假性或法律效力，或对单据中规定或添加的一般或特殊条件，概不负责；银行对任何单据所代表的货物、服务或其他履约行为的描述、数量、重量、品质、状况、包装、交付、价值或其存在与否，或对发货人、承运人、货运代理人、收货人、货物的保险人或其他任何人的诚信与否、作为或不作为、清偿能力、履约或资信状况，也概不负责。"从上述规定可以看出，信用证业务实行的是"单据严格符合的原则"，即要求"单证一致""单单一致""表面相符"，只要出口商向银行提交符合信用证条款的单据，银行必须履行付款义务。反之，如果出口商提交的单据与信用证有不符之处，即使货物完全符合合同要求，银行也有权拒付货款，此时出口商只能与进口商交涉。

三、信用证的作用

信用证对各方当事人的作用,总体来说有两个:一是信用保证作用,二是融资作用。

1. 对进口商而言

①在申请开证时不用交足开证金额,只需交付一定比例的保证金,资金负担大大减轻,也可以凭开证行授予的授信额度或第三方担保开证,避免流动资金大量积压;②可以通过信用证条款控制出口商的装货日期,使货物的销售能适合时令;③可以通过检验条款和单据,保证货物在装船前的质量、数量等,使收到的货物符合合同规定;④如果开证行在履行付款义务后,进口商在筹措资金上有困难,还可以利用信托收据等方式进行融资,要求开证行先交单据提货,以后再付货款。

2. 对出口商而言

①在货物出运以后,只要将符合信用证条款规定的单据提交给出口地的被指定银行,即可由该行承付或议付单据,而不必向进口地的开证行交单收款;②只要收到资信较好的银行开来的有效信用证,就可向其往来银行申请打包放款,或申请其他装船前贷款;③在实行外汇管制的国家里,银行必须经外汇管理当局批准才能开出信用证,所以出口商取得信用证就可避免进口国禁止进口或限制外汇转移所产生的风险;④开证行因种种原因不能付款或拒绝付款时,它必须把代表货物的单据退给出口商,出口商虽收不到货款,但物权仍掌握在自己手中。

3. 对开证行而言

①信用证开立时银行并不垫付资金,只是出借自身信用,却能获得开证手续费收入及开证押金;当银行履行付款责任后,可以立即要求进口商付款赎单,回笼资金;②如果进口商无理拒付或无力清偿货款,开证行还有物权保障,它可以没收押金,并通过变卖货物或处理单据来收回其余款项,如果出售的货款不足以抵偿,仍有权向进口商追偿其不足部分或参与其破产清理并优先受偿。

4. 对于其他参与信用证业务的银行而言

①如果该银行只负责通知信用证,则并不承担垫款风险,却能获得通知费收入;②如果该银行根据开证行的授权或邀请,对符合信用证要求的合格单据予以付款,则该银行能获得开证行的偿付,同时还可以在垫款时获得垫款利息及手续费。

教学活动 2 信用证方式的当事人

【活动设计】

1. 通过【案例导入】,讲解信用证方式可能涉及的当事人及其权责。

2. 学生分组讨论，分析信用证方式下各方当事人之间的关系。

【案例导入】

2025年2月，江苏甲出口公司收到瑞士乙银行开来的不可撤销信用证，证中有下列条款："Credit amount USD100000, according to invoice 80% to be paid at sight, the remaining 20% to be paid at 60 days after shipment arrival"。甲公司在信用证有效期内，通过议付行向乙银行提交单据，经检验单证相符，乙银行即付80%货款，计80000美元。但货到60天之后，乙银行以开证申请人声称货物质量欠佳为理由，拒付其余20%的货款。

思考：乙银行的拒付是否合理？信用证方式中开证行应承担哪些责任？

【基础知识】

国际贸易结算中，信用证业务比较复杂，涉及众多当事人，明确信用证方式下各方当事人的权责是掌握信用证业务的重要基础和条件。信用证方式的当事人可分为基本当事人和其他当事人。基本当事人有三个：开证申请人、开证行和受益人。根据业务需要还会涉及其他当事人，包括：通知行、保兑行、付款行、承兑行、议付行、偿付行等。

微课：信用证当事人

一、基本当事人

（一）开证申请人（Applicant）

开证申请人是根据贸易合同向银行提交开证申请书，申请开立信用证的人。一般为进口商，有时也为中间商。开证申请人受两个契约制约：一个是与受益人之间的贸易合同；另一个是与开证行之间的开证申请书。受此约束，开证申请人的权利和义务主要包括：

1. 及时申请开证

如果贸易合同中的支付条款明确规定由买方开立信用证，买方就要在合同规定的期限内向银行提交开证申请，向卖方开出信用证。如果合同中并未明确规定具体的开证时间，买方也应在合理时间内申请开出信用证，以保证卖方能在收到信用证后有充足的时间备货发货。但如果合同中注明卖方必须履行某项义务后，买方才向其开立信用证时，若卖方未能履行相应义务，买方则有权拒绝开出信用证，其后果与损失由卖方承担。

2. 合理指示开证

开证申请人向银行提出开证申请时，要依据贸易合同填写指示明确的开证申请书。开证申请书是申请人给开证行的开证指示。申请人在给开证行做指示时，不仅要全面、准确，还要做到简单明了，不能将过多的细节列入信用证或信用证的任何修改书中，以避免开证行和申请人对信用证内容产生歧义，致使信用证内容无法执行。

3. 提供开证担保及支付开证手续费

由于信用证业务中开证行承担第一性的付款责任,所以,为减少开证风险,开证行往往要求申请人提供开证担保。开证担保可以使用押金、动产、不动产,也可以由第三方进行担保。除提供开证担保外,开证申请人还应向开证行支付开证手续费、电报费、信用证修改费、邮费等费用。

4. 验单付款

开证行履行完付款责任以后,开证申请人须向开证行付款赎单,但在付款前申请人有权对受益人提交的单据进行审核。若发现单据与信用证条款不符或单据之间有矛盾,申请人有权拒绝付款。付款后,申请人也有权查验货物,若货物与合同不符,则有权根据过失责任向运输部门、保险公司或出口商索赔。

(二) 开证行 (Issuing Bank)

开证行是接受开证申请人的申请开出信用证的银行,一般为进口地银行。在信用证业务中,开证行受三个契约的约束:一是与申请人之间的开证申请书;二是与受益人之间的信用证;三是与通知行或其他银行之间的代理协议。受此约束,开证行的权利和义务主要包括:

1. 及时开证

开证行一旦接受开证申请书和开证担保后,就要在合理时间内依据开证申请书开出信用证。在开证时,开证行有权向申请人收取保证金和手续费。如果因自己的过失延迟开证,开证行必须承担由此造成的损失,但开证行对信用证在任何邮递或电讯传送过程中发生的延误、残缺或其他差错,则不承担任何责任或义务。

2. 承担第一性付款责任

开证行一经开立信用证,就应承担第一性的付款责任。只要受益人提交"单证一致、单单一致、表面相符"的单据,开证行即应履行付款责任,而不能以开证申请人无付款能力、破产倒闭等为借口拒绝付款。

3. 审核和保管单据

受益人在请求银行履行承付或议付义务时,必须提交符合信用证规定的单据,而开证行在付款前则要对受益人所提交的单据进行审核。审单是开证行的一项重要义务,开证行必须合理小心地审核所有单据,以确定单据表面上是否符合信用证条款,单据之间是否有矛盾。一旦审单不符,开证行有权拒绝付款。在审核单据期间,开证行必须谨慎保管好单据。

4. 验单合格付款后有权索偿

开证行对"单证一致、单单一致、表面相符"的单据付款后,有权从申请人处获得偿付。若进口商无力偿付,开证行则有权处理货物,若出售货物的价款不足以抵补所付款项,开证行还有权处理担保品,不足部分还可继续向申请人追索。

(三) 受益人 (Beneficiary)

受益人是指信用证上指定的有权使用该信用证的人,通常为合同的卖方,即出口商。受益人受两个契约的制约:一是与申请人之间的贸易合同;二是与开证行之间的信用证。受此约束,受益人的权利和义务主要包括:

1. 按时、按质、按量发运货物

信用证业务中，受益人获得付款的前提条件是提交"单证一致、单单一致、表面相符"的单据，因此，受益人在接到信用证通知后，应仔细审核信用证条款。若信用证条款与合同不符或存在无法履行条款，则应与申请人联系修改信用证。一旦受益人接受信用证，则应按信用证规定的期限、品质和数量等发运货物，以确保货物符合要求。

2. 及时提交正确、完整的单据

受益人发运货物后，应在信用证有效期内提交符合信用证规定的单据。受益人要对单据的正确性负责，不符时应执行开证行改单指示并仍在信用证规定期限内交单。受益人不得要求银行接收单证不符的单据。

3. 凭合格单据有权获得付款

受益人提交合格单据后，有权要求开证行履行第一性付款责任。若开证行倒闭，则有权要求申请人付款。若信用证是保兑信用证，则有权要求保兑行付款。若开证行和申请人同时破产，如货已备好，但未交货或未装船，则受益人有权扣留；如货已发出，即使单据已交，受益人仍可要求运输部门中途停运，即行使停运权，并将货物另行出售。

二、其他当事人

（一）通知行（Advising Bank）

通知行是应开证行要求向受益人通知信用证的银行，通常由开证行在受益人所在地的联行或代理行来担任，在开立信用证时由开证行预先指定。通知行的权利和义务主要包括：

1. 审核信用证表面的真实性

通知行如果接受开证行的委托，就有义务审核信用证表面的真实性。通知行收到信用证后，首先要核对印鉴或密押，以确定信用证的真伪。如果通知行不能确定信用证表面的真实性，应向开证行说明。如果这时通知行依然对该证予以通知，则须告知受益人它不能确定信用证的真实性。

2. 通知信用证

通知行确定信用证表面真实性后，应缮制信用证通知书，将信用证通知给受益人，同时向受益人收取通知费。通知行如果不接受开证行的委托，则无通知的义务，但必须将此意见及时告知开证行。如果通知行错误地通知了信用证的有关条款，给受益人造成了损失，则要承担过失责任。

（二）保兑行（Confirming Bank）

保兑行是接受开证行的授权或要求以本身名义对信用证付款加具保兑的银行。保兑行可以是受益人所在地的通知行，也可以是开证行指定的其他银行。保兑行的权利和义务主要包括：

1. 承担第一性的付款责任

保兑行一经做出保兑，即在信用证上加注"保兑"字样、收取保兑费后，就与开证行具有相同的地位,承担第一性的付款责任。受益人的付款要求既可以向开证行提出,也可以向保兑行提出,保兑行不得以开证行倒闭等原因拒绝付款。

2. 付款后有权向开证行索偿

受益人向保兑行交单要求付款时,保兑行有权审核单据,如"单证不符,单单不一致",保兑行有权拒绝付款。保兑行对受益人付款后,有权向开证行索偿。若开证行无力或者无理拒付,则保兑行不得对受益人进行追索。

3. 有权决定对信用证的修改部分是否加具保兑

信用证保兑后,如果需要修改,必须征得保兑行的同意,但即使保兑行同意修改信用证,它也有权选择是否对修改部分加具保兑。

(三) 被指定银行 (Nominated bank)

被指定银行意指有权使用信用证的银行,对于可供任何银行使用的信用证而言,任何银行均为被指定银行。被指定银行的具体名称,取决于信用证的付款方式。如果开证行开立的信用证为议付信用证,则被指定银行为议付行;如果开证行开立的信用证为即期或延期付款信用证,则被指定银行为付款行;如果开证行开立的信用证为承兑信用证,则被指定银行为承兑行。

1. 议付行 (Negotiating Bank)

议付行是指在应获得偿付的银行日或在此之前,通过向受益人预付或者同意向受益人预付款项的方式购买相符提示项下的汇票(汇票付款人为被指定银行以外的银行)及/或单据的银行。有时,信用证中不指定议付行,而是允许任何银行自由议付,这时受益人可以选择任意一家银行将单据交其要求议付。议付行的权利和义务主要包括:

(1) 有权选择是否议付。在信用证中,议付行并未做出付款的承诺,做出承诺的是开证行,所以议付行没有必须议付的义务,它可以自由选择是否购买受益人的单据及/或汇票。如开证行信誉不佳,或者信用证过于复杂,议付行可以不议付。

(2) 验单合格议付后有权索偿。议付行之所以议付,是建立在开证行保证偿付的基础上,但开证行偿付的前提是"单证一致、单单一致、表面相符",只有议付的单据是合格的单据,才能得到偿付,所以议付行要对单据进行严格的审核,否则将遭到开证行的拒付。议付行验单合格议付后,有权向开证行或偿付行索偿。开证行拒付时,不论什么原因,议付行都有向受益人进行追索的权利。

2. 付款行 (Paying Bank)

付款行是信用证上规定的汇票上的受票银行或付款信用证下执行付款的银行。付款行可能是开证行,也可能是开证行以外与开证行有委托代理关系的第三家银行。如受益人开出的汇票是以本国货币表示,一般通知行就是付款行;若以进口国货币表示,则开证行可为付款行;若以第三国货币为支付货币,则付款行可以是第三国的某家银行。付款行的权利和义务主要包括:

(1) 有权选择是否接受授权。付款行是作为开证行的付款代理人而出现,由开证行在信用证中指定。如果开证行资信较差,被指定的付款行可以不接受开证行的授权,拒绝付款。一经接受开证行的授权,付款行就应承担凭单付款的责任。

(2) 验单合格后付款并索偿。受益人向付款行提交单据要求付款时,付款行要对单据进行严格的审核,"单证一致、单单一致、表面相符"时方可付款,一经付款,付款行对受益人就再无追索权。付款行凭合格单据付款后,有权向开证行取得偿付。

3. 承兑行 (Accepting Bank)

承兑行是对远期信用证项下的远期汇票进行承兑的银行。由开证行授权另一家银行依据表面符合信用证条款的单据承兑汇票时,该银行就是承兑行。被指定银行也可以拒绝开证行的指定,不对汇票进行承兑,此时该银行对汇票的付款不承担任何责任。承兑行的义务是承兑远期汇票,并在远期汇票到期时承担付款的责任,其权利是对受益人付款后向开证行索偿。

(四) 偿付行 (Reimbursement Bank)

偿付行是指接受开证行的指示或授权,代开证行偿付垫款的第三方银行,即开证行指定的对被指定银行进行偿付的代理人。当开证行与被指定银行之间无账户关系时,特别是信用证以第三国货币作为支付货币时,为方便结算,开证行便委托另一家与之有账户关系的银行,即偿付行代向被指定银行偿付。偿付行只是接受开证行的委托,充当出纳机构,与受益人无关,它既不接受也不审核单据。只要索偿行(被指定银行)提供的信用证号码、开证行名称和账户以及索偿金额等事项符合开证行的偿付授权书,偿付行就应向索偿行偿付。偿付行也有权拒绝执行开证行的偿付指示(除非已开具了偿付保证),此时应由开证行承担偿付责任。开证行在收到单据之后,若发现不符点,不能向偿付行追索,只能直接向被指定银行追回已付款项。

教学活动3 信用证的类型

【活动设计】

1. 通过【案例导入】,引导学生学习信用证的不同类型,掌握各类信用证的基本知识。

2. 组织课堂讨论,分析总结四种付款形式信用证的异同。

【案例导入】

青岛瑞兴贸易有限公司与澳大利亚甲集团签订销售合同,出口汽车零部件,价值为150万美元。合同中的支付条款为"By 100% Confirmed Irrevocable Sight Letter of Credit opened by the Buyer to reach the Seller no later than January 31, 2025 and to remainvalid for negotiation in China until the 15th day after the date of shipment. In the event of late arrival of the L/C, the Seller shall not be liable for any delay in shipment and shall have the right to rescind the Contract and or claim damages."

微课：信用证的类型

思考：该笔合同中包含了哪些信用证种类？在实务中，需要注意哪些事项？

【基础知识】

按照不同的标准，信用证可以分为不同的类型。不同类型的信用证不仅功能不同，当事人的权利与义务、信用证的运作流程、付款期限等也有所不同。但不论哪种类型的信用证，都具有信用证的基本特征。

一、光票信用证和跟单信用证

根据付款凭证的不同，信用证可分为光票信用证和跟单信用证。

（一）光票信用证

光票信用证（Clean Credit）是指开证行仅凭受益人开具的汇票或简单收据而无须附带货运单据付款的信用证。

（二）跟单信用证

跟单信用证（Documentary Credit）是指凭跟单汇票或仅凭单据付款、承兑或议付的信用证。这里的单据是指代表货物所有权或证明货物已经装运的货运单据，即运输单据以及商业发票、保险单据、商检证书、产地证书、包装单据等。

在国际结算中主要使用跟单信用证。

二、信开信用证和电开信用证

根据其开立方式和使用方法不同，信用证可分为信开信用证和电开信用证。

（一）信开信用证

信开信用证是指开证行用信函格式开立的信用证，并以航邮方式将信用证邮寄给通知行或受益人，是一种传统的开立信用证的方式。信开信用证通过邮寄传送，时间较长，因此，费用比电开信用证低。由于通信技术的快速发展和广泛应用，现在信开信用证已不多见。

（二）电开信用证

电开信用证是指开证行以电子文本形式开立，并用加注密押的电报、电传或SWIFT系统等电信方式进行传递的信用证。电开信用证又可分为全电信用证和简电信用证。

1. 简电信用证（Brief Cable）

简电信用证是指仅记载信用证金额、有效期等主要内容的电开信用证。其目的是预先通知出口商，以便其早日备货。简电信用证一般条款不全，只列出信用证号、受益人、品名、合同号、装运期、有效期等，有的电文条款虽全，但往往有"详见航邮"（"Details Airmailed" or "Airmailing Details"）之类的字样，所以简电信用证通常不是信用证的有效文本，现在比较少见。

2. 全电信用证（Full Cable）

全电信用证是指开证行以电文形式开出的内容齐全的信用证，没有任何保留条件或含糊不清的条款。目前,大多数客户都选择全电信用证,而且银行在开立全电信用证时较多使用 SWIFT 系统。

三、保兑信用证与不保兑信用证

按信用证是否有另一家银行加以保证兑付为标准,信用证可分成保兑信用证和不保兑信用证。

(一)保兑信用证

保兑信用证(Confirmed Credit)是指除开证行外,还有另外一家银行对信用证加以保证兑付的信用证。

如前所述,承担保兑业务的银行就是保兑行,其承担的责任与开证行相同,是信用证的第一付款人,并且它的保兑不能单方面撤销。保兑信用证有双重付款保证,对出口商最为有利。但在大多数受益人看来,只要开证行的资信足够好,能承担付款责任,就没有必要加以保兑。因为保兑行要收取较高的保兑费,尤其是由受益人承担保兑费时,更要权衡考虑。

在实务中,保兑信用证必须由保兑行在信用证上附加一份保兑声明或在证内注明"我行对本证加具保兑"字样或类似的词句。如果保兑行不是通知行,还需加上保兑行的签章,这样才能产生保兑的效力。如果只是在信用证标题中加上"保兑"的字样而未有前面的批注,这张信用证不属于保兑信用证。

保兑行表示承担保证兑付责任的条款文句通常有以下三种:

(1)"This Credit is confirmed by US."

(2)"We hereby add our confirmation to this credit."

(3)"At the request of our correspondent, we confirm this credit and engage with you that all drafts drawn under and in compliance with the terms and conditions of this credit will be duly honored by US upon presentation."

保兑信用证如遇修改,除了要经开证行和受益人同意外,还需经保兑行同意。UCP600 第十条规定:保兑行可将其保兑承诺扩展至修改内容,且自其通知该修改之时起,即不可撤销地受到该修改的约束。然而,保兑行可选择仅将修改通知受益人而不对其加具保兑,但必须毫不延误地将此情况通知开证行和受益人。当然,如果保兑行只同意对修改书中的部分内容加具保兑,这种同意无任何效力。

(二)不保兑信用证

不保兑信用证(Unconfirmed Credit)是指未经另一家银行加具保兑的信用证。这类信用证仅由开证行承担第一性付款责任。实际上加具保兑是非正常情况下的变通做法,只有在受益人对开证行的资信存有疑虑或出于其他考虑时,才要求开证行邀请或授权另一家银行对信用证加具保兑,或者开证行对其所开信用证的"自信心"不足时,才会邀请另一家银行对该证加保。大银行或资信状况良好的银行开出的信用证均是不保兑信用证。在国际贸易中,绝大多数信用证都属于不保兑信用证。

四、即期付款、延期付款、承兑、议付信用证

按照信用证的付款方式不同可将信用证划分即期付款、延期付款、承兑、议付信用证。

UCP600 第六条规定:"信用证必须规定可以有效使用信用证的银行,或者信用证是否对任何银行均为有效。对于被指定银行有效的信用证同样也对开证行有效。""信用证必须规定它是否适用于即期付款、延期付款、承兑或议付。"即一切信用证都可以指定一家银行或任何银行担当即期付款行、延期付款行、承兑行或议付行。受益人必须交单给指定银行,要求即期付款、延期付款、承兑或议付。

(一) 即期付款信用证

即期付款信用证(Sight Payment Credit)是指开证行或其指定银行在收到符合信用证条款规定的即期汇票及/或单据后,立即履行付款义务的信用证。常见的文句是:This credit is available by sight payment with ×× bank (此证由××银行即期付款)。

拓展阅读:即期付款信用证

即期信用证项下的受益人在货物装运出口后,即可凭合格的跟单汇票或仅凭合格的单据取得开证行或指定银行的立即付款。即期付款信用证的银行可以是出口地银行,也可以是开证行。但从受益人角度看,付款银行为出口地银行对其更为有利,该行付款后无追索权。付款行付款后根据信用证偿付指示向开证行索偿,一般是主动借记开证行账户,而不垫款。即期付款信用证对受益人最有利,受益人可以立刻得到款项,并且是无追索权的。

(二) 延期付款信用证

延期付款信用证(Deferred Payment Credit)是指不需要提交汇票的远期付款信用证,即受益人提交符合信用证条款规定的单据并不能立即获得付款,而是信用证规定的付款期限到时才能获得付款的信用证。信用证中常见文句为:This credit is available by deferred payment with ×× bank (此证由××银行延期付款)。

拓展阅读:延期付款信用证

延期付款信用证下,受益人能否获得付款完全取决于付款行的信用。若付款行是开证行或保兑行,则收款有保证;若是没对信用证加具保兑的银行为付款行,它有权到期拒付,这时开证行就应承担到期付款的责任,若开证行无理拒付或倒闭,受益人就会遭受损失。因此,在延期付款信用证下,受益人最好要求付款银行对信用证加具保兑。

延期付款信用证的最大特点是受益人要求银行付款时不需要提交汇票,可以节省承兑汇票所需的印花税(这种信用证在欧洲大陆使用较多),但受益人无法在贴现市场上获取资金,只能自行垫款或向银行借贷。这种信用证多用于价值较高的资本货物,如大型成套设备的交易中,旨在便于进口商在付款前先凭单提货,并安装、调试甚至投入生产后,再支付设备价款。

(三) 承兑信用证

拓展阅读:承兑信用证

承兑信用证(Acceptance Credit)是指付款行在收到符合信用证条款的单据

和远期汇票后先予以承兑，汇票到期后再付款的信用证。证中常见文句为：This credit is acceptance with ×× bank（此证由××银行承兑）。

承兑信用证指的是受益人按规定开立远期汇票连同单据交给付款银行，付款行承兑后收下单据，交还汇票，受益人取得银行承兑汇票后可办理贴现收回货款，也可持有承兑汇票等待到期收款。付款行承兑汇票后，应对出票人、背书人、善意持票人承担到期付款的责任。

承兑信用证与延期付款信用证都是远期付款信用证，两者的不同之处是：承兑信用证需要汇票，受益人可以通过贴现取得货款；而延期付款信用证没有汇票，受益人就不能通过贴现先收回货款。

使用承兑信用证可使开证申请人和受益人各得其所：开证申请人获得了远期付款的融资便利；受益人因满足了开证申请人延期付款意愿而有助于买卖成交，且受益人获得银行承兑汇票即意味着获得了银行不可撤销的到期付款承诺。

（四）议付信用证

议付信用证（Negotiation Credit）是指开证行允许受益人向被指定银行或任何银行交单议付的信用证。即受益人发货后将汇票及/或单据交给银行请求议付，银行审单相符后，向受益人预付或同意向受益人预付款项买入汇票及/或单据，将利息扣除付净款给受益人，然后向开证行寄单索偿。若开证行拒付，议付行可向受益人追索垫款。因此，议付的实质表现为银行有追索权的垫款。信用证中常见文句为：This credit is available by negotiation with ×× bank（此证由××银行议付）。

拓展阅读：
议付信用证

议付信用证有限制议付信用证和自由议付信用证两种。限制议付信用证由开证行指定议付行，受益人只能向该指定银行交单并要求议付；而自由议付信用证可指定由某国或某城市内的任何银行自由议付，也可不加限制，任何银行均可议付。对于开证行而言，限制议付信用证指定了议付行，易于把握，而自由议付信用证项下的议付银行可以是任何银行，开证行难以控制，风险较大，甚至面临欺诈的危险。

思政课堂：增强中国自信——议付信用证

实务中，由于议付信用证项下受益人不得不等待开证行的最终付款（议付行的议付款是有追索权的），因此受益人一般不愿意接受此种付款形式的信用证。如果接受就可能提高商品价格，以抵补融资利息损失。

五、可转让信用证与不可转让信用证

根据受益人对信用证的权利是否可以转让，信用证可划分为可转让信用证与不可转让信用证。

（一）可转让信用证

可转让信用证（Transferable Credit）是指开证行允许被指定的转让行在受益人（第一受益人）要求下，将信用证部分或全部转让给一个或数个第二受益人使用的信用证。转让行（Transferring Bank），就是信用证中指定的承担即期付款、延期付款、承兑和议付的被指定银行。如果系自由议付信用证，则为由开证行特别授权办理信用证转让的银行。

UCP600 第三十八条对可转让信用证作出了明确规定:"转让信用证意指明确表明其'可以转让'的信用证。根据受益人(第一受益人)的请求,转让信用证可以被全部或部分地转让给其他受益人(第二受益人)"。

1. 可转让信用证产生的背景

信用证是否需要转让主要是由国际贸易方式决定。在国际贸易中使用可转让信用证的情形通常有以下三种。

(1) 为满足中间商从事转手贸易需要而产生。在国际贸易中,中间商和代理商的大量存在是可转让信用证产生的直接原因。中间商或代理商利用国际交往关系与进口商签订销售合同后,其手中并无货物,因此必须转向实际供货商订购,并由实际供货商直接装运。为了保守商业秘密,中间商不愿进口商与实际供货商相互联系,所以他不愿进口商直接开证给供货商。但若进口商把信用证开给他,由他再向银行重新申请开证,则既增加费用,又必须垫付押金,因此,他要求进口商给他开出可转让信用证,这样,他收到信用证后,只要付出少量转让费即可转让给实际供货商,而从中获取转手买卖的利润。在可转让信用证中,实际供货人、中间商和进口商的关系表现为:实际供货人是第二受益人,即信用证权利的受让人,他的汇票、发票被中间商持有,中间商再开立金额较大的汇票、发票取代;中间商是第一受益人,由他通知付款、承兑或议付的银行转让部分或全部信用证权利给一个或数个供货人,并有权更换汇票、发票,支取差额;进口商是最终购货人、开证申请人。

(2) 大公司接受了国外大宗订货,并打算由分散在各地口岸的分公司发货,在成交时,就要求进口商开立可转让信用证,以便在各地口岸分别出运。

(3) 实际供货人受出口资格限制,须借用他人名义出口。如某种情况下,A 国进口商不能直接向 B 国开立以 B 国出口商为受益人的信用证,只得先由 A 国进口商开立以 C 国某中间商为第一受益人的可转让信用证,再由 C 国中间商将信用证项下的执行权利转让给 B 国实际供货商,这样便绕过了 A 国规定的不得直接向 B 国进口的限制。

2. 可转让信用证的转让规则

(1) 开证行必须在信用证上注明其为 "Transferable" 时,该证才可转让。

(2) 可转让信用证只能转让一次,但第二受益人将信用证转回给第一受益人不在禁止之列。

UCP600 第三十八条规定:"第二受益人不得要求将信用证转让给任何次序位居其后的其他受益人,第一受益人不属于此类其他受益人之列;如果信用证允许分批装运,则可被部分地转让给一个以上的第二受益人,这种转让被视为一次性转让"。可转让信用证也可部分转让,部分自用。但如果第二受益人不接受已转让的信用证,第一受益人有立即再使用它的权利(自用或要求转让给另一个新的第二受益人)。

(3) 第一受益人必须通过开证行指定的转让行办理信用证转让业务,不能由第一受益人自行转让信用证给第二受益人。

信用证转让是一种权利的转让,与信用证没有直接关系的银行是无权转让信用证的。转让行是开证行指定的付款行、议付行、承兑行等,也可以是开证行自己。需要注意的是被指定的转让行并无义务一定得接受要求转让信用证,除非该银行明确同意其转让范围和转让方式。

(4)信用证如有数个第二受益人时,每个第二受益人都有处理修改权。

UCP600第三十八条规定:"如果信用证被转让给一个以上的第二受益人,其中一个或多个第二受益人拒绝接受某个信用证修改并不影响其他第二受益人接受修改。对于接受修改的第二受益人而言,信用证已做相应的修改;对于拒绝接受修改的第二受益人而言,该转让信用证仍未被修改"。

(5)除非转让时另有约定,所有因办理转让而产生的费用(诸如佣金、手续费等)必须由第一受益人支付。

(6)新证与原证在下述方面可以不同,除此之外,应与原证条款一致。

①可以用第一受益人的名称替换原信用证中申请人的名称。为保守商业秘密,防止第二受益人获悉实际买方从而直接交易,第一受益人可为新证的开证申请人。但如果原信用证特别要求开证申请人名称应在除发票以外的任何单据中出现时,则转让信用证必须反映出该项要求。

②信用证金额可以减少。

③货物单价可以降低。

④有效期、装运期、最后交单日可提前或缩短。

⑤必须投保的保险金额的投保比例可以增加,以满足原信用证规定的投保金额。

(7)转让行只有一次通知的义务。

UCP600第三十八条规定:"如果第一受益人应当提交其自己的发票和汇票(如有),但却未能在收到第一次要求时照办;或第一受益人提交的发票导致了第二受益人提示的单据中出现了原来不存在的不符点,而其未能在收到第一次要求时予以修改,则转让银行有权将其从第二受益人处收到的单据向开证行提示,并不再对第一受益人负责"。

在我国以往的出口实务中,常见的可转让信用证有两种情况。一是信用证的第一受益人为我方出口公司,第二受益人仍为我方的实际供货的出口企业,转让行是我国境内的通知行。在大多数情况下,第一受益人并不替换第二受益人的发票、汇票等,第二受益人可直接请议付行按开证行有关指示索汇,因此第二受益人做这种可转让信用证与普通信用证类似,风险较小(但要注意信用证有修改的情况),即使麻烦,与国内第一受益人也容易商议处理。二是第一受益人为国外或港澳地区的中间商,我实际供货方为第二受益人,转让行是第一受益人所在地的通知行。在这种情况下,我方所承担的风险比一般信用证风险大得多,为规避风险,我方银行要对境外转让行和第一受益人进行必要的资金和资信调查,而出口商则应投保短期出口信用险。

(二)不可转让信用证

凡信用证上未注明"可转让"字样的信用证都是不可转让信用证,即受益人不能将信用证权利转让给他人,只能由受益人本人享有。一般的信用证都是不可转让信用证。

六、背对背信用证

(一) 背对背信用证的含义

背对背信用证(Back to Back Credit),也称从属信用证(Subsidiary Credit)是指信用证的受益人以收到的信用证作保证或抵押,要求另一银行开立的以其为开证申请人、以实际供货人为受益人的信用证。

背对背信用证的产生同样是基于中间商的需要。如果信用证不允许转让,或实际供货人不接受买方国家银行开立的信用证,就可以采用背对背信用证。当中间商既作为出口商与进口商签订合同、又作为买方与实际供货人签订合同时,在其收到进口商开来的信用证后,以开证申请人的身份要求通知行或其他银行以原证为基础,另外开立信用证给实际供货人,这张另开的信用证就是背对背信用证。

(二) 背对背信用证的内容

背对背信用证应在原证的基础上开立,除以下几方面外,新证应与原证条款相同,以便于背对背信用证受益人在规定期限内提交要求的单据时,中间商能在原证期限内更换汇票和发票,利用所提交的其他单据实现其原证受益人的权利。

(1) 原证与新证的申请人、受益人不同。原证申请人是进口商、受益人是中间商;新证申请人是原证受益人(中间商)、受益人是实际供货商。

(2) 原证与新证的开证行不同。原证开证行是进口商所在地银行,新证开证行是受益人(中间商)所在地的银行。

(3) 新证的金额比原证少,单价比原证低。

(4) 新证的有效期、装运期、交单期比原证缩短。

(5) 新证的投保比例比原证高。

(三) 背对背信用证与可转让信用证的主要区别

(1) 可转让信用证须经开证申请人和开证行同意方可转让,信用证也须注明"Transferable"字样,否则信用证不得转让。而背对背信用证并不注明"Back to Back"字样,它的开立与原证开证申请人和原证开证行无关。

(2) 可转让信用证是根据原证换开的,两者之间存在直接的连带关系,第一受益人与第二受益人处同等地位,均可获得原开证行的付款保证。而背对背信用证与原证是两个完全独立的信用证,两者同时并存,各自的受益人只能获得各自开证行的付款保证。

(3) 可转让信用证的转让银行不因受原证开证行的委托,开立变更条款的新信用证而改变其原有地位,或增加已转让信用证项下的责任。而背对背信用证若由原证的通知行或其他银行开立,该银行则成为背对背信用证的开证行,承担第一性的付款责任。

(4) 可转让信用证在 UCP600 中有明确规定,而背对背信用证无统一约束。

(四) 背对背信用证的注意事项

背对背证业务是套在原证业务之中,只有两部分很好地衔接,交易才能顺利完成。所以,开立和使用背对背信用证的风险较大,操作程序复杂,必须注意以下问题:

1. 对于中间商来说

(1) 背对背信用证必须按照原证的条款开立,以便在原证要求的期限内,制成原证要求的单据(汇票和商业发票除外),使第一受益人能在原证规定的期限内提交所要求的单据。同时,要注意原证与背对背信用证对单据要求的一致性,以便中间商替换单据后交到原证开证行的所有单据都与原证一致。

(2) 中间商作为背对背信用证申请人,不管能否根据原证获得付款,都得负责偿还新证开证行根据新证支付的款项。

(3) 背对背信用证的条款修改时,实际上需得到背对背信用证开证行和原证开证申请人及开证行的同意,所以,修改比较困难,所需时间也较长。

2. 对于背对背证的开证行来说

(1) 背对背信用证条款必须与原证条款相符,并加注特别条款,以保证自己的利益。

(2) 最好用于货物由供货商港口直运买方港口的情况,如需在中间商所在地卸货转运的货物则风险很大,要从严把握。

(3) 作为抵押的原证不能带有软条款。

(4) 背对背信用证严格禁止转让。

(5) 要求中间商提供开证申请书和原证的正本,并签署有关法律文件。

(6) 比一般信用证业务多收一笔背对背信用证安排费。

七、预支信用证

预支信用证(Anticipatory Credit)是信用证的受益人(出口商)根据信用证条款的规定,在货物出口装运之前,向信用证指定的银行支取全部或部分货款的信用证。

出口商为解决出口资金短缺问题,可与进口商在买卖合同中约定使用预支信用证,进口商要求开证行在信用证中加列有关条款,授权通知行或出口地的其他指定银行,向出口商预支信用证金额一定比例的款项,供出口商用于备货、仓储、装运等出口环节中的费用支出。待出口商将货物装运出口并向银行交单时,由预支货款的银行从议付或承付金额中扣除预支款项本息后,将余款支付给出口商。若在信用证有效期内出口商未能向银行交单或提交的单据不符合信用证规定,预付款银行有权向开证行索要其垫款本息,开证行应立即偿付,然后再向开证申请人即进口商追索该款项。因此,对开证行而言,其直接承担预支信用证项下的责任,故开证行应谨慎评估风险,并应向开证申请人收取适当的费用或采取其他风险防范措施。

在预支信用证使用中,银行向受益人预支款项后,往往要求其将正本信用证交出,用以控制受益人发货交单。但如果受益人预支款项后不履行发货交单义务，开证行有权向开证申请人追偿。使用预支信用证对进口商不利，所以进口商只有在对出口商资信十分了解或出口商是可靠、稳定的贸易伙伴时才会向开证行提出开立这种信用证。在预支信用证项下，出口商获得了银行提供的贸易融资，有助于其顺利地履行出口合同义务。根据融资条件的不同，预支信用证又分为红条款信用证与绿色条款信用证。

（一）红条款信用证

在预支信用证问世之初，开证行为醒目起见，通常以红色墨水将预支条款加注于信用证之中，"红条款信用证（Red Clause Credit）"因此而得名。尽管在现行业务中已很少出现使用红色墨水的情况，但其称谓仍沿用至今。红条款信用证主要用于羊毛、谷物等产品的国际贸易，出口商先从银行预支款项，用于产品收购，货物发运后根据信用证规定向预付款项的银行交单，银行从议付或承付金额中扣除预支款项及相应的利息。

（二）绿条款信用证

绿条款信用证（Green Clause Credit）的用途、运作流程与红条款信用证大致相同，只是其融资条件更为严格，受益人在装运前必须将货物以垫款银行的名义存仓，凭仓单向银行申请预支款项。绿条款信用证除规定使用红条款信用证上条款外，通常加列仓单条款："Warehouse receipts in the bank's name covering the goods are being held by the bank."。

八、循环信用证

循环信用证（Revolving Credit）是指在信用证的部分或全部金额被使用之后，可根据一定条件恢复到原金额仍可再次或多次使用的信用证。

循环信用证适用于有长期贸易往来关系的进出口双方之间。它与一般信用证的区别为：一般信用证一旦使用即告失效，而循环信用证可以多次循环使用，直到规定的循环次数届满或规定总金额用完为止。因此，在有长期贸易往来关系的进出口双方之间使用循环信用证对他们均有好处：进口方可减少申请开证的次数，省时间、省费用，同时也不必按货款总值一次开证而交付高额押金，减少资金占用；出口方则可以省去催证、审证和改证等繁杂手续。循环信用证比普通信用证中增加一个循环条款，用以说明循环的方法、次数或期间及总金额。循环信用证的类型有以下几种：

（一）按金额循环的信用证和按时间循环的信用证

按循环条件划分，可分为按金额循环信用证和按时间循环信用证。

1. 按金额循环的信用证

受益人用完规定的金额后，该信用证即可恢复至原有金额，可再度使用，直至其规定的总金额用完为止。此类信用证常见的循环条款如下：

"This credit amounting EUR 100000 is revolving for four shipment only and each shipment should be effected at one month interval. The total value of this credit should not exceed EUR 400000."

2. 按时间循环的信用证

受益人在一定时间内（如一个月）支取信用证金额后，仍可在下次一定时间内（如下个月）支取规定的金额，在若干时间内（如六个月）循环使用，直至用完该信用证的总金额为止。此类信用证常见的循环条款如下：

"This is a monthly revolving credit which is available for up to the amount of EUR 100000 per month, and the full amount will be automaticly renewed on the 1st of each succeeding calendar month. Our maximum liability under this revolving credit does not exceed EUR 600000 being the aggregate value of six months. The unused balance of each month is non-cumulative to the succeeding month.

（二）积累循环信用证和非积累循环信用证

按循环金额划分，可分为积累循环信用证和非积累循环信用证。

1. 积累循环信用证

积累循环信用证（Cumulative Revolving Credit）是指上期未使用的信用证余额可积累到下期使用的信用证。

This credit is revolving at EUR 100000. covering Shipment of _____ per calendar month cumulative operation from January 2025 to June 2025 inclusive up to a total of EUR 600000.

2. 非积累循环信用证

非积累循环信用证（Non-Cumulative Revolving Credit）是指上期未使用的信用证金额不能积累到下期使用的信用证。

This credit is revolving at EUR 100000. covering Shipment of _____ per calendar month non-cumulative operation from January 2025 to June 2025 inclusive.

（三）自动循环信用证、半自动循环信用证和非自动循环信用证

按循环方式划分，可分为自动循环信用证、半自动循环信用证和非自动循环信用证。

1. 自动循环信用证

自动循环信用证是指受益人在用完每期信用证金额后，不需等待开证行通知，信用证即可自行恢复至原有金额的信用证。

This credit shall be renewable automatically twice for a period of one month each for an amount of EUR50000. For each period making a total of EUR150000.

2. 半自动循环信用证

半自动循环信用证是指受益人使用了信用证金额若干天内，开证行未通知受益人停止使用信用证，该信用证即可从上次议付日的第×天恢复至原有金额的信用证。

This credit will be automatically restored to the face amount unless advising bank is advised by the contrary within 15 days after a drawing is presented for payment.

3. 非自动循环信用证

非自动循环信用证是指受益人用完信用证金额后，只有当开证行通知其该证可恢复至原有金额时，才可再次使用的信用证。

This amount shall be renewed after each negotiation only upon receipt of Issuing Bank's notice stating that the credit might be renewed.

九、对开信用证

对开信用证（Reciprocal Credit）是指互为进出口方的双方当事人分别以开证申请人的身份向对方开出的信用证。

在国际贸易中，对开信用证实际就是指贸易双方各开出一份以对方为受益人的信用证，用于两批不同商品的易货。进出口双方是这笔易货贸易中的进口商同时又是出口商。如 A 商向 B 商购买一种商品，B 商也向 A 商购买一种商品，于是 A 商开出一张以 B 商为受益人的信用证，B 商也开出一张以 A 商为受益人的信用证，两个信用证互为对开，两证的金额略微相等。

使用对开信用证时，大多数情况下贸易双方都会事先商定开证行与通知行，第一证的开证行和通知行分别就是第二证（或称回头证）的通知行和开证行。两证可以同时互开，也可以分别先后开立。在分别开立的情况下，为了防止第一证开出后对方不开立回头证的风险，第一证可以规定受益人在交单时应附带一份担保书，保证在规定时间内开立合格的第二证；第一证也可以规定本证暂不生效，待受益人开出合格的回头证，由申请人接受后通知对方银行两证同时生效。对开信用证主要适用于以出口抵偿进口的对销贸易，如易货贸易、补偿贸易等，也可用于来料加工、来件装配等加工贸易。

十、假远期信用证

假远期信用证（Usance Letter of Credit Payable at sight）是指开证银行应进口企业请求，在开出信用证中规定受益人开立远期汇票，由承付或议付的银行进行贴现，并规定一切利息和费用由进口企业承担的信用证，即远期汇票即期付款，并由进口企业向融资银行支付贴现费用。采用假远期信用证作为支付方式，对进口商来讲，可获得银行提供周转资金的便利，但须支付利息；对出口商来讲，可即期获得汇票的票款，但也承担汇票到期前被追索的风险。凡在信用证中载明如下条款者，皆为假远期信用证：

（1）Usance drafts to be negotiated at sight basis and discounted by us (Issuing Bank); discount charges and acceptance commission are for Buyer's account.

（2）Usance drafts to be negotiated at sight basis; interest is for Buyer's account.

（3）The Negotiating Bank is authorized to negotiate the usance drafts at sight for the face amount.

（4）Usance drafts drawn under this credit are to be negotiated at sight basis.

任务一测试题

任务二
信用证方式的业务流程

【任务要求】

学生要熟悉掌握信用证方式的基本流程。

学生要结合实训软件,分析并掌握信用证流程中各业务环节的操作要点。

学生要能根据贸易合同正确填写开证申请书、制作和审核 MT700 报文、完成信用证通知和审核单据业务。

一笔以信用证结算的国际贸易业务从开始到结束一般有 14 个基本环节,业务操作流程如图 5-1 所示。概括来讲,大环节有 6 个:

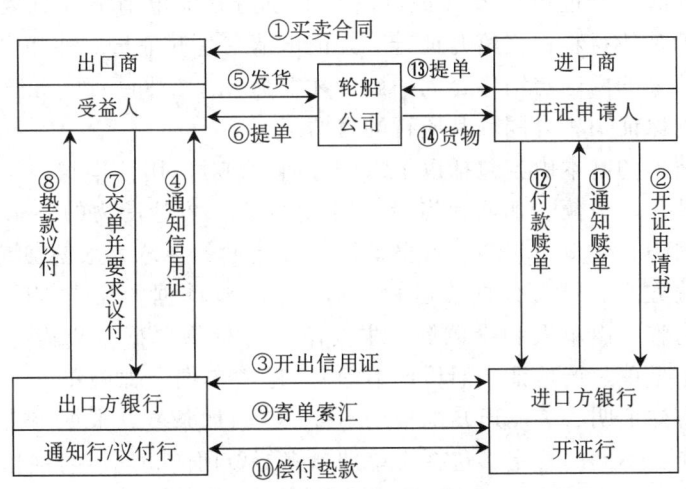

图 5-1 跟单信用证的业务程序

(1) 进口商根据贸易合同填写开证申请书,向开证行申请开立信用证。
(2) 开证行审核进口商的申请,接受后向通知行开出信用证。
(3) 通知行审核信用证后,制作信用证通知书将信用证通知给受益人。
(4) 受益人根据贸易合同审查、修改信用证,无疑义即发运货物,向指定银行交单,要求承付或议付。
(5) 指定银行审单合格后承付或议付,然后向开证行索偿。
(6) 开证行审单合格后偿付指定银行,然后通知进口商付款赎单。

微课:信用证的业务流程

教学活动1　信用证的申请与开立

【活动设计】

1. 学生两人一组，分别模拟进口商与开证行，完成信用证的申请与开立流程。

2. 组织课堂讨论，引导学生总结信用证的申请与开立中应注意的事项。

【基础知识】

一、进口商申请开立信用证

实训微课：进口商申请开立信用证

拓展阅读：信用证结算方式的支付条款

微课：跟单信用证申请书的填写

进口商与出口商签订销售合同，如果合同中约定采用跟单信用证作为结算方式，进口商就应按合同规定的时间、开证内容及要求向进口地银行申请开立信用证。申请开证时，开证申请人（进口商）要填写开证申请书（见表5-1），连同银行要求的其他材料，交给开证行。开证申请书是开证行对外开立信用证的依据，只有申请书的内容与销售合同一致，才能做到"证同一致"，避免改证的麻烦，真正达到保证销售合同顺利履行的目的。

开证申请书的基本内容包括以下六个方面：①对信用证本身的说明，如信用证的种类、性质、金额、到期地点及其有效期等。②对货物的要求，货物的名称、品种、规格、数量、包装、价格等。③对运输的要求，装运期限、起运地、目的地、运输方式、可否分批装运和转运等。④对单据的要求，明确单据的种类、名称、内容、出单人和份数等。主要单据有货物单据（以发票为中心，包括装箱单、重量单、产地证、商检证书等）、运输单据及保险单据，另外还有其他单据，如寄样证明、装船通知电报副本等。⑤附加条款，根据每一笔具体业务的需要，可作出不同的规定，包括交单期、银行费用的说明、对被指定银行寄单方式和索偿方法的指示等。⑥开证行对受益人和汇票持票人保证付款的责任文句。

二、银行审核进口商的开证申请

银行在收到进口商的开证申请后，先要进行审查。一是审查申请人的资信，是否为本银行客户，有无授信额度等，从而依据开证风险程度确定应收取保证金的比例；二是审查该进口交易是否符合国家外贸、外汇管制规定，是否获得了有效的进口许可证、外汇额度批文等文件。三是审查开证申请书，这是最主要的审查项目。开证申请书通常的审核标准如下：

（一）《开证申请书》表面的审核

（1）开证申请书背面须经申请人有效签章。

表 5–1　　　　　　　　　　跟单信用证申请书样本

（See box marked with "×" 用 "×" 在方框中标识）

APPLICATION FOR IRREVOCABLE DOCUMENTARY CREDIT
开立不可撤销跟单信用证申请书

Date 日期：_____

To: AGRICULTURAL BANK OF CHINA　　　BRANCH
致:中国农业银行　　　行

☐ Issued by mail 信开 ☐ With brief advice by teletransmission 简电开 ☐ Issued by teletransmission (which shall be the operative instrument) 电开	Credit No.信用证号码： Expiry Date 有效期： Expiry Place 有效交单地： ☐ In_____ （开证行所在国家/地区） ☐ In_____ （指定银行所在国家/地区） ☐ In_____ （受益人所在国家/地区）
Applicant 申请人：	Beneficiary(with full name and address)受益人(全称和详细地址)：
Advising Bank(if blank, at your option)通知行：	Currency and Amount(in figures & words)币种及金额(大、小写)

☐Place of taking in charge/Dispatch from…/Place of receipt 接管/从…发送/收货地
☐Place of final destination/For transportation to…/place of delivery 目的地/运至…/交付地

☐Port of loading 装货港 ☐Port of discharge 卸货港 ☐Latest date of Shipment 最迟装运日	☐Airport of departure 起飞机场 ☐Airport of destination 目的地机场

Instalment Shipment（Specify, if any）分期装运： （如有，请具体列明）		Credit available with 此证由_____bank（银行）by ☐ Sight Payment 即期付款 ☐ Deferred Payment at_____days after date___日后____天延期付款 ☐ acceptance 承兑 ☐ negotiation 议付 Against the documents required herein 连同下列所需单据, ☐and beneficiary's draft(s) ☐ at ____day(s) sight/☐at____days after ____date drawn on _____for _____% of invoice value. 及受益人按发票金额_____ %, 做成以_____为付款人，期限为_____ ☐见票后____天/☐_____日后_____天的汇票。
Partial shipments 部分装运 ☐ allowed 允许 ☐ not allowed 不允许	Transhipment 转运 ☐ allowed 允许 ☐ not allowed 不允许	
Trade term 贸易术语 ☐ FOB　　☐ CFR　　☐ CIF_____ ☐ FCA　　☐ CPT　　☐ CIP_____ ☐ Other(Please Specify)其他(请列明)_____		

Description of goods　货物描述：

This Credit is subject to Uniform Customs and Practice for Documentary Credits (2007 Revision) International Chamber of Commerce Publication No.600.
此信用证遵循国际商会第600号出版物《跟单信用证统一惯例》(2007年版本)

续表

Documents required:
☐Signed Commercial Invoice in____original(s) and in____copy(copies) indicating L/C No. and Contract No._____.
　　经签字的商业发票正本____份，副本____份，标明信用证号和合同号_____。
☐Full /☐_____set of clean on board Ocean Bill of Lading made out☐ to order /☐ to_____and blank endorsed, marked "freight ☐prepaid/ ☐to collect", ☐showing freight amount and notifying_____.
　　☐全套/☐____套清洁已装船海运提单做成☐空白抬头/☐_____为抬头、空白背书，注明"运费☐已付/ ☐待付"，标明运费金额，并通知_____。
☐Clean Air Waybill consigned to_____marked "freight ☐prepaid/ ☐to collect" notifying_____.
　　清洁空运单收货人为_____，注明"运费☐已付/ ☐待付"，并通知_____。
☐Insurance Policy/Certificate in full set for____% of the ☐invoice value/ ☐Value of goods, blank endorsed, indicate that the risks are covered at least between _____ (place of taking in charge or shipment) and_____ (place of discharge or final destination) showing claims payable at_____,in the currency of the draft, covering All risks, War risk_____.
　　全套保险单/保险凭证，按 ☐发票金额/ ☐货物价值的____%投保，空白背书，注明至少包括从_____（接管或发运地）到_____（卸货地或最终目的地）的风险，注明赔付地在_____，以汇票同种货币支付，投保一切险，战争险_____。
☐Packing List/Weight Memo in____original(s) and in____copy(copies) indicating quantity, gross and net weight of each package.
　　装运单/重量证明正本____份，副本____份，注明每一包装的数量、毛重和净重。
☐Certificate of Quantity/Weight in____original(s) and in____copy(copies) issued by_____.
　　数量/重量证明正本____份，副本____份，由_____出具。
☐Certificate of Quality in_____original(s) and in_____copy(copies) issued by_____.
　　品质证正本____份，副本____份，由_____出具。
☐Certificate of Origin in_____original(s) and in_____copy(copies) issued by_____.
　　产地证正本____份，副本____份，由_____出具。
☐Beneficiary's Certified copy of fax/telex dispatched to the applicant within_____day(s) after shipment advising L/C No., name of Vessel/flight No., date of shipment, name of goods, quantity, weight and value of goods.
　　受益人传真/电传方式通知申请人装运证明副本。该证明须在装运后_____天内发出，并注明该信用证号、船名/航班号、装运日以及货物的名称，货物的数量、重量和金额。
☐Other documents, if any （其他单据）：
Additional instructions（附加条款）：
☐All banking charges outside the Issuing Bank including reimbursing charges ☐and_____charges are for account of Beneficiary.
　　开证行以外的所有银行费用(包括可能产生的偿付费用及____费用)由受益人承担。
☐Presentation including original transport document(s) must be made within_____days after date of shipment but not later than the expiry date of Credit.
　　包含运输单据正本的单据，须在装运日后_____天内提交，但不得迟于信用证有效期。
☐Both quantity and Credit amount____% more or less are ☐ allowed ☐ not allowed.
　　数量及信用证额 ☐允许 ☐不允许 有____%的增减。
☐This is a usance L/C payable at sight basis by the Issuing Bank or the Paying Bank nominated by the Issuing Bank. Discount interest and other banking fees are for account of us.
　　本信用证为假远期信用证，由贵行或贵行指定的付款行即期对外付款，利息和其他银行费用由我公司承担。
☐The remaining _____ % of total _____ value will be paid against the presentation of the following documents:
　　总金额剩余的 _____ %凭以下单据付款。
☐Confirmation instruction: ☐Without　☐May add　☐Confirm
　　保兑指示：☐不加保　☐可以加保　☐保兑
☐Other terms and conditions, if any 其他条款
　　本信用证为履行第_____号进口合同开立,开证前应存开证保证金为开证金额的_____%，即（币种及金额大写）_____, 其余信用证金额申请减免保证金。本笔开证业务受编号为_____的 ☐减免保证金开证合同》/☐《减免保证金开证额度合同》的约束。
　　声明：我公司已对本申请书及其背面承诺书各印就条款进行审慎研阅，对各条款含义与贵行理解一致。我公司在此签章表示对本申请书及背面承诺书印就条款的接受，愿受其约束。

申请人的外币及人民币账户：　　　　　　　　申请人（签章）
开户行：_____
外币账号：_____　　　　　法定代表人
人民币账号：_____　　　　　或授权代理人
　　　　　　　　　　　　　　　　　　　　　　年　　月　　日

（2）开证申请书的内容要清楚、完整、合理，条款之间衔接、互不矛盾，金额没有涂改。如更改开证申请书内容，应要求开证申请人签章确认。

（二）《开证申请书》内容的审核

（1）信用证的开立方式。应明确电开或信开，电开证又有 SWIFT 开证和电传开证之分。

（2）开证申请人。应与合同的进口方一致。

（3）信用证受益人。应是合同的出口方或合同中指明的一方，受益人要有全称、详细地址、电话或传真号码等，以便通知行尽快将信用证通知受益人。

（4）信用证的有效期和有效地点。信用证有效期不应早于开证日期和最迟装运期。除背对背信用证和付款信用证外，信用证的有效地点一般在受益人所在国。

（5）信用证币种和金额。币种应为可自由兑换货币，金额大小写必须相符；如果信用证的金额非发票金额或合同金额，应注明汇票付款金额与发票金额的比例或直接注明付款金额（FOR X% OF INVOICE VALUE 或 FOR USDXXX）；如果申请书上注明金额及数量可增减或使用"约""大概"等类似词语描述信用证金额时，信用证保证金的收取金额或开证额度的扣减应以增减幅度的上限为准。

（6）付款期限和付款人。汇票的付款人不应做成开证申请人。

（7）信用证的种类。信用证种类与付款期限不矛盾。即期付款信用证和延期付款信用证原则上付款行为开证行；议付信用证可指定议付行亦可由任何银行议付；承兑信用证原则上承兑行为开证行。

（8）是否为可转让信用证。如果信用证为可转让信用证，应指定通知行为转让行，并要求其在转让后将转让细节通知开证行。

（9）最迟装运日期和交单期。最迟装运日期应不迟于信用证有效期。如未规定交单期，则交单期不得迟于装运日期后 21 天，同时应在信用证有效期内。

（10）分批装运和转运。申请书上应明确注明是否允许分批装运和转运。

（11）装运地/港和目的地/卸货港。在信用证要求海运提单且不允许转运的情况下，装运地和目的地都应是港口，即装运港和卸货港。

（12）价格条款。原则上适用 INCOTERMS 规定的条款。

（13）货物描述应尽量简洁明确，与合同上进口货物相同。

（14）单据条款。

①商业发票应注明提交正/副本单据的份数、签发人以及要求所载的内容等。

②运输单据。如为海运，一般要求提交全套海运提单；其他运输方式，相应要求提供航空运单、铁路运单、货物收据等。海运提单一般要求空白抬头或指示性抬头，并空白背书。如果是记名抬头，开证行可能不掌握物权。

③保险单据。如价格条款包含保险（CIF、CIP 等），应要求提供保险单或保险凭证，明确保险险别、币种、保险金额或比例、赔付币种金额等。银行原则上不接受暂保单。

④其他单据。如申请人要求商业发票、运输单据、保险单据以外的其他单据，应明确措辞和内容，否则受益人可提交任何内容看来满足其功能需要，并与

实训微课：银行审核进口商的开证申请

其他单据内容无矛盾的单据。要求提供的单据应明确出单人，否则只要单据表面符合信用证其他条款要求，且除受益人以外的任何人出具，银行都得接受。

（15）银行费用。应在开证申请书中明确开证行及国外银行费用由谁承担。

（16）特殊条款。如果申请人只是提出一些条件而未规定提交的单据时，应尽量要求客户将所提条件单据化，否则银行对这些条款可不予理会。

三、银行落实信用证备付款项

银行对外开立信用证，应视客户资信情况确定收取保证金的比例。对情况不明、热门商品（特别是已明显形成炒买炒卖的商品）的进口开证要谨慎处理，一般不宜办理减免保证金、押汇、发放贷款或其他融资业务。

（一）收取保证金

（1）凡申请人使用现汇作为信用证备付款项，银行应将其外汇存入保证金账户。

（2）凡申请人向银行提出购汇申请的，可根据申请人的委托和提示，或按当日牌价售汇，或收取人民币，转入相应的保证金账户备付。

（二）减免保证金

（1）使用银行贷款支付或银行信贷部门同意减免保证金开证者，凭银行信贷部门的证明减/免收保证金。

（2）使用授信额度开证者，应逐笔提交书面申请，按核定比率减免，同时扣减申请人的授信额度。

（3）备付款项已办理外汇买卖保值者，凭银行资金部门的通知或确认，免收保证金。

（4）凭有价证券或物权凭证等抵、质押开证，原则上应预先办理有关抵、质押手续，以物权凭证作抵押开证的，还应办理抵押登记。

（5）凭第三者担保开证，应确认担保的时效性、合规性及担保人的资格。

四、开证行开立信用证

银行对进口商的开证资料审核无误后，即可开立信用证。

（一）开证行开立信用证的掌握要点

（1）开证行开立信用证的正文内必须加注"依照《跟单信用证统一惯例》UCP600 开立"的文句，但使用 SWIFT 开证格式对外开证者除外。

（2）全电开证，不再邮寄证实书；简电开证，必须随即寄送证实书，证实书的内容与简电的有关内容一致。

（3）信用证的相关内容应与开证申请书一致，且各项条款必须明确无误。

（4）若开出的信用证允许电索，应在信用证偿付条款中加列收到索偿电××工作日付款字样，并要求议付行声明单证相符，以保证有足够的时间准备付汇资金。

实训微课：银行落实信用证备付款项

实训微课：开证行开立信用证

（5）对加列电索条款及指定偿付行条款的信用证，开证行应从严掌握。若信用证指定了偿付行，应严格执行国际商会第725号出版物《跟单信用证项下银行间偿付统一规则》。在对外开证的同时，应向指定的偿付行发出授权偿付书，授权该行凭被指定银行的索偿给予偿付，并应在信用证偿付条款中加列收到被指定银行电通知××工作日后起息字样，以保证有准备付汇资金的时间。

（6）信用证应明确寄单要求和收单行地址。

（7）信用证一经开立，应及时地将信用证副本送交开证申请人备查。

（8）信用证的档案至少应包括信用证副本、开证申请书、购买外汇申请书、使用开证额度申请书和有效凭证等有关文件，按信用证立卷。

（9）信用证开立后，应按银行有关规定收取开证手续费等费用。

（二）信用证的内容

目前信用证大多采用全电开证，各国银行使用的格式不尽相同，文字语句也有很多差别，但基本内容大致相同，主要包括以下几个方面：

1. 信用证本身的说明

（1）信用证的类型。信用证是否可保兑、是否可转让；UCP600取消了可撤销信用证的概念，所有信用证都是不可撤销的。

（2）信用证编号（L/C No.）。信用证编号是指开证行开证时的编号。

（3）开证地点和日期（Place and Date of Issue）。信用证开证地点是指开证行所在地；开证时间是指信用证开立的日期。按UCP600第七条规定，开证行自开立信用证时起，即不可撤销地受承付责任的约束。该规定明确了开证行责任的开始时间。

（4）有效期及到期地点（Expiry Date and Place）。信用证的有效期是指开证行限定受益人在货物装运后在规定期限内向议付行或付款行交单议付或付款的期限，或远期贸易规定受益人向承兑行交单要求承兑远期汇票的期限。到期地点是指受益人的交单地点，到期地点一般在出口地，这对受益人比较有利。到期地点如果在申请人所在地，受益人必须考虑寄单所需的时间以及所带来的风险。

2. 信用证的当事人

（1）必须记载的当事人：申请人（Applicant）、开证行（Issuing Bank）、受益人（Beneficiary）、通知行（Advising Bank）。

（2）可能记载的当事人：保兑行（Confirming Bank）、议付行（Negotiating Bank）、付款行（Paying Bank）、偿付行（Reimbursing Bank）等。

3. 信用证的金额和汇票

（1）信用证的金额（Currency Code，Amount），包括币别代号、金额、加减百分比等。一般使用世界上可自由兑换的货币，并用ISO制定的货币代号表示。信用证金额是开证行所承担的付款责任的最高数额，应分别用大写文字和小写阿拉伯数字表示。

（2）汇票条款。凡使用汇票的信用证，汇票条款的内容包括汇票的出票人、付款人、付款期限、出票日期、票面金额等。如不需要汇票的信用证，则无此项内容。

4. 货物描述（Description of Goods）

信用证中关于货物的内容有货物名称、规格、数量、包装等，通常在这一栏里还包括货物的单价、总价、贸易条件等。例如：1000 PCS OF HALOGEN FITTING W500. USD 7.50 PER PC AS PER SALES CONTRACT GW2020M06 DD22.11.2020. CIF TOKYO.

5. 运输条款（Shipment）

运输条款包括运输方式、装货港和卸货港、起运地和目的地、最迟装运日期、可否分批装运或转运。

6. 单据条款（Documents Required）

单据条款包括提交单据的种类、份数、内容要求等。基本单据包括商业发票、运输单据和保险单。其他单据包括检验证书、产地证、装箱单或重量单等。

7. 其他规定

其他规定包括对交单期的说明；对银行费用的说明；对被指定银行寄单方式和索偿方法的指示。

8. 责任文句

责任文句通常说明根据《跟单信用证统一惯例》开立以及开证行保证付款的承诺，但电开信用证可以省略。

(三) 使用 SWIFT 开证的具体工作

1. 选择通知行

如果开证申请人应出口商要求指定了通知行，且通知行与开证行有代理行关系时，应确定该行为通知行；如果开证申请人无特别指定或指定的通知行与开证行无代理行关系时，在征得开证申请人同意后选择受益人所在地与开证行有代理关系的银行作为通知行。

微课：SWIFT 信用证及其关键术语

2. 制作 SWIFT 报文

落实好开证条件后，即可制作 SWIFT 报文，一般采用标准的 MT700/ MT701 报文格式。MT701 是 MT700 的展报，即 MT701 报文展示的内容是作为 MT700 的继续和延展，与 MT700 报文内容不能有重复或出现冲突。只有在信用证内容超过 MT700 格式容量时，信用证才由一份 MT700 加上一份甚至多份（最多七份）MT701 组成。MT700 格式容量对大部分跟单信用证来说已经足够。

3. 开出信用证

SWIFT 报文制作完成后，通过 SWIFT 国际结算系统自动生成进口信用证业务编号，对外发送给通知行。

MT700 报文样式见表 5-2。

拓展阅读：MT700 和 MT701 报文格式

表 5-2　　　　　　　　　　MT700 报文样式

MT700	Issue of a Documentary Credit
SENDER：	BKCHUS33XXX
	Bank of China, New York Branch
RECEIVER：	BKCHCNBJ840
	BANK OF CHINA, JILIN PROVINCE
	Message Text
27： Sequence of Total	1/1
40A： From of documentary credit	Irrevocable
20： Documentary credit number	JL-2024576
31C： Date of issue	240725
40E： Applicable Rules	UCP Latest Version
31D： Date and Place of Expiry	Date 240910 Place China
50： Applicant	Philip Morris Company
	46-11 76th Street, Flushing, Queens, Ny, America
	Tel：001-212-6542316 Fax：001-212-6542312
59： Beneficiary	Changchun JINHUA Import and Export CO.
	NO. 7680 Renmin ST. Changchun, P. R CHINA
	Tel：86-431-85739058
32B： Currency Code, Amount	USD 222000,00
39A： Percentage Credit AMT Tolerance	05/05
41A： Available with... by..	Bank of China, Jilin Province
	By Sight Payment
42C： Drafts At...	Drafts at Sight for Full Invoice Value
42D： Drawee	Issuing Bank
43P： Partial Shipments	Allowed
43T： Transshipment	Allowed
44E： Port of Loading	Dalian China
44F： Port of Discharge	NEWYORK, AMERICA
44C： Latest Date of Shipment	240901
45A： Description of Goods/or Services	CFR NEWYORK by Sea
	Washed White Goose Down 90PCT
	N. W. 3000KGS　　USD74,00　　USD222000,00
	PACKING：200 CTNS
	G. W. 3250KGS
	Country of Origing：CHINA
46A： Document Required	
-Signed commercial invoice in 3 copies.	
-Full SET OF CLEAN ON BOARD OCEAN BILL OF LOADING MADE OUT TO THE ORDER OF CHANGCHUN JINHUA IMPORT AND EXPORT CO. NOTIFY APPLICANT.	

续表

> - Packing list in 3 copies.
> - TWO COPIES HEALTH CERTIFICATE OR VETERINARY CERTIFICATE ISSUED BY ENTRY – EXIT INSPECTION AND QUARANTINE OF THE PEOPLE'S REPUBLIC OF CHINA.
> - CERTIFICATE OF ORIGIN IN 1 ORIGINAL AND 2 COPIES.
> - COPY OF SHIPMENT ADVICE ISSUED BY BENEFICIARY INDICATING THE NAME OF ISSUING BANK, L/C NO, QUANTITY OF GOODS, VESSEL NAME AND AMOUNT. SUCH ADVICE MUST DIRECTLY BE SENT TO APPLICANT AND A COPY OF WHICH ALONG WITH ORIGINAL POSTAL RECEIPT MUST ACCOMPANY ORIGINAL DOCUMENTS SENT TO US.
>
> 47A：ADDITIONAL CONDITIONS
> - ALL DOCUMENTS MUST BEAR OUR CREDIT NUMBER EXCEPT ON THE B/L.
> - THE ISSUING DATE OF INSPECTION CERTIFICATE OF VETERINARY SHOULD BE PRIOR TO ON BOARD DATE.
> - CONTAINER NO. AND SEAL NO. MUST BE SHOWN ON THE B/L.
> - 5PCT MORE OR LESS IN QUANTITY AND AMOUNT ALLOWED AT SELLER'S OPTION.
> - A DISCREPANT DOCUMENT FEE OF USD75—FOR EACH SET OF DOCUMENTS WILL BE CHARGED BY APPLICANT.
> - INVOICE NUMBER AND DATE MUST BE MARKED ON THE B/L AND INSPECTION CERTIFICATE OF VETERINARY.
>
> 48：PERIOD FOR PRESENTATION
> DOCUMENTS TO BE PRESENTED WITHIN 15 DAYS AFTER THE DATE OF SHIPMENT, BUT WITHIN THE VALIDITY OF THE CREDIT.
>
> 49：CONFIRMATION INSTRUCTIONS　　　　WITHOUT
> 71D：CHARGES　　　　BANK CHARCES EXCLUDING ISUING BANKS ARE FOR ACCOUNT OF BENEFICIARY.

教学活动2　信用证的通知

【活动设计】

1. 通过【案例导入】，讲解信用证通知和保兑业务。
2. 学生两人一组，分别模拟通知行和出口商，完成信用证通知业务。
3. 组织课堂讨论，引导学生分析保兑行的风险，并探讨其防范措施。

【案例导入】

2024年12月15日，中国银行长春分行收到泰国A银行B分行的电开信用证，金额为120万美元，受益人为吉林东方贸易有限公司。银行审证员发现该证存在以下疑点：①该证没有加押证实，仅在来证中注明"本证将由美洲银行来电证实"；②该证装运期和有效期在同一天，且离开证日期不足一星期；③来证要求受益人发货后，速将一套副本单据随同一份正本提单用DHL快邮寄给申请人；④该证为见票30天付款，且规定受益人可按年利率11%索取利息；⑤用证申请人在泰国，而收货人却在马来西亚；⑥来证电传号不合常理。

针对这几个疑点，长春中行一方面告诫吉林东方贸易有限公司"此证密押不符，请暂缓出运"，另一方面，赶紧向总行国际部查询，回复："查无此行"。稍后，却收到署名"美洲银行"的确认电，但该电文没有加押证实，于是该中行设法与美洲银行驻京代表处联系，请示协助查询，最后得到答复："该行从未发出确认电，且与开证行无任何往来"。至此，终于证实这是一起盗用第三家银行密押的诈骗案。

思考：在通知信用证时，通知行需要注意哪些事项？

【基础知识】

被要求通知或转递信用证的银行没有义务一定要执行开证行的指示，但必须将拒绝通知或转递的情况及时通报开证行。如果通知行决定照办开证行的指示，则需按如下规则进行操作。

一、审核信用证表面真实性

通知行收到国外开证行开来的信用证后，应首先核对信用证上的密押、印鉴是否相符，以确定信用证的表面真实性。与经办行有印押关系的开证行来证，应由经办行印押部门核对印押；与经办行没有直接密押关系、但与总行有密押关系的开证行来证，经办行应迅速与总行清算中心密押室联系，请其帮助核对密押；如属信开信用证，经办行与开证行只交换密押而未交换签字样本的，经办行可要求开证行用加押电传或SWIFT方式确认来证的真实性；如非总行代理行来证，经办行应用电讯方式迅速与有关银行联系，请其代核印、押；如系国内其他银行转来的信用证，经办行应通过电讯方式迅速与转证行联系，确认信用证的印押是否相符。

经审核，若印押相符，在信用证正本上加盖"印押核符"章。若印押不符，应向开证行查询。此种情况下，如将信用证通知受益人，须在信用证正本上注明"印押不符，出运前请洽我行"字样。待印押查符后，立即通知受益人。

二、来证登记

信用证印押核符后，通知行应按一定规律编制信用证通知业务参考号。在登记簿上登记开证行名称、开证日期、信用证号、受益人名称、币种金额、装效期等主要内容。如为简电预通知，在印鉴核符后，通知行应按信用证正本登记方式进行登记，并在后来邮寄的简电证实书上加注有关简电预通知的同一通知业务流水号。

实训微课：通知行登记信用证

三、审核信用证

审证是信用证业务中一个非常重要的环节。通过审证可以发现信用证与合同是否相符,如果不符可以要求申请人经开证行修改或撤销。审证是受益人提出改证和撤证的前提。另外,通过审证还可防止国际贸易中一些不法商人伪造信用证来进行欺诈活动。

UCP600 第 9 条 b 款规定,通知行的责任有两个:一是审核信用证的表面真实性;二是向受益人准确地反映信用证的内容。这就意味着,审核信用证条款不是 UCP600 赋予通知行的责任,但审证工作任务艰巨,要求业务人员要具备敏锐的洞察力、丰富的国际贸易知识和有关的法律知识。由于出口企业业务人员审证经验有限,对某些项目,如信用证生效期、信用证"软条款"等的判断和识别能力较弱,因此,通知行应主动帮助出口商审核信用证,提醒出口商注意某些条款的潜在风险,这样做既有利于维护银企关系,保证出口商的正当权益,又有利于维护一国对外贸易的健康发展。

通知行审证侧重于与收汇有关的问题,以保证货物出口后能安全收汇。通知行收到国外来证后,应考虑进口国的政治经济形势与开证行的资信以决定是否通知信用证;如决定通知信用证,必须谨慎仔细地审查信用证的表面合理性。

1. 来证国家或地区风险的审核

来证国家或地区必须是一国对外政策能接受的国家或地区。信用证不能含有不符合一国政策的条款或对一国有歧视性的内容。如存在此类条款和内容,通知行应视不同情况,向开证行提出交涉或要求其修改。

2. 开证行资信的审核

对开证行资信的审核是保证安全收汇的重要环节,如开证行与通知行已建立代理行关系,可参照通知行关于代理行风险管理的相关规定审核开证行资信;如开证行同通知行无代理行关系,应由通知行相关业务部门审查开证行的资信、背景,然后通过有效途径核实来证的表面真实性。

3. 信用证性质的审核

(1) 首先审核信用证是否注明"不可撤销"字样。

(2) 对于第三家银行保兑的信用证,要检查证内有无保兑行的名称和明确的保兑条款,并认真审核保兑行的资信状况。

(3) 可转让信用证需注明"TRANSFERABLE"字样。

(4) 如为可循环信用证,应注意是自动循环、半自动循环还是非自动循环。

(5) 背对背信用证应注意其有效地点及交单时间,还应注意有无限制议付条款。

4. 信用证一般内容的审核

(1) 审核开证日期和开证地点是否齐全、正确,发现遗漏或其他问题应及时要求开证行澄清。

(2) 审核信用证受益人的名称和地址是否齐全、正确,如出现不全或严重错误，应立即电洽开证行要求其证实。

（3）信用证装运期和交单期的审核。

如果信用证规定的装运期太近或信用证没有规定最迟装运期，即最迟装运期与有效期为同一天，应提醒出口商注意提早装货或延长有效期；如果信用证没有明确交单期，根据 UCP600 的规定，则应在装运日后 21 天内交单，但不能超过信用证有效期。

（4）信用证到期地点的审核。如信用证规定的到期地点非受益人所在地，通知行应提醒受益人注意提前交单或要求申请人将到期地点修改为受益人所在地。

（5）审核信用证的金额与数量。信用证所用货币必须是可自由兑换货币。如金额和数量有增减幅度，应审核其增减幅度是否一致，或是否符合 UCP600 中的解释。

5. 信用证其他条款和特殊条款的审核

（1）信用证各项条款必须清楚完整，前后一致。若有词句、字义含糊不清，条文残缺不全，条款与条款之间互相矛盾或存在其他对受益人不利的条款，均应及时提请受益人注意，或要求开证行澄清或修改。

（2）信用证项下的一切银行费用，一般均由申请人承担。如信用证规定费用由受益人负担，应提请受益人注意。如不接受，应及时联系申请人修改信用证。

（3）对有条件生效的信用证应提请受益人注意，待生效通知到达后，才能办理货物出运。

（4）信用证的付款保证条款是否符合国际惯例，对于索汇路线曲折迂回以及其他影响快速安全收汇的条款，须及时提请受益人注意。

（5）信用证上固定印好的条款、信用证空白处、边缘处以及背面加打填写或用图章加注的文字都是信用证条款的重要组成部分，要认真审查。

（6）如开证行要求通知行对其开具的信用证加具保兑，通知行应酌情考虑是否加具保兑。如果不加保兑，应立即通知开证行。除非开证行在保兑授权或要求中另有规定，通知行可将信用证通知受益人，但必须注明"此证本行未加保兑"。

四、通知信用证

审证完毕后，通知行缮制《信用证通知书》（见表 5-3），并在信用证正本上加盖信用证通知专用章。现在信用证通知书一般由银行国际结算系统生成，一式两联，第一联连同信用证正本通知受益人，第二联连同信用证副本由通知行留底存档。对于简电预通知，通知行应在信用证通知书上注明"此系简电预通知，凭简电证实书交单/议付"词句，以提请受益人注意。

一般来讲，通知行须在 2 个工作日内将信用证正本通知受益人。不论以何种方式通知受益人，均应由收件人签收回单存档备查。

实训微课：缮制《信用证通知书》

表 5-3　　　　　　　　　　　信用证通知书

中国银行
BANK OF CHINA

Office:
Address:

信用证通知书
ADVICE OF A DOCUMENTARY CREDIT

日期（Date）：_____　　　我行编号（Our Ref.）：_____
信用证号码（L/C No.）：_____　　日期（Issuing Date）：_____
金额（Amount）：_____
申请人（Applicant）：_____
装运期（Shipment Date）：_____　　有效期（Expiry Date）：_____
根据下列银行的指示：_____

我行现将有关的内容通知如下（见附件）We advice you as follows：
□ 正本信用证。An original Documentary Credit.
□ 简电信用证。Pre-advice of a Documentary Credit.
□ 信用证证实书。Mail conformation of the Documentary Credit.
□ 信用证修改。Original amendment to the Documentary Credit.
□ 我行对信用证加保兑。This Documentary Credit bears our conformation.
□ 该信用证限制在我行。This Documentary Credit is restricted to us.
□ 我行只做通知，不承担其他任何责任和义务。We advise above conveys no engagement or obligation part.

中国银行
FOR BANK OF CHINA

教学活动 3　信用证的修改

【活动设计】

1. 通过【案例导入】，讲解信用证修改的基本理论知识和业务操作要点。
2. 学生三人一组，搜集并讨论信用证修改相关案例，并选派代表对案例进行分析。

【案例导入】

杭州弘扬贸易公司出口一批丝绸服装，合同规定以不可撤销的即期付款信用证结算货款。买方在合同规定的开证时间内将信用证开给杭州弘扬贸易公司，公司审核后发现，信用证中单据条款与合同不一致。为争取时间，尽快将信用证修改完毕，以便办理货物的装运，杭州弘扬贸易公司立即电告开证行修改信用证，并要求将信用证修改书直接寄交该公司。

思考：杭州弘扬贸易公司的做法是否正确？如不正确，可能产生什么后果？

【基础知识】

出口商（受益人）收到通知行传递的信用证，应立即进行审查，如发现与合同不符或存在无法接受的条款，应及时与申请人联系，请求其修改信用证。

一、出口商（受益人）审证

出口商一般依据销售合同、收证时的政策法令、备货和船期等实际情况进行审证，主要审查信用证与合同的一致性、信用证条款的可接受性以及价格条款的完整性等，其审证重点是与买卖双方交货和运货行为等有关的条款，以保证按合同交货。具体审核内容有：申请人、受益人的名称和地址是否准确；通知行是何种身份，即是否为付款行、限制议付行、保兑行等；信用证的类型（是否可转让等）；信用证的生效性；信用证金额是否准确；货物描述的关键性单词是否有拼写错误或者所指是否明确，与合同中的货物名称、规格、尺码、花色等是否一致；价格条件是否与合同相同；起运地与目的地是否清楚，有无明确的装运期和有效期等。

实训微课：出口商（受益人）审证

二、信用证的修改

（一）信用证修改要求的提出

UCP600第十条（a）款规定"除本惯例第三十八条另有规定外，凡未经开证行、保兑行（如有）以及受益人同意，信用证既不能修改也不能撤销。"从表面上看，信用证的修改要求都是由进口商向开证行提出，实际上信用证的修改也可能由其他当事人提出，但不论是谁提出修改要求，一般都须遵循信用证原来的寄送途径。信用证修改要求的提出一般有三种情况。

1. 出口商提出修改要求

当信用证条款与合同不符，或某些条款受益人认为无法办到时（如信用证规定不准转运，但轮船公司并无直接船只到达目的港），出口商可能提出修改；或者出口商审证后，发现信用证存在某种问题或风险，即与对方商议修改。实务中对信用证提出修改要求的大多是出口商。

2. 进口商提出修改要求

进口商提出信用证修改要求既有主观原因也有客观原因。主观原因可能是由于本国或国际形势发生变化，在签订贸易合同时，进口商对国内销售形势估计和预测有误，从而要求修改信用证，如降低单价、增加或减少货物数量等。客观原因可能是进口国临时改变进口政策，要求进口货物必须出具某种单据才允许进口，此时进口商只能提出修改信用证，要求出口商提供该种单据。

3. 开证行提出修改要求

开证行在开出信用证时由于经办人员工作失误，将字母打错或地名打错或遗漏某个项目等，事后若发现开证行也会提出修改。

(二) 信用证修改应掌握的原则和注意的问题

(1) 不可撤销信用证的修改必须征得各方当事人的同意。

(2) 在同一信用证中，如有多处需要修改，原则上应一次提出。

(3) 开证行发出修改通知后不能撤回。

(4) 修改书必须经原通知行传递方始有效。

(5) 保兑行有权对修改内容不保兑，但它必须毫不延误地将该情况通知开证行及受益人。

(6) 受益人应对信用证的修改书做出接受或拒绝的表示，如不表示意见，可通过其提交的单据来判断是否接受修改。

(7) 当同一信用证修改书上涉及两个或两个以上的修改条款时，不允许部分接受修改，部分接受修改将被视为拒绝接受修改。

(三) 信用证修改的程序

1. 开证申请人提出修改申请

当受益人接洽申请人要求修改或开证申请人要求修改信用证时，申请人要向开证行提出修改申请，填写信用证修改申请书。《信用证修改申请书》(见表 5-4) 的内容主要包括两个方面：一是被申请修改的信用证的情况，如信用证的号码、受益人名称及地址、通知行等；二是关于修改的指示。

2. 开证行审核与修改

(1) 审核。开证行接到《信用证修改申请书》后，应根据申请书所列的信用证号码进行审核。主要审核内容有：若修改涉及原证的有效期、金额、商品等超出了原有效凭证规定范围，需提交符合该修改条件的有效凭证；增加信用证金额的修改，如对外支付需从银行购汇者，还须提交购买外汇申请书；修改涉及提交有效商业单据或增额等，有关落实备付款项的审核与申请开证时相同；对申请人其他修改指示的审核，应掌握修改后的条款不应与信用证其他条款相抵触。

(2) 修改。开证行审核后，要制作信用证修改书 (SWIFT 电文格式是 MT707)，通过原通知行通知给受益人。开证行制作信用证修改书时须注意：修改书中要注明本次修改的次数；修改书中若因增加金额、延长付款期限而超过自身权限者，应办理报批手续；如原证的偿付指示为向指定的偿付行索汇，修改涉及延展有效期、增加金额者，应将修改书内容通知偿付行；如果修改申请书中规定修改费用由受益人承担，而受益人又拒绝该项修改的，则向开证申请人收取费用。

3. 通知行通知信用证修改

通知行收到修改书后，首先要审核修改书的表面真实性，再依据原信用证，仔细审核修改后的条款是否一致，修改内容是否清楚、完整、合理，如发现问题，应及时提请受益人注意，或联系开证行澄清。最后，通知行缮制信用证修改通知书，向受益人发出修改通知。

4. 受益人审核信用证修改

受益人收到修改书后，应表示是否决定接受修改。如果同意接受，则信用证项下的修改自此生效。如果受益人拒绝接受修改，将修改通知书退回通知行，并

拓展阅读：
MT707 报文升级内容逐项解析

拓展阅读：
MT707 报文格式

案例分析：信用证修改

表 5-4

APPLICATION FOR AMENDMENT TO DOCUMENTARY CREDIT
信用证修改申请书

编号：

To: AGRICULTURAL BANK OF CHINA　　　　　BRANCH
致：中国农业银行　　　　　　　　　　　　　行

Credit No. 信用证号码	No. of Amendment 修改次数
Applicant 申请人	Advising Bank 通知行
Beneficiary (before this Amendment) 受益人（在本次修改前）	Currency and Amount (in figures & words) 币种及金额(大、小写)

The above-mentioned Credit is amended as follows（See box marked with "×"）：
上述信用证修改如下(用"×"在方框中标识)：

☐ The latest shipment date extended to＿＿＿＿＿＿／＿＿＿＿＿＿／＿＿＿＿＿＿(YY/MM/DD)
　最迟装运日期延长至（年/月/日）

☐ Expiry date extended to＿＿＿＿＿＿／＿＿＿＿＿＿／＿＿＿＿＿＿(YY/MM/DD)
　有效期延长至(年/月/日)

☐ Amount ☐ increased/ ☐ decreased by＿＿＿＿＿＿＿to＿＿＿＿＿＿＿
　金额　☐ 增/ ☐ 减　　　　　　　　　至

☐ Other terms or see attachment(s)：其他或详见附件
　Banking charges:　银行费用

☐ Banking charges are for account of Beneficiary； ☐ Banking charges are for account of Applicant
　银行费用由受益人承担　　　　　　　　　　　　　银行费用由申请人承担

All other terms and conditions remain unchanged.
所有其他条款不变。

☐ 本次修改增加金额部分应存保证金为增加金额的＿＿＿％，即（币种及金额大写）＿＿＿＿＿
＿＿＿＿＿＿＿＿＿＿＿＿＿＿＿＿，其余增加金额申请减免保证金。

☐ 本笔信用证修改受编号为＿＿＿＿＿＿＿＿＿＿＿＿＿＿＿的☐《进口开证合同》/
☐《进口开证额度合同》约束。

　　　　　申请人、担保人声明：贵行已依法向我方提示了本申请书及其背面承诺书相关条款（特别是黑体字条款），应我方要求对相关条款的概念、内容及法律效果做了说明，我方已经知悉并理解上述条款。

担保人表示同意继续担保	申请人 （签章）
担保人 （签章）	
法定代表人	法定代表人
或授权代理人	或授权代理人
年　月　日	年　月　日

第一联 银行结算部门留存

This Amendment is subject to Uniform Customs and Practice for Documentary Credits(2007Revision) International Chamber of Commerce Publication No600.
此信用证修改遵循国际商会第600号出版物《跟单信用证统一惯例》(2007年修订版本)

附表示拒绝接受修改的书面文件，则信用证项下的修改视为无效。但受益人要注意：对同一修改内容的部分接受是不允许的，部分接受修改将被视为拒绝接受修改。

UCP600 第十条 c 条款规定："在受益人向通知修改的银行表示接受该修改内容之前，原信用证（或包含先前已被接受修改的信用证）的条款和条件对受益人仍然有效。受益人应发出接受或拒绝接受修改的通知。如受益人未提供上述通知，当其提交至被指定银行或开证行的单据与信用证以及尚未表示接受的修改的要求一致时，则该事实即视为受益人已做出接受修改的通知，并从此时起，该信用证已被修改。"

教学活动 4　信用证的交单与偿付

【活动设计】

1. 通过【案例导入】，讲解出口商交单及银行审单基本知识。
2. 学生四人一组，分别模拟出口商、被指定银行、开证行和进口商，完成信用证交单偿付业务。
3. 组织课堂讨论，引导学生分析单证审核中如果发现不符点，各方当事人应如何处理。
4. 学生分组搜集银行审单案例，结合案例总结银行审单注意事项，提交小组总结报告。

【案例导入】

2024 年 5 月 23 日，沈阳瑞霖商贸公司收到法国甲银行开来的信用证，证中规定：最迟装船日期是 2024 年 6 月 15 日，信用证有效期是 2024 年 6 月 30 日，交单期为提单日期后 15 天但必须在信用证的有效期之内。因为货源充足，沈阳瑞霖商贸公司审证无疑义后，随即将货物出运，提单日期为 2024 年 5 月 29 日。6 月 18 日，沈阳瑞霖商贸公司将准备好的全套单据提交议付行中国建设银行沈阳分行请求办理议付，议付行审单后拒绝议付。

思考：中国建设银行沈阳分行拒绝议付的理由是什么？

【基础知识】

一、受益人交单

受益人接受信用证后，应按信用证规定发运货物，在取得运输单据、保险单据和各种检验证书等单据后，就要按信用证要求缮制汇票、发票、装箱单等，然后将全套单据提交给指定银行。受益人交单时，应注意以下三点：

1. 要在规定时限内交单

受益人提交单据要在信用证的有效期、交单期以及指定银行营业日内办理。

实训微课：受益人交单

如果信用证中没有规定交单期，UCP600规定最迟交单日为装运日后的21天；如果信用证的截止日或最迟交单日适逢接受交单的银行非因不可抗力的原因而歇业，则截止日或最迟交单日顺延至其重新开业的第一个银行工作日。

2. 要做到"相符交单"

UCP600第二条规定："相符交单是指与信用证条款、本惯例的相关适用条款以及国际标准银行实务一致的交单。"这说明相符交单不再是国际结算中传统的"单证一致、单单一致"，而是一个被扩大了的含义，即受益人提交的单据不但要做到"单证一致、单单一致"，而且要做到与UCP600的相关适用条款相一致，同时还要做到与《国际标准银行实务（ISBP）745》一致，只有同时符合以上三个方面的要求，受益人所提交的单据才是相符单据。

案例分析：交单期

拓展阅读：ISBP745

3. 要在交单地点交单

UCP600第六条规定："可以有效使用信用证的银行所在的地点是提示单据的地点。对任何银行均为有效的信用证项下单据提示的地点是任何银行所在的地点。不同于开证行地点的提示单据的地点是开证行地点之外提交单据的地点。"即付款行、承兑行、指定议付行所在地是交单地点，开证行所在地也是交单地点，而自由议付信用证的交单地点则是任何银行所在地点。

二、被指定银行审单

被指定银行收到单据后，应立即按照信用证规定进行审核，并在规定期限内将审核结果通知受益人。

1. 接单

（1）受益人向被指定银行交单时应随附交单委托书以及全套正本信用证。

（2）受益人交单后，被指定银行应检查交单委托书内容是否齐全，有否签章。若受益人首次向被指定银行交单，还应要求受益人提供授权经营进出口业务的营业执照、有关账号等。

实训微课：被指定银行审单

（3）被指定银行应根据交单委托书核对受益人提交单据的种类、份数，并签收登记。

（4）被指定银行审核交单委托书，要注意是否有对某次修改的拒绝，是否声明单据存在不符点，是否有不符点担保函，是否要求被指定银行办理押汇、贴现及是否附有押汇申请书和贴现申请书等。

2. 审单原则及业务处理要点

（1）审单原则。单据审核作为信用证业务的核心环节，是银行承付信用证的重要依据，是银行对于信用证业务进行风险控制的关键。信用证是银行有条件的付款承诺，这个条件就是单证相符，因此，单据审核至关重要。银行审单时应遵循以下基本原则：

一是遵循合理谨慎原则。信用证是一项自足性文件，信用证业务中银行只处理信用证要求的相关单据，且只审核单据表面的相符性，相关银行在审单过程中必须要合理谨慎地进行。所谓"合理谨慎"，可以理解为一个普通审单人员在审

思政课堂：厚植爱国主义情怀——破解"一带一路"中资企业收付难

单时应该诚实守信、具有职业操守和专业水准、审单时行事为同行认可、符合行业习惯，这是银行审单的一个基本原则。

二是遵循单据化原则。UCP600 第五条规定：银行处理的是单据，而不是单据所涉及的货物、服务或其他行为；第十四条 a 款规定：按照指定行事的被指定银行、保兑行（如有）以及开证行必须对提示的单据进行审核，并仅以单据为基础，以决定单据在表面上看来是否构成相符提示。这两个条款说明，信用证业务中银行处理的只是信用证要求的单据，并且只能以单据为依据。如果受益人提交的单据符合信用证规定，满足"单证一致、单单一致、表面相符"，银行就必须付款。另外，第十四条 g 款、h 款还规定：银行对于信用证中未列明的单据可以退回交单人，对于信用证中的非单据化条件不予理会，即银行在审核时仅以信用证要求的单据为依据，不得以单证以外的理由或因素为依据。

三是遵循表面相符原则。UCP600 第三十四条规定：银行对任何单据的形式、充分性、准确性、内容真实性、虚假性或法律效力，或对单据中规定或添加的一般或特殊条件，概不负责；银行对任何单据所代表的货物、服务或其他履约行为的描述、数量、重量、品质、状况、包装、交付、价值或其存在与否，或对发货人、承运人、货运代理人、收货人、货物的保险人或其他任何人的诚信与否，作为或不作为、清偿能力、履约或资信状况，也概不负责。此条款说明信用证业务中，银行只审查相关单据表面的相符性，对于货物及单据的其他内容是否真实并不负责。另外，在 UCP600 第二条定义中，对"相符交单"也做了简单的概括，即单据必须与信用证条款、UCP600 中的相关条款以及国际标准银行实务相符。与之前的版本相比，UCP600 体现了审单标准宽松化的倾向，单证之间并不要求"完全一致"（Identical），仅要求"不矛盾"（Not Conflict），使得银行在单证审核时，可以更灵活地处理，从而既显示了信用证的公平性和信誉度，又保证了其高效性和迅速性。

四是遵循独立原则。信用证业务基于买卖合同，但又独立于买卖合同。信用证一旦被受益人接受，开证申请人与开证行之间，以及受益人与开证行之间就各自形成了独立于买卖合同的契约关系。若单据表面与信用证条款不符，银行可自行做出判断和决定，如：拒收单据（Refuse the Documents），而不是与其他任何人，尤其是开证申请人协商决定或共同决定，更不能让其他人单独决定。根据 UCP600 的规定，开证行的银行工作人员审查单据以决定银行是否付款，不必也不应该到现场调查并确定基础合同是否已经履行。

五是遵循合理时间原则。UCP600 第十四条 b 款明确了银行的审单时限，规定 5 个银行工作日是审单的最长时限，该期限不因单据提示日适逢信用证有效期或最迟提示期或在其之后而被缩减或受到其他影响。开证行、保兑行（若有）或被指定银行均享有自收到单据的次日起 5 个银行工作日的合理时间审核单据，以决定接受或拒受单据并通知寄送单据的一方。5 个工作日对银行而言，既是一种权利，也是一种义务，若审单时间超过该时限，银行只能接受单据。该原则是对审单银行的一种约束。

（2）业务处理要点。

①依据信用证条款，按照"单证一致、单单一致、表面相符"的原则以及 UCP600 和 ISBP745 的规定审核单据。

②是否办理出口押汇应根据有关规定决定。如办理出口押汇，寄单面函应作相应表述并收取押汇费；如不办理出口押汇，寄单面函注明收取验单费即可。

③如信用证经其他银行保兑，且保兑行要求见单付款者，被指定银行应将单据寄保兑行。如无此要求，则按信用证规定寄单索汇。

④被指定银行应在收到单据的 5 个工作日内决定是否接受单据和付款。若单据有不符点，应以快捷方式通知受益人或提示行，并说明单据已代为保管听候处理或已退受益人或提示行。

⑤单据审核完毕，被指定银行应在信用证正本背面做相应批注，然后将全套信用证正本退给受益人。

3. 审单方法

银行审单的方法是"有序排列、先纵后横（如图 5 – 2 所示）"。审单时，审单人员一般将审单记录表放在桌面右边，把单据放在桌面中间，单据的顺序是：汇票、商业发票、包装单……倒数第二个是保险单据、倒数第一个是运输单据。要有固定的开头次序和固定的末尾次序，中间次序任意，然后把信用证放在桌面左边。在审单过程中，审单人员还会采用"先数字、后文字""先简后繁""先读后审"等做法来确保准确率及提高效率。

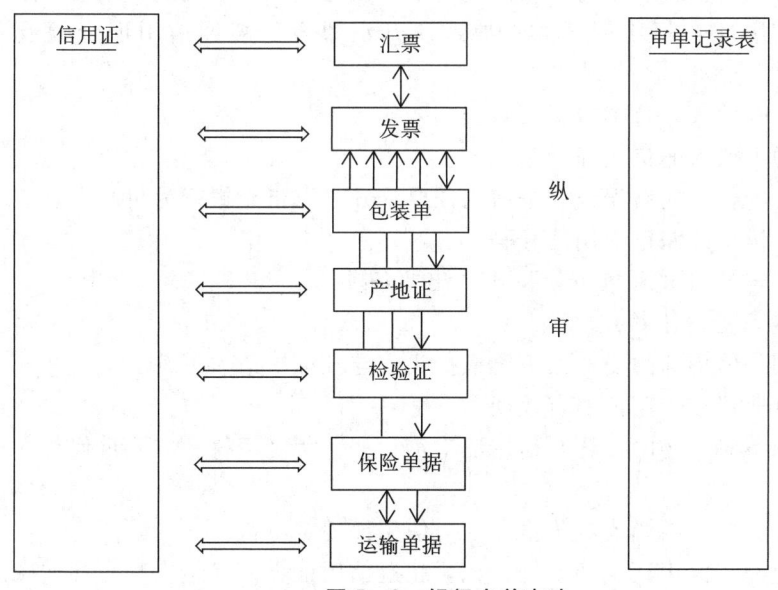

图 5 – 2　银行审单方法

（1）横审。横审是以信用证为核心，通过对比信用证与单据的种类和内容，确定是否满足"单证一致"。如果遇到信用证未规定的单据，应退回给交单人。具体为：①信用证如有修改，应查看受益人对于修改通知书有无书面表示拒绝接受。如果没有，则以修改后的条款核对有关单据。若是符合修改条款，表明受益人接受修改；若是符合修改前条款，表明受益人拒绝修改。②将信用证从头到尾阅读一遍，每涉及一种单据，立即与该单据核对，以达到单证一致。③阅读信用证文句，并与单据核对。发现不符点要立刻记录在审单记录表上，千万不要在对整个信用证审核完毕后，一次性写出全部不符点，因为那样做很容易遗忘个别不符点。④审核完毕的单据反转放置在桌面中间、未审单据前面，待全套单据审完，将已经反转放置单据翻过来即可恢复原状。未被审核的单据就是受益人交来的信用证未规定的单据，应退还受益人。

（2）纵审。纵审是以商业发票为中心，将其他单据一一与之对照，再将其他单据相互之间进行核对，查看是否满足"单单一致"。具体为：①以发票为中心，与其他单据逐个核对。先将被核对的单据全部阅读一遍，对涉及发票的内容进行核对，查找是否有不一致的内容。②将运输单据与保险单据进行核对，查找是否有不一致的内容。③将其他单据相互之间进行核对，查找是否有不一致的内容。如产地证上的收货人信息是否与运输单据中的收货人一致。

4. 单据不符点

如果受益人提交的单据同时满足信用证的条款、UCP600条款以及ISBP745的要求，则交单构成相符交单；如果受益人提交的单据与上述三者中的任一条款或条件相矛盾，则单据中存在不符点。信用证方式下单据常见的不符点有：

（1）汇票常见的不符点。

①汇票的出票日期迟于信用证规定的有效期。

②汇票规定的付款期限与信用证规定不符或远期汇票的到期日未能确定。

③未按信用证金额比例开立汇票或所开汇票金额超过信用证金额或金额不足。

④汇票的收款人未背书或背书有误。

⑤汇票的出票人非信用证受益人。

⑥汇票上的付款人有误或未按信用证要求开立以指定银行为付款人。

⑦汇票上错记或漏记信用证号码。

⑧未按规定列出"利息条款"或"出票条款"。

（2）发票常见的不符点。

①出票人与信用证的受益人不符或抬头人与开证申请人不符。

②发票日期迟于信用证的有效期。

③商业发票对货物的描述与信用证不符，如：货名不符、以毛重代替净重计价等。

④单价超出规定的幅度或价格条件与信用证规定不符。

⑤发票金额与信用证金额不符，如：超过信用证金额或超出其允许增减的范围等。

⑥发票金额与汇票金额不符。

⑦商业发票所列的装运条件不正确，如：在信用证禁止分批的情况下，发票做成分批装运；或信用证规定分批的情况下，未按信用证规定分批装运。

⑧商业发票的参考号码与信用证不符。

案例分析：有关单据的认识问题

⑨在信用证未授权的情况下，发票货物说明中有"已用过""二手货""重新装配"等字样。

⑩提交发票的份数不足或信用证要求签字而未签字。

（3）海运提单常见的不符点。

①提单上有不良批注。

②收货人名称、被通知人、所列货物或唛头与信用证要求不符。

③无"已装船"证明，或"已装船"批注没有标明日期，或批注日期迟于信用证规定的装运期。

④提单未在有效期内提示。

⑤提单上的起运港、卸货港、转运路线、装运船舶国籍等有关装运细节条款与信用证规定不符。

⑥提单上未注明运费已付还是未付，或未按信用证规定证明运费支付金额。如：信用证规定的价格条件为 CIF 或 CFR 时，提单上未有"运费已付"字样。

⑦提单未按信用证规定背书或背书有误。

⑧违反信用证规定而使用租船提单。

⑨提单上有"货装甲板"批注。

⑩信用证禁止转运时提交转运提单；或信用证规定允许转运时提单所示转运港口与信用证规定港口不符。

⑪未按信用证规定提交全套正本提单。

⑫信用证规定须提交直接提单，但提交的是指示性提单。

⑬信用证要求提单副本须签字，但所提交的提单副本上却没有签字。

⑭提单上的数量与信用证规定不符，如存在溢短装情况。

⑮提单上的特别记载非信用证所允许。

（4）保险单据常见的不符点。

①提示的保险单据种类、承保公司或保险种类与信用证要求不符。

②保险项目少于信用证规定的投保险类。

③保险单上的货物描述与信用证不符。

④保险金额或币别与信用证要求不符。

⑤保险日期迟于装运日期或投保生效日期晚于提单日期。

⑥保险单/保险凭证未背书或背书不正确。

⑦保险单的受益人、理赔地点、装运港或卸货港与信用证规定不符。

⑧保险单上的唛头和件数与提单不符。

⑨信用证规定应向保险公司提交起运通知书时未照办。

⑩未提交全套保险单据。

⑪保险单的更正处未见有更正章或签名。

（5）其他单据常见的不符点。

①装箱单。如：所列货物的重量、体积、件数、商品名称等与其他单据不符；包装方法与发票所列不符；每件包装单位的内容未按信用证要求分开列明。

②重量单。如：单据彼此间的唛头不符；未注明每件包装重量；内容与其他

单据不符。

③产地证。如:货物名称与信用证不符;签发机构与信用证规定不符;没有签署;份数不足;产地证日期迟于信用证有效期限。

④各种检验证书。如:种类、签发人与信用证不符;填写项目不全;所列内容与其他单据不符;所列检验结果与信用证要求不符。

(6) 其他方面常见的不符点。除了上面列明的各种单据的具体不符点之外,还需要注意以下问题造成的不符:

①单据未按信用证规定方式寄发。
②信用证所要求的单据种类不全或单据类别不能接受。
③信用证过期或金额不足以支付货款。
④所提交的单据没有按规定签章。
⑤唛头与号数在各单据之间不同。
⑥各单据间重量、数量互相矛盾。
⑦同一单据的内容前后矛盾。
⑧交单金额超过信用证金额。
⑨未在最迟交单期内提交单据。
⑩未按信用证规定程序发货。

5. 不符点单据的处理

若受益人向被指定银行提交了不符点单据,被指定银行的处理方法通常有以下几种:

(1) 将单据退回受益人修改。在信用证规定的期限内,若存在一些个别细小的不符点或因打字拼写方面的失误所引起的不符点,则一般可以进行更正或重新制作,此时可立即退回受益人予以更改。此类情况比较常见,如:受益人在有关单据上漏记签字、单据的份数不足、漏打日期等。需要注意的是,受益人对于单据的更正修改必须要在信用证的有效期及单据提示期内进行。

(2) 担保议付。若受益人提交的单据存在不符点,议付行为了免责,可以要求受益人提供一份保证书,在保证书上注明诸如"一旦遭开证行拒付,一切损失及费用由受益人承担"之类的说明,而后再向出口商议付。在大多数情况下,使用保证书能够起到一种有用的"润滑"作用,以弥补单证、单单不符所造成的不良后果。特别是在涉及过期提单时,担保议付几乎是唯一可行的办法,毕竟通常情况下买方还是想要提取货物的。保证书可以有效地保护进口商的权益,尤其是在由于拖延而产生了昂贵的仓储费用,而该费用又必须由进口商负担的情况下。

(3) 电提。金额较大的单据不符点或较为明显的不符点会影响收货人的实质性利益,而这些不符点又无法或很难修改,如:起运港或目的港不符、不清洁提单、唛头不符、过期交单等。当存在这些不符点时,被指定银行可以采取电提的方法予以处理,即先以电报/电传的方式将单据不符点通知开证行,征求开证行和开证申请人意见,获得他们授权后再进行承付或议付。

(4) 证下托收。若单据存在严重不符点,或以上措施无法采用或不能奏效,被指定银行则可以建议出口商更换结算方式，改用"信用证项下的托收方式"进行结算。

（5）退单。若单据存在无法更正的严重不符点，如：品质、包装与信用证规定不相符、货物迟装等，开证行则完全有理由予以拒付。通常情况下，被指定银行对类似的不符点均会拒绝受理，并将单据退回受益人，不过这种情况比较少见。

三、被指定银行寄单索偿

被指定银行审单后若发现单据中存在不符点，则有权拒绝承付或议付；若审单无误则应承付或议付，然后按信用证规定向开证行寄单或采用电子交单方式向开证行交单。如果信用证规定一次性寄单，则一次性寄出全套单据；如果信用证规定分两次寄单，如写明"by two consecutive registered airmail"（以两个连续挂号航空信寄出），则须按信用证注明的每批单据种类及份数分两次寄出。分批寄单的好处是万一某一批单据被耽误或遗失，另一批单据仍能安全寄达开证行。

一般情况下，被指定银行的索偿指示应向开证行发出，如信用证中另行规定了偿付行，则应首先向偿付行索偿。索偿方法应符合信用证规定，并应写明偿付行应向哪家银行的哪个账户划出资金头寸。如果偿付行未能提供偿付，则可以立即向开证行索偿，并要求承担延迟偿付而产生的利息。被指定银行寄单索汇处理要点如下：

（1）根据信用证条款和金额大小，尽量采用电索、快邮、以电代邮等快捷的方式索汇。

实训微课：被指定银行寄单索偿

案例分析：议付行追索

（2）索汇指示应当明确、具体，头寸的清算应尽量在被指定银行开有账户的代理行、海外联行进行或在货币清算中心进行，避免迂回曲折。

（3）依据国际商会《跟单信用证项下银行间偿付统一规则》（URR725）进行索偿。具体要点有：一是要缮制标准的索汇函电。在即期信用证项下，函电内容包括开证行名称、信用证号码、收汇金额、费用、有关业务编号（包括已知的偿付行编号）、收汇路线；在远期信用证项下，除上述内容外，若信用证或偿付确认书有要求，还必须提供货物描述、原产地国、货物装运日期、起运地和目的地等。二是偿付行收到索汇函电后有3个工作日处理业务。三是索偿行不得要求偿付行倒起息。四是索偿要求不应先于约定的偿付日期10个银行工作日提示给偿付行。如果将索偿要求先于约定的偿付日期10个银行工作日提示给偿付行，偿付行可无须理睬。五是不得在一份电文或信函中含有多项索偿要求。

拓展阅读：URR725

四、开证行审单、偿付

（一）开证行审单

开证行收到被指定银行寄来的单据后，必须按照"单证一致、单单一致、表面相符"的原则，认真履行验单付款义务，以确定开证行是否承担付款责任。

实训微课：开证行审单及缮制进口赎单通知书

（1）对议付行议付通知书或付款行索汇通知书（简称面函）的审核要点：提交单据是否在信用证规定的交单期及/或有效期内；面函所载付款期限与汇票期限是否符合信用证的规定；汇票金额或索汇金额是否符合信用证规定；付款指示是否明确、合理；单据的种类、份数与随附的单据是否相符；是否注有不符点或凭保议付；如信用证规定限制被指定银行议付/付款/承兑/延期付款，单据是否由被指定银行提交。

（2）如系受益人柜台交单，除对单据进行审核外，还应在信用证正本上背批。

（3）如开证行开证时已注明限制被指定银行交单或议付，非被指定银行交单议付者，应要求其通过被指定银行确认。如非被指定银行只作为寄单行，且开证行能确认该信用证不会被重复使用，在单证相符的情况下，开证行应履行凭单付款的责任。

（4）如提交的单据包括信用证未有规定者，开证行不予审核，可视情况退还交单银行，或照转给开证申请人。如提交的单据没有体现某次修改的内容，应视同受益人未接受该次修改，不能认定单证不符。原规定该次修改费用由受益人承担者，应改向开证申请人收取。

（5）审核单据后，缮制进口赎单通知书并以快捷的方式向开证申请人发出，要求申请人必须在开证行规定的时限内提出对单据的处理意见。

（6）如信用证项下已由开证行出具提货担保，收到单据无论是否存在不符点，不得以任何理由拒绝付款或承兑。

（二）开证行对外付款/承兑

开证行对外付款或承兑的工作时间为自收到单据次日起算的 5 个工作日之内。对外付款的资金来源应依据备付款项的不同落实方式处理。开证行对外付款时要严格按索偿行的指示拨付头寸。对外付款后，应将全套单据转交申请人签收，同时在信用证档案上批注该笔付款的有关情况。

（三）开证行对外拒付/拒绝承兑

案例分析：审单时限

开证行收到信用证下来单，不论是寄单行表提不符点或是经开证行审核单据发现不符点，申请人在开证行规定的时限内提出拒付或未作任何表示，均视为申请人拒绝接受单据。开证行应于收到单据后的 5 个工作日内向寄单行发出拒付/拒绝承兑的通知。对外拒付/拒绝承兑应将不符点一次性全部提出，并加具以下文句："单据代为保管，听候处理意见，如申请人同意接受单据，我行将立即承兑/付款。"对外拒付/拒绝承兑后，开证行必须妥善保管整套单据，等待寄单行指示再进行处理。如果开证行已经发出要求国外授权退单的电文后，超过开证行规定的时限仍未得到国外指示的，可做退单处理，但全套单据需复印留存备查。

五、开证申请人付款赎单

实训微课：开证申请人对外付款

开证申请人在收到开证行的进口赎单通知书后，应立即审核单据，无误后向开证行付款，赎回全套单据。如果开证申请人审单发现存在不符点，则开证申请人有权拒绝付款赎单。付款赎单后，进口商即可办理提货手续，若发现货物与合同不符，进口商有权向出口商索偿，但不能向开证行追索。

【知识链接】

中国银行山东省分行成功落地全球首例跨平台电子交单业务

2024年12月，中国银行山东省分行（以下简称"山东中行"）与Tradego平台、Enigio平台、英国劳埃德银行携手，为济南某纸浆进口商，成功叙做全球首例跨平台电子交单业务。山东中行开出信用证后，出口商将贸易项下的电子单据通过Enigio和Tradego两个平台即时交单至山东中行，不到半个小时，就完成了跨平台间的传递和验证。

贸易单据传输作为国际贸易的重要环节，依靠国际快递方式，通常需要数日才可完成传递，电子交单方式的出现，大大缩短了单据传递时间，但传统的电子交单是基于所有国际贸易当事方均签约同一平台，单据在同一平台流转。受制于各电子交单平台在全球范围内的区域布局，跨洲域的进出口商可接入的电子交单平台不同，影响了电子交单在全球范围内发挥作用。本次跨平台电子交单业务，则实现了不同区域、不同平台间的电子数据传输、验证，物权登记和在线转让功能在不同平台间保持了连续性和可验证性，使贸易结算建立在真实的物权基础上，既可加速贸易进程，又可降低贸易欺诈风险。依托电子交单平台，原本邮寄纸质单据需要几周的时间，现在只需要不到半小时，实现了质的飞跃，完成了单据传递流程"从乡间小道"向"高速公路"的转型。

此次跨平台电子交单依托于Tradego和Enigio为电子贸易文件开发的可交互操作的数字渠道，在促进中欧贸易、实现贸易数字化方面是里程碑式的业务突破。

资料来源：http://sd.people.com.cn/n2/2024/1210/c386785-41070758.html.

任务二测试题

任务三
信用证业务中的风险与资金融通

【任务要求】

学生要掌握信用证业务中常见的风险及资金融通方式。

学生要搜集信用证业务中的风险案例，能针对不同风险提出相应的风险防范措施。

学生要结合实际贸易业务需求，能正确选择和运用资金融通方式。

教学活动 1　信用证业务中的风险

【活动设计】

1. 通过【案例导入】，讲解信用证业务中常见的风险。
2. 学生三人一组，搜集信用证业务中的风险案例，并选派代表对案例进行分析讲解。

【案例导入】

吉林 A 进出口公司与法国 B 公司签订了一份出口合同，约定以即期信用证方式支付货款。A 公司按照合同要求备齐了相关单据，并提交给了指定银行甲银行。甲银行遂审核单据，发现单据存在伪造痕迹，拒绝支付货款。经过调查，发现单据是 A 公司员工与外部不法分子勾结伪造的。该案例中，A 公司员工的行为严重违反了职业道德和法律法规，给公司带来了巨大的经济损失和信誉损失。

思考：在国际结算中，各当事人应如何防范伪造单据风险呢？

【基础知识】

尽管信用证是建立在银行信用基础上的结算方式，但由于此方式下的出口商、银行以及进口商等当事人在业务处理过程中都以信用证条款为基础，以出口商提交的单据为中心，而出口商提交的单据却与实际发运的货物相分离，因此信用证项下各当事人可能面临更加复杂的风险。

一、信用证业务中的风险

（一）出口商面临的风险

信用证是开证行向出口商开具的有条件付款保证。所谓的条件，就是出口商出口货物后向银行提交的单据应与开证行开具的信用证条款相符，而且单据之间本身也应一致，不得发生矛盾，即"单证一致、单单一致、表面相符"。这样出口商发运货物后，只要能提交满足信用证条款要求的单据，开证行就必须保证付款。因此，与其他结算方式比较而言，由于银行信用的存在，出口商在信用证方式中面临的风险较小，但出口商作为信用证项下的受益人仍面临一些风险。

1. 申请人（进口商）不按合同规定开证

信用证是银行根据开证申请人的要求或指示开立，信用证的条款应与销售合同一致。但在实际业务中进口商不依照合同开证，从而影响合同的执行，甚至使出口商遭受额外损失。例如，进口地市场货价突然下跌，进口商为达到企图变更合同的目的，可能不按期开证或不开证，或在信用证中变更一些条件或增加对其有利的条款，从而使出口商面临风险。

微课：信用证业务中的风险

2. 开证行的信用风险

信用证作为一种银行信用，在受益人提交了与信用证条款相符的单据的情况下，开证行对受益人承担第一性付款责任。在实际业务中，由于开证行信用较差，无理拒付或与进口商串通拒付，出口商无法收汇也不乏其例。另外，开证行能否付款还可能受进口国家或政府管制影响，如进口国家国际收支困难，缺乏外汇储备，就可能影响开证行向出口商支付外汇货款。

3. 进口商伪造信用证诈骗

有的进口商使用各种手段伪造信用证，出口商如若经验不足或警惕性不高，就可能导致钱货两空。例如，窃取其他银行已印好的空白格式信用证或与已倒闭或濒临破产的银行的职员恶意串通开出信用证；将过期失效的信用证恶意涂改，变更原证的金额、装船期和受益人名称；伪造保兑信用证，即进口商在提供假信用证的基础上，为获得出口商的信任，蓄意伪造国际大银行的保兑函。

4. 进口商故意设置"软条款"

所谓信用证的"软条款"，是指信用证中加列各种条款致使信用证下开证行的付款与否不是取决于单证是否表面相符，而是取决于第三者的履约行为。开证申请人通过制定"软条款"，限制银行履行第一性付款责任，使名义上的不可撤销信用证变成可撤销信用证。如，信用证规定某些单据（如货物检验证书等）须由特定人签发，而且签字式样应与开证行的预留字样相符，即"This document should be issued and signed by ××× and signature must be in strict compliance with that on our side"。这样，当进口地市场行情发生变化或发生其他情况时，进口商派出签单的人就会与预留印鉴的人不是一个人，致使出口商提交单据的签字与开证行的预留印鉴不一致，遭到开证行拒付。另外，有的信用证还规定："This credit will be an operative instrument upon receipt of the advice from the issuing bank"，这是暂不生效条款。此时，出口商必须等到开证行另行通知后信用证才能生效，业务的主动权完全掌握在开证行以及进口商手中。虽然出口商表面上获得了开证行的保证，但此保证被附加条件限制了，出口商不能及时发货，其资金周转将受到很大影响。

（二）进口商面临的风险

1. 伪造单据诈骗

信用证方式是"纯单据业务"，银行只是通过审查受益人提交的单据是否与信用证条款"表面相符"来决定其是否履行付款责任，而不管实际货物。因此，出口商可以在实际没有交货或交了毫无价值的货物的情况下，通过提交与信用证条款相符的伪造单据，从银行取得货款，而进口商就会由于单证相符付款给开证行，从而成为欺诈行为的受害者，落得钱货两空。

2. 货物实质不符

进口商凭"表面相符"的单据付款后，提取的货物有可能存在短装或者质量低劣的情况，从而使进口商蒙受损失。在成组化运输方式下，这种风险更为常见。出口商把货物装在托盘或集装箱中，组成较大的装卸单位，虽然提高了装卸效率，但承运人对箱内是什么货、货物是否完好概不负责，于是一些与合同不符的货物就通过成组化运输形式瞒天过海。我国曾经发生过的进口设备缺乏主要零部件、进口货物实为垃圾或危险品使进口商受骗上当的贸易案例,其中多数是采用成组化装运的。

3. 提货担保中的风险

进口商在尚未收到信用证项下单据时先收到到货通知,如不及时提货就会被收取滞港费用。此时,进口商只好请求开证行担保提货,开证行有时则会要求进口商提供书面保证,保证不论出口方银行提交的单据是否与信用证条款相符,都得对外付款,也就是说即使发现单据有问题也不能拒付。这种情况下,进口商为了尽早提货即面临接受不符点单据的风险。

(三) 开证行面临的风险

1. 开证申请人由于种种原因不付款赎单

信用证开证时,开证申请人并不需要向开证行交清全部货款,只需缴纳一定数量的保证金,而有时保证金所占开证金额的比例还很小,实际是由银行垫付了大部分资金。当信用证到期时,若开证申请人无力支付或由于其他原因不支付银行垫款时,银行就会面临垫款难以收回的风险。

2. 申请人与受益人相互勾结进行欺诈

若进口商与出口商相互勾结,由进口商伪造进口合同骗取银行开证,出口商则伪造单据骗取银行付款,此时遭受损失的就是开证行。

3. 预支信用证下,开证行可能面临出口商不发货或延迟发货的风险

预支信用证是开证行指示出口地银行向出口商融资,以便于出口商按照信用证的要求准时向进口商发货的一种信用证。如果出口商获得信用证项下的预支款项后不发货或者延迟发货或者消失,则开证行会面临损失的风险。

4. 假远期信用证下,开证行可能面临进口商不付款的风险

假远期信用证是开证行向进口商融资的一种信用证。当开证行或其指定银行将远期汇票金额即期付款给出口商后,可能会面临进口商到期不付款的风险。

二、信用证业务中的风险的防范措施

(一) 出口商应做好的防范工作

1. 慎重选择客户,严谨订立合同条款

签订销售合同前,出口商可以通过驻外领事馆、驻外机构和一些大的银行、咨询机构充分了解进口商的资信状况及其在商界的声誉状况,对于信用状况不良或不很了解的客户应谨慎从事。在签订合同时,出口商可预先在销售合同中对信用证的内容作出明确规定,以免进口商不依照合同开立信用证。

2. 加强对开证行的资信调查

信用证属于银行信用,是开证行以自己的信用作为保证,因而开证行的信用至关重要。实际业务中,有一些资信不良的小银行与进口商勾结开出信用证后,又以各种理由拒绝付款,使出口商遭受损失。为了防范这一风险,出口商应事先了解进口商所在国家或地区的经济、金融状况以及当地银行有关信用证业务的习

微课:信用证业务中风险的防范

惯做法，在签订合同时可以具体规定信用证的开证行，必要时还可要求本地银行加具保兑。

3. 严格审查来证，避免签订带有"软条款"的信用证

信用证是以销售合同为开立基础，如果来证中进口商在信用证中加进了与合同有出入的条款，应对照合同往来函电，对信用证条款、单据种类、货物价格条件、运输方式、装船期及付款方式进行严格审查。一旦查出不符点或有无法执行的条款，即应立即要求开证申请人进行修改，即使是合作多次的老客户也不例外，从而避免不法商人利用信用证设下陷阱。

4. 认真缮制单据

制作并提交与信用证要求完全相符的单据是出口商获得货款的前提条件，出口商应严格按照信用证要求缮制各种单据，并严把单据质量关，确保提交单据的种类及其内容表述与信用证规定完全一致，以期按期结汇。

(二) 进口商应做好的防范工作

进口商作为开证申请人，是信用证货款的最终承担者。进口商面临的风险是货物风险，即所收到的货物与合同要求的货物不符（包括型号、数量、质量）及货到日期与合同要求日期不符等。为了防止这些事件的发生，作为进口商应做好以下几方面的工作。

1. 签订合同前进行充分的资信调查，慎重选择客户

进口商对出口商的资信调查可以采用实地考察方式，也可以通过其他贸易伙伴或银行来了解出口商的资信状况、是否具有履约能力、所销售货物的质量等。对资信欠佳及资信不详的客户，切勿与之成交。

2. 认真订立合同，明确商品检验条款

合同条款是否合理、明确和具体是能否顺利开展国际贸易的保证。为了保证所购商品的质量，进口商应在签订合同和申请信用证时规范好货物的检验条款。这里的检验不仅包括对出口商交付或拟交付的货物进行品质、数量、包装等方面的鉴定，对某些货物还应根据法律或法令规定进行安全、卫生、环境保护和劳动保护等的检验和动植物病虫害检疫。进口商可以根据具体业务，要求出口商提供相应的检验证书，同时确保各类检验证书真正发挥作用。进口商在信用证中还应对检验标准、检验方法及检验证书的出具人作出明确具体的规定，必要时可指定SGS（日内瓦通用鉴定公司）、OMIC（海外货物检验株式会社）、LLOYDSSURVEYOR（英国劳氏公证行）等国际知名商检机构出具检验证书。

3. 核实提单的真实性

在国际贸易中，尤其是涉及大宗货物交易时，进口商无论是在签订合同还是开立信用证时，均要求客户在装船之后一定时间（如 24 小时）内发送装船通知，以约束出口商在装船后及时将装船情况通知进口商。这样，进口商就可根据通知中的有关细节，如承运人的船名、航次、装运日期、装货港、卸货港等情况，向海事机构调查核实，确定提单内容的真实性。一旦发现问题，就可以通过认真审单，以不符点实现合理拒付。即使单据不存在不符点，也可寻求司法救济，利用信用证欺诈例外原则，在开证行付款或承兑之前由法院止付信用证项下

货款,避免欺诈行为发生。

4. 确保装运货物为合同所定

进口商可以通过聘请独立的有专业声望的检验公司实施装船预检、监造、监装、签发装船证明等,防止国际商贸活动中出口商进行诈骗,这是国际上非常有效的防止出口商欺诈的方法。在我国的进口业务中,进口企业对重要商品或大型成套设备的进口,要指定由中国商检部门,或中国商检部门委托的国外公证部门对商品实施装船前的检验及监装。

(三) 开证行对风险的防范

1. 严格审查进口商的资信状况

资信调查可以通过对企业原来的授信记录、财务报表、所处行业的分析等来判断。对于不同信用等级的进口商,开证行可以酌情收取不同比例的押金,资信较差的企业可以收取高比例押金甚至100%的押金,这样,当信用不佳的进口商拒绝赎单时,开证行可以扣留押金减少损失。

2. 信用证中明确规定海运提单的收货人是自己

开证行为避免风险,可在信用证中规定海运提单的收货人做成"To the Order of the Issuing Bank"。这样,当进口商拒绝赎单的情况发生时,开证行可通过自己掌握的提单提取货物出售,从而抵销或减少损失。

3. 提供进口融资时必须谨慎从事

一是要严格审核进口商的资信状况,不应为了盲目开展业务而忽视风险防范。二是开证行可以要求进口商提供第三方担保,进而降低融资后可能发生的风险。三是对于预支信用证下的融资,开证行可以要求出口地银行按照出口商备货以及发货的进度分批、分次发放,从而减少因一次预支而造成钱货尽失的风险。

教学活动 2 信用证业务中的资金融通

【活动设计】

1. 通过【案例导入】,讲解信用证业务中常见资金融通方式的适用对象和业务程序。

2. 学生分组,模拟申请、处理打包放款和押汇业务,掌握业务处理要点。

【案例导入】

A 公司是浙江一家中小制造企业,主要从事电子元器件的生产和销售。2025年 2 月,A 公司与上游供应商德国 B 公司签订了为期三个月的原材料采购合同,合同金额为 500 万欧元。此时恰逢 A 公司应收账款回款较慢,短期内资金紧张,无法一次性支付全额货款。

思考:A 公司可以采用何种融资方式解决财务困境问题?如果办理,需要注意哪些问题?

【基础知识】

一、打包放款

(一) 打包放款的定义

打包放款（Packing Loan）又称打包贷款，是指出口地银行为支持出口商按期履行合同、出运交货，向收到合格信用证的出口商提供的用于采购、生产和装运信用证项下货物的专项贷款。打包放款是一种装船前短期融资，使出口商在自有资金不足的情况下仍然可以办理采购、备料、加工，顺利开展出口贸易。贷款金额应根据具体情况，按信用证金额的适当比例发放，最高不超过信用证金额的80%。贷款期限一般为放款日至预计货款收到日为止（可参照信用证的有效期加上寄单索汇时间），特殊情况可延长，但总的放款期限一般不超过6个月。贷款专款专用，仅用于为执行信用证而进行的购货用途。

打包放款的主要作用有：一是扩大贸易机会。在企业自身资金紧缺而又无法争取到预付货款的支付条件时，帮助企业顺利开展业务、把握贸易机会。二是减少企业资金占压。在生产、采购等备货阶段都不必占用企业的自有资金，缓解了企业的流动资金压力。

(二) 打包放款的业务程序

1. 出口商（受益人）申请打包放款

当出口商收到国外开来的信用证后，若决定申请打包放款融资，应填写银行提供的《打包放款申请书》，并向银行提交信用证正本作为抵押，向银行申请办理贷款。

2. 银行审核贷款条件

打包放款的抵押品为信用证，但信用证本身仅仅是开证行有条件的付款保证，即若受益人满足了信用证的条款和条件，开证行才予以付款，打包放款才有可靠的还款资金。相反，若受益人无法满足信用证的条款和条件，则打包放款就可能失去还款来源，这将对银行构成风险，因此，银行在贷款之前，将严格审核与贷款有关的情况。银行一般审核的范围包括：出口商的经营状况和资信程度；信用证的条款和条件，若信用证的装运期、有效期已过，银行一般不予贷款；若信用证含有软条款，银行将谨慎办理贷款或降低融资比例；若出口商为信用证的第一受益人，银行将从严控制融资比例；融资期限通常不超过180天。

3. 订立贷款协议

银行在完成上述审核程序后，认为贷款风险在可控制的范围内，同意出口商的申请，则可以订立打包放款协议，向出口商提供贷款。

4. 受益人发运货物，偿还贷款

出口商按信用证规定发运货物，制作及取得有关单据并向银行提交，向开证行收取货款，及时偿还打包放款的本金和利息。

(三) 打包放款中银行应注意的问题

（1）打包放款应以正本信用证做抵押，但银行不能仅凭国外信用证就给受益人贷款，因为信用证本身只是一个有条件的银行信用保证，如果条件全部得到满足，那就能够实现收回打包放款的款项，但如果由于某种原因，客户未能满足信用证的全部条件和要求，或客户根本就未能履约，那么就无法使开证行的付款承诺得以实现，信用证在这种情况下就只是一张废纸。因此，单纯依靠买方开来的信用证作为抵押而叙做的打包放款，实质上是一种无抵押信用放款，银行必须十分谨慎地办理该项业务。

（2）银行通常应根据客户的资信状况和清偿能力为其核定相应的打包放款额度，供其循环使用。当接到客户的贷款申请时，银行首先要审查信用证开证行的资信状况、印鉴是否合乎开证要求，信用证条款是否清楚、合理，有无对出口商不利的"陷阱条款"和出口商难以履行的规定，能否控制物权单据以减少业务风险等。审查通过后，还要根据融资额度的余额情况和商品类别来决定放款金额和放款期限。对于装运单据为非物权单据或不能控制全套正本物权单据者，银行在受理打包放款时上述审查应更加严格。

（3）为保证安全、及时地收回放款资金，在贷款期间，贷款银行应与客户保持密切联系，了解、掌握业务的进展和有关合同的执行情况，督促客户及时发货交单，用所得款项归还银行贷款。如信用证过期后仍未能提交单据，银行就应根据贷款协议的有关规定，要求客户立即归还全部贷款本息。

二、出口信用证押汇

(一) 定　义

出口信用证押汇（Negotiation under Documentary Credit）是指在信用证结算方式下，出口地银行以出口商（受益人）提交的全套出口单据作抵押，在收到开证行支付的货款之前，向出口商垫付信用证金额的一种融资方式。对于受理押汇的银行来说，这种融资风险较小，收款比较有保障，但若出口商未能做到单据严格相符，则会失去开证行的付款保证。

拓展阅读：
融资行办理打包贷款时的特别注意事项

(二) 业务流程

1. 出口商与银行签订押汇协议

出口商收到开证行开来的信用证，发货制单，交单收款前如果出口商急需资金，此时可以向出口地银行申请押汇，银行审核通过后与受益人签订押汇协议。若受益人第一次在出口地银行办理押汇业务，申请时必须提供基础资料：企业营业执照副本、税务登记证（国税或地税均可）、企业组织机构代码证、进出口业务许可证、中国人民银行出具的企业贷款卡。

2. 出口商填写押汇申请书，并和单据一起提交给银行

申请押汇时，出口商要填写格式化的《出口押汇申请书》（见表5–5），加具公司公章及有权签字人签字后连同全套单据及信用证正本提交给押汇银行。

表 5-5　　　　　　　　　　　出口押汇申请书

银行业务编号：_____

致：中国民生银行股份有限公司_____

　　本公司已依法办妥一切必要的出口手续，兹向贵行按如下条件申请叙做出口押汇业务（请在□中划"√"）：

押汇币种及金额：	币种：	（大写）：	（小写）：
押汇期限：			
押汇利率：			
结息方式			
申请押汇品种	□ 信用证项下出口押汇	信用证号： 业务编号： 发票编号：	
	□ 跟单托收项下出口押汇	□承兑交单（D/A）□付款交单（D/P） 业务编号： 发票编号：	

　　本公司同意按照本申请书背面所列的条款和条件，将本申请书项下所有单据及其所代表的货物质押予贵行，作为贵行向本公司提供本申请书项下融资的担保。

□ 本项申请是根据本公司与贵行签订的编号为_____的《贸易融资主协议》而提出，本申请书项下的出口押汇业务在各方面均须遵守该主协议的条款和条件以及本申请书背面所列的条款和条件，并且：
　　□ 占用贵行授予本公司的贸易融资额度_____
　　□ 其他担保：_____

□ 本项申请为信用证项下正点单据出口押汇，不占用贵行授予本公司的授信额度。

　　本公司承诺按本申请书背面所列的条款和条件履行有关义务，如押汇期间届满时本申请项下的押汇本息及相关费用未获全额清偿，贵行有权按照在本申请书约定的押汇利率的基础上加收_____％确定的逾期利率对逾期款项计收逾期利息和复利。

　　本公司确认已仔细阅读并完全理解和接受本申请书背面的各条款和条件。本公司申请叙做本申请书项下的出口押汇业务是自愿的，本公司在本申请书项下的全部意思表示真实。

（申请人公章）

有权人（签字或盖章）：

公司联系人：　　　联系电话：　　　　　　____年__月__日

以下由银行签章确认：
我行同意按上述条件为贵司办理该笔押汇业务。　　　日期：
注：本申请书一式两联，一联银行留存，一联申请人留存。

3. 押汇银行审核押汇申请

　　银行在收到企业提交的《出口押汇申请书》和出口单据后，要进行押汇审核,银行要核对申请书印鉴,审查单据、出口商资信等。

(1) 若符合条件,所交单据与信用证要求相符,信用证项下单据收款有保障则可以叙做出口押汇,扣除押汇利息后将余额支付给出口商。

①押汇金额。

议付银行一般采用预收方式收取押汇利息,即押汇金额＝汇票金额－押汇利息。

即期信用证的押汇利息＝(押汇金额×押汇利率×押汇天数)/360 天

远期信用证的押汇利息＝(押汇金额×押汇利率×押汇天数)×(承兑付款日－押汇起息日)/360 天

②押汇期限。

即期信用证的押汇期限因国家(或地区)而异,一般情况下,各国(或地区)的期限为:日本、韩国、港澳、新加坡和马来西亚为 15 天;欧洲、美国、加拿大、澳大利亚和新西兰为 20 天;西亚各国、中南美洲和非洲为 25 天;其他国家或地区为 30 天。

远期信用证在承兑后押汇期限为押汇起息日起至付款日。

(2) 若存在下列情况之一,银行将拒绝接受押汇申请:①来证限制其他银行议付;②远期信用证超过 180 天;③运输单据为非物权凭证;④未能提交全套物权凭证;⑤带有软条款的信用证;⑥转让行不承担独立付款责任的转让信用证;⑦单证或单单间有实质性不符点;⑧索汇路线迂回曲折,影响安全及时收汇;⑨开证行或付款行所在地是局势紧张动荡或发生战争的国家或地区;⑩收汇地区外汇短缺,管制较严,或发生金融危机,收汇无把握的;⑪其他银行认为不宜提供押汇的情况。

4. 到期支付货款

押汇银行拿到单据及信用证后,到期向开证行提示单据要求付款,开证行审核单据,只要"单证一致、单单一致、表面相符",开证行即履行付款责任。如果押汇银行实际收到议付款的时间长于押汇时间,银行将会向企业追收超过时间的迟付利息。

(三) 办理出口信用证押汇应注意的问题

(1) 出口商需与融资行签订正式的出口押汇总协议。

(2) 向融资行(通常为通知行或议付行或托收行)提交正式的出口押汇申请书。

(3) 信用证项下的押汇申请人应为信用证的受益人。

(4) 必须是自由议付信用证,限制其他银行议付的信用证无法办理出口押汇。

(5) 申请信用证下出口押汇,应尽可能提交单证相符的出口单据。

(6) 出口商通过出口押汇进行融资,应避免以下情况:①运输单据为非物权单据;②未能提交全套物权单据;③开立转让信用证;④带有软条款的信用证;⑤提交存在实质不符点的单据。

三、进口信用证押汇

(一) 定 义

进口信用证押汇是指信用证开证行在收到出口商或其银行寄来的单据后先行付款,待进口商得到单据,凭单提货并销售货物后再收回该货款的融资活动。它是信用证开证行对开证申请人(进口商)的一种短期资金融通方式。在正常情况下,作为开证申请人的进口商在得到开证行付款赎单的通知后,应立即将款项交开证行赎单,并且在付款以前是得不到单据从而不能提货的。但是,如果进口商的资信较好,并且信用证项下单据所代表的货物市场销售行情好,能在短期内收回货款,则银行可以根据有关协议代进口商先对外支付货款,并将单据提供给进口商以便其提货、销货,最后将货款连同利息一并收回。

进口信用证押汇的融资比例为国外来单金额的100%,其收取利息的方法不是通常押汇采用的"预收利息法",而是普通贷款常用的"后收利息法",即在押汇到期后,从企业账户扣收押汇本金及其利息。还款来源完全依赖于企业的经营利润。

(二) 业务流程

1. 申请与审查

进口商如果需要办理进口信用证押汇,则应首先向银行提出书面申请,填写《进口押汇申请书》(见表5-6)。银行收到申请后,要进行严格审查,并根据进口商的资信等情况确定押汇金额。

表 5 - 6　　　　　　　　　进口押汇申请书

授信/贸易融资协议编号:　　　　　　　　　　　业务编号:

申请单位名称:		法定代表人:	
L/C NO.:		即期	
开证金额:		来单金额:	
货物描述:(货名、数量、规格、标记、运输工具、起运地、起运日期、合同号等)			
开证保证金:		申请押汇金额:	
		期限:	
收款人名称:		账号:	
申请理由及还款计划:			

银行_____:
我公司在此保证:
　1. 遵守已与贵行签订的《授信协议》/《国际贸易融资协议》(如有);
　2. 一旦贵行履行信用证开证行的职责,根据本申请书对外支付了(或由贵行委托的第三方支付了)信用证项下相关款项,该款项即构成贵行对本公司的押汇款项,本公司有义务按照本申请书确定的期限和利率向贵行承担按期足额清偿有关押汇本息的责任;
　3. 遵守已签署给贵行《开立信用证承诺书》;
　4. 销售货款从贵行指定的账户回笼,贵行有权随时扣还押汇款,若不能按期归还全部押汇本息,

续表

> 贵行除有权按规定加收逾期利息外，并可主动从我公司的任何账户内扣收押汇本息及逾期利息、复息及采取其他贵行认为必要的追偿措施；贵行因采取追偿措施而支付的律师费、诉讼费、差旅费等所有费用，均由我公司承担，贵行可主动从我公司的任何账户内扣除。
>
> 5. 随时向贵行提供上述信用证项下货物的销售情况及我公司的经营、财务状况及贵行所需要的其他材料，并配合贵行的调查、审查和监督。发生影响我公司偿债能力的重大事项时，立即书面通知贵行，并积极配合贵行落实本申请书项下有关押汇本息及其他一切费用安全偿还的保障措施。在此情况下，贵行有权采取从我公司账户扣款、处分担保物及其他措施收回（含提前收回）有关押汇本息和费用。
>
> 6. 我公司承诺按照下述规定向贵行提供本申请书项下押汇本息、逾期利息及其他费用偿还的担保（以下根据实际情况在（ ）中打"√"选择）：
>
> （ ）6.1 向我公司在贵行开立的保证金账户中存入　币　　元的保证金，该资金自进入该账户之日起视为特定化和移交贵行占有，未经贵行许可我公司不得动用；及/或
>
> （ ）6.2 以我公司拥有合法所有权或处分权的　　　　　作为质物，按照贵行要求办妥质押手续；及/或
>
> （ ）6.3 由贵行认可的银行提供保函/备用信用证。
>
> 在上述担保手续未办妥的前提下，我公司确认贵行有权拒绝向我司发放押汇款。
>
> （注：本申请书代主合同时，应选择适用本条并在本条前的（ ）中打"√"选择；本申请书非代主合同适用时，该条不适用，相应担保适用《授信协议》/《国际贸易融资协议》项下担保）。
>
> 7. 我公司同意本申请书项下押汇利率按下列标准执行：　　　。
> 8. 押汇一旦逾期，贵行有权就逾期金额以押汇利率上浮50%的标准向我公司计收逾期利息。
> 9. 因本申请书项下业务发生纠纷，在已与贵行签订《授信协议》/《国际贸易融资协议》的情况下，按该协议约定处理；如未签订《授信协议》/《国际贸易融资协议》，我公司应先与贵行协商解决，协商不成的，可通过以下途径解决（以下三者仅选其一在（ ）中打"√"选择）：
>
> （ ）9.1 向贵行所在地法院起诉；
>
> （ ）9.2 向　　　　　　仲裁委员会申请仲裁。
>
> （ ）9.3 提交（如选择本项，请在以下二者中择一，在（ ）中打"√"选择）
>
> （ ）9.3.1 中国国际经济贸易仲裁委员会
>
> （ ）9.3.2 中国国际经济贸易仲裁委员会　分会
>
> 按照金融争议仲裁规则予以仲裁解决。
>
> （注：本申请书代主合同时，应选择适用本条并在（ ）中打"√"选择；本申请书非代主合同适用时，本条不适用）
>
> 申请单位：　　　　　　　　　　银行确认：_____
>
> （盖章）　　　　　　　　　　　（盖章）
>
> 法定代表人或授权代理人：　　　主要负责人或授权代理人：
>
> （签字/盖名章）　　　　　　　　（签字/盖名章）
>
> （注：本申请书代主合同时，银行确认栏应签章，本申请书不代主合同时，无须在银行确认栏签章）
>
> 日期：

2. 签订进口押汇协议

进口押汇协议是开证行与进口商之间签订的，确定双方权利和义务的书面契

约,其基本内容包括:

(1)押汇金额及进口商的付款义务。进口商从银行得到的进口押汇资金应用于银行为其开立的信用证项下的对外付款。在信用证项下单据到达并经审查合格后,银行凭进口商的信托收据对外付款,待押汇期满后,进口商将押汇本息一并归还给银行。

(2)押汇期限及利率。进口押汇时间较短,一般为1—3个月。押汇利率由双方协商约定。

(3)进口商的保证条款。进口商应保证在押汇到期日前归还银行押汇本息,否则,银行有权对其收取罚息,或处理押汇项下的货物。

(4)延期还款条款。进口商应在规定时间内将货款及相应利息偿还给银行。

(5)货权及其转移条款,在进口商未能还清银行押汇本息之前,押汇项下进口货物的货权属于银行。

(6)违约条款。如进口商违约,银行就有权对其提出法律诉讼,冻结其在银行的其他账户,或停止进口商在自己银行办理的一切业务。

3. 开证行对外付款

开证行在收到出口方银行寄来的单据后,应严格审查,如果"单证一致、单单一致、表面相符",即可对外付款。

4. 凭信托收据向进口商交付单据

在进口押汇业务中,信托收据(T/R)是进口商在未付款之前向银行出具的领取货权单据的凭证。银行根据进口押汇协议凭信托收据将货权单据交付给进口商,进口商因此处于代为保管和销售货物的地位。

5. 进口商凭单据提货及销售货物

进口商在向银行借出货权单据后,即可凭单据向承运人提货,并可销售货物或对货物进行其他处理。

6. 进口商归还贷款本息,换回信托收据

在约定的还款日到期时,进口商应向银行偿还贷款及利息,并于还清本息后收回信托收据,解除还款责任。

(三)注意事项

1. 开证申请人的注意事项

(1)押汇款应专款专用,仅用于履行押汇信用证项下的对外付款。

(2)进口押汇是短期融资,押汇期限般不超过90天,90天以内的远期信用证,其押汇期限与远期期限相加一般也不得超过90天。

(3)进口押汇须逐笔申请,逐笔使用,一般不设额度。

(4)押汇比例和押汇期限应根据实际情况与开证行协商后决定。

2. 对于开证行的注意事项

(1)调查了解开证申请人的资信情况。开证申请人的经营利润是进口信用证押汇还款的唯一来源,因此,调查了解开证申请人的经营能力和资信状况对于防范进口押汇风险至关重要。

(2)调查了解进口货物的市场行情,根据进口货物的市场行情情况确定押汇条件。若进口货物属于畅销商品，由于其变现能力较强，则可适当放宽押汇条件；反之，应从严控制押汇条件。

（3）适当考虑增加其他安全措施。由于进口信用证押汇的还款来源单一、风险较大，因此在必要时，可参照普通流动资金贷款的风险防范措施，考虑增加其他担保或抵押，如要求开证申请人增加第三方担保、不动产抵押、动产质押等，以防风险发生时，押汇银行能将损失减少到最低限度。

（4）加强进口信用证押汇后的管理，必要时可监控开证申请人进口货物的货款回笼情况。在开证申请人出现不利于还款的迹象时，采取适当措施减少损失。

四、提货担保

（一）定义

提货担保是指进口信用证项下，货物先于单据抵达港口时，开证申请人向开证行提出申请，凭开证行加签的提货担保书向船公司办理提货手续的业务。由于申请人在未付款之前就取得了代表货物所有权的单据，因此它实质是开证行对申请人的一种融资。在正常的情况下，收货人应凭正本提单向船公司办理提货手续，但由于近海航行，航程过短，货物常常先于单据到达，如收货人急于提货，可采用提货担保方式，即请开证行出具书面担保，请船公司先行放货，保证日后及时补交正本提单，并负责交付船公司的各项费用及赔偿由此而可能遭受的损失。

提货担保的主要作用是货物到港后，收货人可以及时提货，而不必等待运输单据到达后提货，省去了货物到港后，收货人没有及时提货而可能产生的滞港费等额外费用和避免可能产生的损失。

（二）业务流程

（1）开证申请人（进口商）向银行（开证行）提出办理提货担保业务的申请，并填写《提货担保申请书》。

（2）开证申请人向银行提供近期财务报表、提单复印件等材料，必要时提供保证金等担保措施。

（3）办妥上述事宜后，银行向签发提单的承运人或其代理人出具提货担保书。

（4）担保提货后，一旦收到所需单据时，须立即凭正本提单到提货所在地将银行担保书换回并退还银行。

（三）注意事项

1. 进口商的注意事项

（1）可以办理提货担保的进口贸易具有一定的限制条件。进口商若办理提货担保业务，其进口贸易必须同时满足三个条件：一是必须是开证行自身开立的信用证项下的商品进口；二是运输方式必须为海运；三是信用证规定提交全套海运提单。对于其他形式的进口商品、运输方式为非海运（如陆运、空运等）、含有 2/3 提单条款等物权不完整条款的信用证，通常不能办理提货担保。

（2）承担保证付款责任。进口商在收到有关单据后，无论单据是否与信用证相符，都必须保证立即承兑或付款，不得拒付。

（3）承担退还责任。进口商在收到有关单据后，须立即用正本提单向船公司换回提货担保书，并将其退还给开证行，否则，会影响开证申请人的授信额度和信誉，因为提货担保业务也是授信业务。

（4）承担赔偿责任。如果开证行因出具提货担保而遭受损失，进口商必须予以赔偿。

2. 开证行的注意事项

（1）调查了解开证申请人的资信及经营状况。虽然开证行在开证时对开证申请人的资信及经营状况已经进行了调查，但企业的经营状况是动态的，且开证行在出具提货担保时会丧失货物控制权，因此，开证行此时面临的风险比开证时要大，必须对开证申请人进行进一步的调查了解，以确定是否需要补充保证金、增加第三方担保或采取其他风险防范措施。

（2）调查了解货物情况。开证行要对开证担保下的货物进行调查，核对货物有关内容，如商品名称、数量、总价值、起运港和目的港等，以确认该货物是否为本行开立的信用证项下的货物。

（3）督促开证申请人来单后立即将提货担保归还开证行。当信用证项下的单据到达开证行时，开证行要督促开证申请人立即去轮船公司，用海运提单替换开证行的提货担保，并将其归还开证行。

拓展阅读：
银行叙做提货担保的风险

五、信托收据

信用证有即期和远期之分。远期信用证是指开证行或付款行在收到出口方银行提交的单据时，虽然审单相符，但并不立即付款，而是待远期汇票到期日才履行付款承诺的信用证。因此，远期信用证中也同样存在托收方式下远期付款交单的问题，即付款交单期限迟于到货日期，开证申请人（即被信托人或受托人）在付款赎单前，往往会凭借信托收据向开证行借取单据，先行提取货物。开证行在借出单据后，即失去了对货物的控制权，所以也只有在开证申请人的信誉足够好的情况下，开证行才会同意凭信托收据借单。

信用证中信托收据的应用与跟单托收中的应用基本一致。

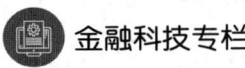 金融科技专栏

交通银行区块链信用证业务

2021年5月，交通银行借助自建的跨境金融区块链平台，为一家出口企业办理了一笔基于区块链技术的信用证业务。该笔业务中，企业通过平台上传贸易单据，开证行、通知行、议付行等参与方实时共享加密后的单据信息，仅用3个

小时便完成了传统模式下需3—5天的审单与确权流程，成功实现了信用证项下的跨境资金支付，这标志着国内银行在信用证业务的数字化转型中完成了一次重要突破。

信用证作为国际贸易中经典的结算工具，其核心价值在于通过银行信用缓解买卖双方的信任难题，但传统模式下存在单据传递慢、人工审单误差率高、多方信息不同步等痛点。区块链技术的应用有效解决了这些问题：不可篡改的分布式账本确保了单据信息的真实性，实时共享功能减少了重复核验环节，智能合约则自动触发审单逻辑，大幅提升了信用证业务的处理效率，同时降低了操作风险和沟通成本，让跨境贸易结算更便捷可靠。

资料来源：交通银行区块链信用证业务实践案例，新浪财经。

金融职业素养专栏

信用证业务是规范跨境贸易结算、保障买卖双方权益的核心金融工具，是支撑国际贸易有序开展、提升全球贸易便利化水平的重要支柱。在化解跨境交易信任壁垒、稳定供应链产业链方面，信用证业务具有不可替代的作用，其规范使用直接反映金融机构的专业素养与国际公信力。我们需紧扣"法治"与"公正"的社会主义核心价值观，深刻认识到信用证不仅是商业信用的补充与提升，更是国际结算规则的集中体现与国家金融信用体系的重要构成。因此，必须恪守"单证相符、单单一致"的职业准则，将其视为维护国际商业秩序的责任担当，在开证、审单及付款等环节严守《跟单信用证统一惯例》等国际规则，杜绝不符点滥用、恶意拒付等失信行为，以严谨、公正的态度保障贸易双方合法权益，践行金融服务实体经济、维护全球贸易公平的职业使命。

思维导图

任务三测试题

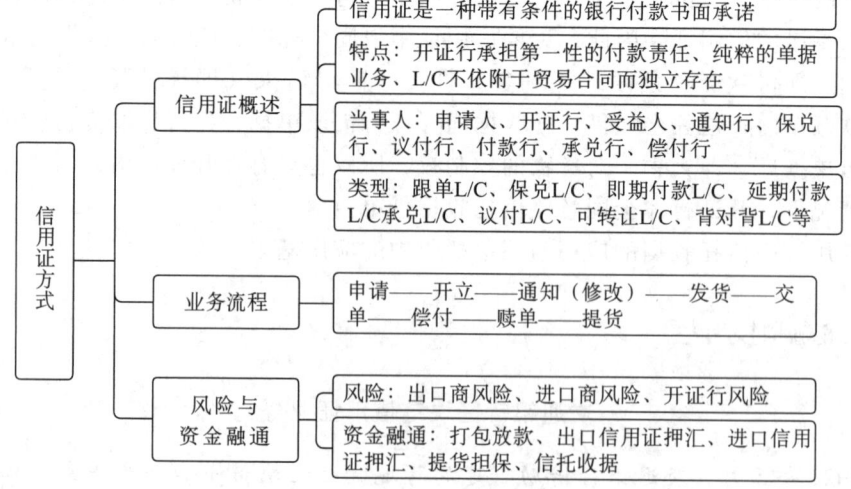

综合实训

项目六 Chapter 6
国际结算中的商业单据

【知识目标】
1. 掌握发票、运输单据、保险单据、装箱单等单据的内容。
2. 熟知发票、运输单据、保险单据、装箱单等单据的审核要点。

【能力目标】
1. 能缮制商业发票、海运提单、保险单、装箱单等结汇单据。
2. 能依据 UCP600 和 ISBP745 审核信用证业务中的单据。
3. 能正确处理单据中的不符点。

【素质目标】
1. 引导学生德技兼修,培养工匠精神,做事力求精益求精。
2. 强化学生法治观念,在国际业务处理中恪守职业道德和职业规范。

PPT

国际结算中,单据是办理货物交付和货款支付的一系列证明文件,一般凭借单据来处理国际货物的支付、运输、保险、商检和结汇等。URC522 第二条指出:"单据是指金融单据和/或商业单据。其中金融单据是指汇票、本票、支票或其他类似的可用于取得款项支付的凭证;商业单据是指发票、运输单据、所有权文件或其他类似的文件,或者不属于金融单据的任何其他单据。"这些单据通常是由出口商制作或取得后通过银行转交给进口商,出口商的交货主要是通过交单来完成的,因此单据是出口商用来表示自己已经履行了合约义务的证明。

商业单据又可分为基本单据和附属单据。基本单据是出口商必须提供的单据,是出口商履约的主要证明,也是银行在单据业务中审查的重点,包括:商业发票、运输单据和保险单据。附属单据是指除基本单据以外的其他单据,由出口商根据进口商的要求而特别提供,包括:海关发票、装箱单、质量证、原产地证

微课:商业单据的含义和种类

书、商品检验检疫证书等。

随着信息技术的发展,越来越多的外贸公司开始使用电子贸易单证(如电子发票、电子提单等),使用电子贸易单证要确保证符合国际标准和目的国海关的要求。

拓展阅读:英国《2023年电子贸易单证法》

任务一 商业发票

【任务要求】

学生要理解发票的概念、种类及作用。

学生要掌握商业发票的内容、缮制与审核要点。

学生要依据商业发票的缮制要点,能正确缮制与审核商业发票。

学生课后要阅读国际惯例中有关商业发票的条款。

教学活动1 发票概述

【活动设计】

1. 通过【案例导入】,讲解发票的概念、种类和作用。

2. 组织课堂讨论,引导学生分析商业发票、形式发票、海关发票、领事发票和厂商发票在国际结算中的作用。

【案例导入】

2024年6月,澳大利亚A公司向新加坡B公司出口一批农产品。合同规定的支付条款为:"凭见票30天到期的汇票付款,承兑交单"。A公司按期装货出运后于7月2日向托收行办理了D/A 30天托收业务。8月10日,托收行向B公司提示要求付款,付款人拒付,理由是:"商业发票不符合新加坡相关规定,无法通关。"同日,A公司也收到类似通知。由于B公司未在来电中说明合格的商业发票格式,A公司不得不自行查找澳大利亚以往的合同当中关于发票格式的要求,缮制并补寄了新的发票。8月22日,B公司又来电称:"你方补寄的发票收悉,但海关仍不接受,因为发票上没有注明原产地。"后A公司通过其他途径打探得知:该批农产品早已被B公司提走,因其公司亏损、无力付款,才采取这种办法抵赖货款。

思考:商业发票应包含哪些内容?在国际结算中,商业发票有何作用?

【基础知识】

发票(Invoice)是经贸活动中常见的单据,其概念有广义和狭义之分。广义的发票泛指一切带有"发票"名称的单据,如商业发票、形式发票、海关发票、领事发票、厂商发票等。我们通常所说的发票是狭义的发票,即商业发票。

一、商业发票的概念

商业发票(Commercial Invoice)是进出口贸易中最主要的商业单据之一,在实务中通常被简称为发票。它是卖方向买方开出的发货价目单,即载有货物名称、数量、价格等内容的清单,也是卖方向买方计收货款、清算账目的单据。在国际贸易中,对于出口商来说,商业发票是出货的记账单据,也是凭以向进口商索取提供货物及服务价款的单据;对于进口商来说,商业发票是进货的记账凭证,也是凭以办理进口报关、纳税手续的重要文件。

微课:商业发票的含义和作用

商业发票是全套单据的中心,其他单据如运输单据、保险单据、包装单等都应以它为中心来缮制。在制单顺序上,往往也首先缮制商业发票。商业发票可以全面反映合同的内容,虽然它不是物权凭证,但单据中若缺少了发票,则不能了解一笔业务的全貌。

发票是出口商开给进口商的发货清单,从发票上可以看到交易的详细描述,比如:商品名称、价格、规格、重量、包装等。出口商售货后,通常要向进口商出具商业发票,以证明货物的所有权发生转移。

(一)进口商核对货物的依据

由于商业发票上详细列明了货物的相关信息,能帮助进口商识别收到的货物是否属于某笔订单,是否按照合同规定的内容和要求装运。进口商可以按照出口商提供的发票逐条与合同核对,了解对方履约的情况。

拓展阅读:中国贸促会关于发票认证的说明

(二)出口商和进口商记账的依据

发票是销售凭证,进出口双方都需要根据发票的内容逐笔登记入账。出口商可以根据发票登记其销售收入、往来款项及成本结转等有关账簿,核算盈亏;进口商则可以根据发票逐笔登记应付账款,按时结算货款,履行合同义务。

(三)代替汇票作为付款凭证

汇票作为一种标明付款金额的支付凭证,通常成为一国印花税的征收对象。在信用证和托收等结算方式中,为了避免印花税支出,进口商经常要求出口商不要向其提交汇票,这样出口商的发票就代替汇票发挥支付凭证的作用,成为进口商付款的依据。

(四)进出口商报关纳税的依据

在正常情况下,世界上多数国家都是根据商业发票来征税的。出口货物装运前或进口货物到达后,出口商和进口商都需要向海关递交商业发票作为报关发票,发票中载明的价值和有关货物的描述是计税(出口税或进口税)的依据。因此,发票必须缮制清楚,海关才能据此迅速准确地确定应征税额,结关放行,出口商或进口商才能顺利装运或提货。

此外,发票还作为统计的凭证、保险索赔时的价值证明等。

二、其他发票

（一）形式发票（Proforma Invoice）

形式发票又称预开发票、估价发票，是一种非正式发票。形式发票与商业发票不同的是在发票上有"形式"字样，是国际贸易中出口商在收到正式订单或装运货物之前预先向进口商报价的一种发票。形式发票主要是供进口商向本国贸易管理当局或外汇管理当局申请进口许可证或进口所需外汇时使用，一般包括货物品名、数量、成交价格、装运期、运输方式、付款方式、公司信息等。

形式发票不能用于托收或信用证项下议付，其所列单价、金额等仅仅是事先估算而得，正式成交后结算时还要重制正式商业发票。形式发票虽非正式，但与商业发票又有密切关联。如果信用证在货物描述栏内有提及或要求加注形式发票号码时，则应照加。如果来证附有形式发票，则制单时注意商业发票与形式发票内容的一致性。如果用作邀请进口方发出确定的订单，形式发票上一般要注明价格和销售条件，进口方一旦接受此条件，就能按形式发票内容确定合约。

（二）海关发票（Customs Invoice）

拓展阅读：
海关发票填制
注意事项

海关发票是出口商应进口国海关要求出具的一种单据，基本内容与普通的商业发票类似，其格式一般由进口国海关统一制定并提供。海关发票主要是用于进口国海关统计、核实原产地、查核进口商品价格的构成等，既是进口国海关估价定税和海关统计的依据，也是进口国据以核定有无倾销倾向，确定是否征收反倾销税或反补贴税的依据。美洲、非洲、大洋洲的一些国家，如美国、加拿大、尼日利亚、赞比亚、新西兰等，对进口货物按净值（即按 FOB 价）估价征税，需要提供海关发票。

海关发票常见的名称有："Customs Invoice" "C. C. V. O.（Combined Certificate of Value and Origin）" "Certified invoice in accordance with ××（进口国名称）customs regulations" "Appropriate certified customs invoice" "Signed certificate of value and origin in appropriate form"。虽然名称有所不同，但都是为了证明所申报的进口货物原产地，以及货物的详细价格构成，即必须分别注明货物的离岸价、外包装费用、内陆运费、内陆运输保险费、港口费用、海洋运费、海运保险费、佣金等。海关发票常要求注明货物的国内市场价、货物的原产地，并要求出口商或有权签字人亲笔签名，有时还要求另有见证人（Witness）的签字证明。

（三）领事发票（Consular Invoice）

拓展阅读：
领事发票填制
注意事项

领事发票是由出口商根据进口国驻出口国领事馆所提供的特定格式填制并经领事签证的发票。领事发票和商业发票是平行的单据，领事发票是一份官方的单证。在实际工作中，比较多的情况是有些国家来证规定由其领事在商业发票上认证，认证的目的是证实商品的确实产地，收取认证费。即出口商在商业发票上由进口国驻出口国的领事签证（Consular Visa），即"领事认证发票"（Consular Legalized Invoice）。出具领事发票时，领事馆一般要根据进口货物价值收取一定费用，办理领事发票的额外费用一般由出口商承担。因此，在计算出口价格时，应将这笔费用考虑进去。

领事发票的作用与海关发票大致相近，主要有：①证明出口商提供的商品数量、价格的真实性。②按照现行市价来核定销售价格以保证不发生"倾销"，作为课税的依据。③有些国家还以领事发票代替进口许可证，对于没有领事发票的进口货物课以最高税率，或完全禁止进口。④拉丁美洲一些国家及菲律宾等国，以领事发票代替产地证，用来核定产品的原产地，据以针对不同来源的商品实行差别关税待遇。

（四）厂商发票（Manufacturer's Invoice）

厂商发票又称制造商发票，是出口货物的制造厂商出具的以本国货币表示出厂价格的销货凭证。进口商要求提供厂商发票的目的是了解所进口商品在生产国的国内价格，核查有无倾销倾向。

除了上述的几种发票外，还有税务发票（Tax Invoice）、最终发票（Final Invoice）、详细发票（Detailed Invoice）、证实发票（Certificate Invoice）、样品发票（Sample Invoice）、寄售发票（Consignment Invoice）以及宣誓发票（Sworn Invoice）等，在此不一一列举。

教学活动 2 商业发票的缮制与审核

【活动设计】

1. 通过【案例导入】，讲解商业发票的主要内容及缮制要点。
2. 学生分组，结合实际业务，模拟出口商缮制商业发票和银行审核发票。

【案例导入】

中国银行将韩国友利银行开立的一份信用证通知给东方公司。东方公司发运货物后，向中国银行提交了全套单据。经审核，中国银行发现商业发票上存在两个问题：

1. 发票未按信用证要求显示"SPARE PARTS AS PER PROFORMA INVOICE NO. ×××"字样。

2. 发票除显示货物本身的价值外，总金额中还包括了单独列出的额外费用（利息为 1000 美元）。

中国银行立即将上述两个问题反馈给东方公司，同时告知东方公司若对商业发票进行修改，其必须到贸促会重新办理发票认证。但东方公司认为重新办理贸促会发票认证手续复杂，未接受中国银行的建议，而是要求中国银行将全套单据寄给友利银行。友利银行收到单据后提出拒付。

思考：友利银行因上述商业发票不符点提出拒付是否合理？为什么？

【基础知识】

一、商业发票的内容

商业发票由企业自行设计，格式不一，但内容大致相同，包括首文、正文和结文三部分。首文部分列明发票的名称、发票号码、合同号码、发票的出票日期和地点，以及船名、装运港、卸货港、发货人、收货人等，这部分多是已印刷的项目，后面留有的空格须填写；正文部分主要包括唛头、商品名称、货物数量、规格、单价、总价毛重/净重等内容；结文一般包括信用证中加注的特别条款或文句以及发票出票人签字（见表6-1）。

商业发票的内容必须符合买卖合同规定，若合同中规定采用信用证支付方式，还须与信用证的规定相符，符合 UCP600 和 ISBP745 的解释。由于商业发票是缮制各种单据的中心单据，因此制单质量要求很高，商业发票一般应在出口报关前缮制。

拓展阅读：
ISBP745

（一）商业发票的首文（Heading）

首文主要是对于该发票自身及其当事人的说明部分，其基本内容包括：

1. 出票人（Issuer）名称和地址

发票的出票人一般为出口商，也就是买卖合同中的卖方（Seller），其名称和地址相对固定，因此一般事先印制在发票的上方；或在电脑制单时已将这一内容编入程序。当公司更名或搬迁后，应及时印刷新的发票、或修改编制好的内容，以免造成单证不符。审单时，要核对出票人是否与信用证的受益人名称一致。

2. 发票字样（Invoice/Commercial Invoice）

发票上一般标明"发票"（Invoice）或"商业发票"（Commercial Invoice）字样，用粗体字印刷在发票的明显位置。在信用证支付方式下，应按信用证对发票的具体要求制作，例如：如果要求提供的是"Commercial Invoice"（商业发票），则发票的名称必须有"Commercial"字样，否则发票则与信用证的要求不符。

3. 发票抬头人/收货人（Consignee）

发票的抬头人也叫发票的受票人，即收货人，一般为进口商，是买卖合同中的买方（Buyer）。发票抬头人的地址应是合同中买方的地址。此栏一般印有"To""Sold to Messrs."或者"For Account and Risk of Messrs."等字样。在这些字样后，一般注明买方的名称和地址，有时还包括电传号码等。

若使用信用证支付方式，抬头人应与信用证中所规定的内容严格一致。如果信用证中没有特别的规定，即将信用证的申请人或收货人的名称、地址，填入此栏。如果信用证中没有申请人名字则用汇票付款人。例如：信用证申请人为"ABC Co. Ltd., New York"，但又规定"Invoice to be made out in the name of XYZ Co. Ltd., New York"，则发票的抬头打后者。总之，按信用证缮制。

表 6-1　　　　　　　商业发票示例

CHANGCHUN JINHUA IMPORT AND EXPORT COMPANY NO. 7696 RENMIN ST. CHANGCHUN, P. R. CHINA			
TO：	商业发票　COMMERCIAL INVOICE			
^	NO.：		DATE：
TRANSPORT DETAILS：	S/C NO.：		L/C NO.：
^	TERMS OF PAYMENT：		
Marks and numbers	Number and kind of packages description of goods	Quantity	Unit price	Amount
TOTAL：				
SAY TOTAL：				

4. 出票地址及日期（Place & Date）

商业发票的出票地址和日期通常在发票右上角，一般连在一起。出票地点一般是出口企业所在地；信用证支付方式下，出票地址应为信用证规定的受益人所在地，通常是议付所在地。发票的出票日期就是发票的制作日期，即发票的签发日期。在全套单据中，发票是签发日最早的单据。在一般情况下，发票日期不早于合同的签订日期，略早于汇票日期且在运输单据的出单日期之前，同时还不能迟于信用证的有效期或信用证规定的交单期。但是，UCP600 规定，除非信用证另有规定，单据（包括发票）的出具日期可以早于信用证开出日期。

5. 发票编号（Invoice No. /No.）

发票号码是出口企业自行编制的号码，便于业务管理。发票作为中心票据，其他票据的号码均可与此号码相一致，如：汇票号码、托运单的号码、箱单号码、出口报关单号码及其他附属单据号码等一般均与发票号码一致。有些地区为使结汇不致混乱，也使用银行编制的统一编号。为了便于核对，发票中一般还注明有关合同号码或订单号码，采用信用证结算时，一般还注明信用证号码。

6. 合同号（S/C No.）

发票的出具都以买卖合同作为依据，如果合同用"Sales Confirmation"（销售确认书）表示，则合同号用"S/C No."表示。但是买卖合同并不都以"S/

C"为名称。有时出现"Contract""Order"等时，则应相应修改本项名称后，再填写该合同的号码。信用证业务中，合同号码应与信用证上列明的一致，一笔交易牵涉几个合同的，应在发票上表示出来。

7. 信用证号（L/C No.）

当采用信用证支付货款时，填写信用证号码。若信用证没有要求在发票上标明信用证号码，此项可以不填。当采用其他支付方式时，此项不填。

8. 支付条款（Term of Payment）

填写支付方式，如 T/T、L/C、D/P、D/A 等。

9. 运输细节（Transport Details）

（1）起运及目的地（港）（From … To …）。发票上应列明起运地（港）至目的地（港）的地（港）名，如果转运应加注中转地（港）名称。如果遇到世界上有重名的港口或城市，应加列国名或地区名。这些内容应与运输单据上的相关部分一致。如"From Dalian To New York, U. S. A. W/T Shanghai"。

（2）运输工具。应列明运输方式及运输工具的名称，如：采用直达船运输时，应在发票上加注船名；若中途需要转船，则应注明二程船名。信用证支付方式下，航线要严格与信用证一致。在信用证允许的条件下，若中途转运，应标明转运及转运地点。如"From Dalian to London on June 1, 2024, thence Transshipped to Rotterdam By Vessel."所有货物于 2024 年 6 月 1 日通过海运，从大连港运往伦敦港，中途在鹿特丹港口转船。

（二）正文部分（Body）

发票的正文是对履约情况的说明部分，其基本内容如下。

1. 唛头和件号（Marks and Numbers）

唛头，又称运输标志，通常由几何图形、字母、数字及简单的文字组成，一般刷在货物外包装上，其作用在于使货物在装卸、运输、保管过程中容易被有关人员识别，以防错发错运。信用证支付方式下，唛头一般在合同和信用证中会有规定，应严格按照其规定缮制。

缮制唛头时应写上实际装运的件数，件数的表示有两种方法：一是直接写出×××件，信用证规定唛头上的件号往往为"1 - UP"。如实际装运 100 箱，唛头应缮制成"1—100"。二是在发票中记载诸如"We hereby declare that the number of shipping marks on each packages is 1—100, but we actually shipped 100 cases of goods."（兹申明，每件货物的唛头号码是从 1 - 100，实际装运货物为 100 箱。）之类的文句。若信用证没有规定，可按买卖双方和厂商约定的方案或由受益人自定。无唛头时，应注"N/M"或"No Mark"。如为裸装货，则注明"NUDE"或散装货"IN BULK"。如来证规定唛头文字过长，可用"/"将独立意思的文字彼此隔开，可以向下错行。

2. 包装件数和种类，货物描述（Number and kind of packages, description of goods）

（1）包装件数和种类。商业发票上必须标明商品的包装件数和种类，同时还应注明毛重、净重及包装尺码，这些是缮制托运单、提单、保险单等单据的必要参考资料。信用证中如规定内外包装或其他明细，发票中应填写完整。

货物包装种类和件数的缮制方法如下：① 以件数或个数计价的货物，允许只列出件数和包装条件，如：6000 PCS（600 CTNS）；② 以箱数计价的货物，允许只列出箱数，如：600 CTNS；③ 以重量计价的货物，必须列明净重，如：6000 KGS（600 CTNS）。

（2）货物描述（Description of Goods）。发票上的货物描述主要涉及商品的名称、品质和规格，发票中对货物的描述通常使用全称，而不能用统称、省略或同义词替代。信用证支付方式下，发票中的货物描述内容必须与信用证中的相关内容严格保持一致，否则可能造成单据不符。如果信用证中的商品名称有错误或漏字等，且没来得及修改，发票上的商品名称也应将错就错，以保证发票与信用证规定的完全一致。不过，可在错误的名称后面加注正确的名称。银行只负责审核单据表面上的一致性。根据 UCP600 规定，发票的商品名称不得使用统称，必须完全与信用证相符。有些国家开来的信用证中，商品名称以英语以外的第三国文字表述（如法文、德文、西班牙文等），则发票（包括其他单据）亦应严格按信用证内容以该文字照抄。尤其是法国来证，法国海关要求收货人进口清关时必须提供法文发票，因此应至少以法文注明商品名称。

3. 货物数量（Quantity）

发票上有关货物数量的记载必须与信用证规定一致。货物的数量，与计量单位连用，如 200 PCS（200 件）。注意该数量和计量单位既要与实际装运货物情况一致，又要与信用证要求一致。在实务中，货物的数量可有一定增减幅度。

4. 价格（Price）

发票上的价格包括单价和总价两部分。

（1）单价（Unit Price）。发票上的单价一般由四部分组成：计量单位、单位金额、计价货币和价格术语。信用证支付方式下，信用证中如有规定，发票的单价应与信用证中规定的货物单价一致；若信用证没规定，则应与合同保持一致。如 "USD 60 PER SET FOB DALIAN"。

（2）总额（Amount）。发票的总额即货物单价与货物数量之积，总价一般由大小写组成。单价和总价是发票的重要项目，必须准确计算，正确缮打，并应做到单价、数量、总价三者之间不能相互矛盾。发票的总金额不能超过信用证规定的金额（除非信用证另有规定），并注意与有关汇票金额一致。另外，有时根据买方的要求，对按照 CIF、CIP 或者 CFR、CPT 成交的，发票上还分别列明运费、保费和 FOB、FCA 价。以大写文字写明发票总金额（SAY TOTAL），必须与数字表示的货物总金额一致。如 "US DOLLARS EIGHTY NINE THOUSAND SIX HUN-DRED ONLY"。

（3）佣金和折扣（Commission and Discount）。佣金和折扣，也是价格的一个组成部分，如果单价中含有佣金或折扣，发票上一般也会注明，但不一定出现在每一笔交易中。在信用证支付方式下，实际制单时，若来证要求在发票中扣除佣金，则必须扣除。折扣与佣金的处理方法相同。有时证内无扣除佣金规定，但金额正好是减佣后的金额，发票应显示减佣，否则发票金额超证。有时合同规定佣金,但来证金额内未扣除,而且证内也未提及佣金事宜,则发票不宜显示,待货款收回后另行汇给买方。另外,在 CFR 和 CIF 价格条件下,佣金一般应按扣除运费和保险费之后的 FOB 价格计算。如:来证要求 "From Each Invoice 5 Percent Commission Must Be Deducted",且总额为 "GBP 20000.00 FOBC5 LIVERPOOL",则填在价格栏中的金额的计算如下:

FOBC5 LIVERPOOL　　　　GBP 20000.00
－C5　　　　　　　　　　GBP 1000.00
FOB LIVERPOOL　　　　　GBP 19000.00

(4) 不同成交价格条件下的费用。有时,来证要求在成交价格为 CIF 时,分别列出运费、保险费,并显示 FOB 的价格,制单时可按照如下格式填写。如:

TOTAL FOB VALUE　　　　USD 18000.00
FREIGHT　　　　　　　　USD 1100.00
INSURANCE　　　　　　　USD 900.00
TOTAL CIF VALUE　　　　USD 20000.00

(三) 结文部分 (Complementary Clause)

结文中主要是特别条款和出口商的签章,特别条款和签章在货物描述以下的空白内。

1. 特别声明条款 (Special Terms)

特别条款也称特别声明,发票的结文一般包括信用证中要求加注的特别条款或文句,如:在发票上加注特定费用金额等说明、有关文件号码与证明文句等。这些文句通常加注在货物描述以下和签字以上的空白位置内。在实际业务中,常见的要求有:分别列明货物的 FOB 金额、运费及保险费;进口许可证号码、布鲁塞尔税则号码等有关号码;注明货物的原产地名称等。

2. 出票人签字 (Signature)

发票的结文还包括发票的出票人签字。根据 UCP600 条款规定,商业发票可不必签字,但有时来证规定发票需要手签的,则不能盖章,必须手签。向墨西哥、阿根廷出口商品,即使信用证没有规定,也必须手签。一般由出口公司的法人代表或者经办制单人员代表公司在发票右下方签名,上方空白栏填写公司英文名称,下方则填写公司法人英文名称。

除非信用证另有规定,如果用影印、电脑处理或者复写方法制作出来的发票,应该在作为正本的发票上注明"正本"(ORIGINAL)的字样,并且由出单人签字。需注意的是,有些国家规定,写在签署人签字以下的文字内容无效。因此,应该特别注意,发票的各项内容应该列在签字之上。

此外,有些发票下端印有 E. & O. E. (ERRORS AND OMISSION EXCEPTED 的缩写,有错当查)字句,此系签发人事先声明,一旦发票有错,可以更正。若发票上加注了证实所列内容真实无误的证明文句,则应将"E. & O. E."字样删除。

拓展阅读:
声明文句举例

二、商业发票的审核

信用证支付方式下,商业发票的审核要点包括:①抬头人是否是申请人;②签发人是否是信用证中的受益人;③货物描述是否与信用证中引述的货物描述一致;④数量是否符合信用证的规定,是否与其他单据相矛盾;⑤商品的单价及总金额是否符合信用证的要求;⑥如信用证要求列出费用细目,商业发票按规定列出;⑦唛头、运输信息、运输费用等内容是否与运输单据相矛盾;⑧若信用证不允许分批装运,发票上是否记载了信用证项下全部货物;⑨提交的正副本份数是否符合信用证的要求;⑩是否加列与信用证要求一致的条文或证明;⑪若信用证要求签字、公证、认证、证实等,应予以照办。

任务一测试题

任务二
运输单据

【任务要求】

学生要理解运输单据的概念、种类及作用。

学生要掌握海运提单的内容、缮制与审核要点。

学生要依据海运提单的缮制要点,能正确缮制与审核海运提单。

学生课后要阅读国际惯例中有关运输单据的条款。

教学活动1 运输单据概述

【活动设计】

1. 通过【案例导入】,讲解运输单据的概念、种类、作用及海运提单的缮制要点。

2. 学生分组,搜集资料,课后讨论海运提单在国际贸易实务中的风险及防范措施,形成书面报告。

【案例导入】

2024年5月15日,我国甲公司向法国乙公司进口一批红酒。由于市场需求旺盛,合同规定最迟装船期为8月20日,目的港为中国上海。为顺利完成交易,甲公司于7月15日向中国银行申请并开出了不可撤销信用证。8月25日,甲公司收到了乙公司的装船通知,确认货物已装船。9月20日,中国银行收到了法国寄来的包括清洁提单在内的全套单据,经审核单证相符,表示愿意承兑,付款到期日为12月14日。然而这批货直到10月20日才抵达上海港。经查,该批货物在8月20日之前并没有到达装运港,提单是由乙公司向A轮船公司提供担保后,由A轮船公司倒签的,实际的装船日期应为9月2日。由于失去了市场先机,甲公司于11月11日起诉乙公司,鉴于交货延期导致甲公司遭受了巨大的经济损失,要求对方赔偿。经过法院的再度调查取证,法院认为乙公司在无法按合同约定的装运期装运的情况下,伪造单证,倒签提单达13天,并给甲公司造成了巨大的经济损失,属于严重违约,其行为已经构成欺诈。乙公司应该赔偿甲公司的损失。

思考:为什么会出现倒签提单的情况?倒签提单属于什么行为?

【基础知识】

运输单据(Transport Documents/Shipping Documents)是承运人或其他代理人收到托运货物后签发给托运人的一种收货凭证,是承运人和托运人之间运输契约的证明文件,也是买卖双方交接货物、处理索赔与理赔以及卖方向银行结算货款或进行议付的重要单据。

在国际货物运输中,运输单据种类繁多,常见的主要有:海运提单(Ocean Bill of Lading)、不可转让海运单(Non-negotiable Sea Waybill)、租船合约提单(Charter Party Bill of Lading)、铁路运单(Railway Bill)、航空运单(Airway Bill)、多式联运单据(MTD)、承运货物收据(Cargo Receipt)、邮包收据(Parcel Post Receipt)等。随着国际运输业和物流业的不断发展,新的运输方式会不断涌现,运输单据也必将推陈出新。

微课:海运提单

一、海运提单

在国际贸易中,海洋运输在货物运输方式中占很大的比例。海洋运输方式下,最重要的一种运输单据为海运提单。

(一)海运提单的概念

海运提单(Marine/Ocean Bill of Lading),简称提单(Bill of Lading),一般缩写为B/L。《汉堡规则》规定:提单是指证明海上运输合同和货物由承运人接管或装载,以及承运人保证凭以交付货物的收据。《中华人民共和国海商法》第七十一条规定:提单是指用以证明海上货物运输合同和货物已经由承运人接收或者装船,以及承运人保证据以交付货物的单证。提单中载明的向记名人交付货物,或者按照指示人的指示交付货物,或者向提单持有人交付货物的条款,构成承运人据以交付货物的保证。

(二)海运提单的作用

1. 货物收据(Receipt for Goods Shipped)

海运提单是承运人签发给托运人的收据,确认承运人已按提单上所记载的有关商品的标志、数量以及商品的表面状况收到商品,并且货物已经装船或准备装船。根据海运传统,承运人要对装船提单上描述的货物负责,并在目的地将提单上描述的货物交给提单持有人。

2. 运输合同证明（Evidence of the Contract of Carriage）

托运人向承运人办妥订舱或租船手续时，即表明双方运输合约关系建立。依照双方的约定，托运人按时向承运人提交货物，承运人向托运人出具海运提单，这份提单就成为双方运输合约的证据。提单背面印就的条款，即视为双方共同接受的运输合约条款，承运人和托运人分别承担了合约中规定的各自责任。承运人保证船只处于适航状态，以及托运人履约和未出现不可抗力的情况下，将货物运抵目的港，并完好地交付收货人；托运人则保证货物的内在状态完好，以及包装符合规定的运输条件。

3. 物权凭证

提单是承运人向托运人签发的提货凭证，代表货物的所有权，提单的转移也就是货物所有权的转移。提单的合法持有者有权要求承运人交货，承运人若把货物交给了非提单持有人，就要承担被提单持有人追索及赔偿的风险。若承运人对提单持有人的收货人身份有所怀疑，可以要求对方提供银行担保。承运人对凭提单交货所产生的错交不负责任。

4. 索赔依据

若运输货物在途中受到损失，提单是货主向船公司或保险公司索赔的重要依据之一。

（三）海运提单的关系人

海运提单的关系人主要有承运人、托运人、收货人、被通知人、受让人及持单人等。

1. 承运人（Carrier）

承运人是与托运人签订运输合同、负责运输货物的关系人。承运人也称船方，并不要求一定拥有运输工具，根据具体情况可以是船舶所有人即船东，也可以是租船人。其责任是按提单所记载的内容运输货物，并将货物交给收货人或提单持有人。如果货主违反规定，承运人可行使留置权。例如：货方不付应付的运费，承运人可扣押货物或出卖货物以抵偿欠款。

2. 托运人（Shipper/Consignor）

托运人是与承运人签订运输合同的关系人，也称货方。可能是发货人（卖方），也可能是收货人（买方）。在CFR、CIF等条件下，托运人是出口商；在EXW、FOB等条件下，托运人是进口商。

3. 收货人（Consignee）

收货人是在目的港凭提单向承运人提取货物的人，即提单的抬头人、持有人或记名提单载明的特定人。收货人可以是托运人本身，也可以是第三人。托收项下的提单，一般做成空白指示或托运人指示，由托运人背书后送交托收银行；信用证项下，必须严格按信用证规定缮制。根据抬头一栏的不同形式，决定了提单是否能转让。

4. 被通知人（Notify Party）

被通知人是货物到达目的港时，船方发送到货通知的对象。被通知人一般是收货人的代理人。被通知人的设置是承运人给予货主的便利，以便收货人及时提货。

5. 受让人（Transfer or Assignee）

受让人是经过背书或交付转让接受提单的人，有向承运人要求提货的权利。只要抬头许可，提单就可以转让。

6. 持单人（Holder）

提单是物权凭证，可以转让。持单人是经过正当手续持有提单的人，可凭单提取货物。持单人为收货人或受让人。

（四）海运提单的种类

1. 按签发提单时货物是否装船划分，提单可分为已装船提单和备运提单

（1）已装船提单（Shipped or on Board B/L），是指承运人签发的注明货物已装船或已装具名船只的提单。

① 已装船或已装具名船只，可由提单上印就的"货物已装上具名船只"（Shipped on board the vessel）来表示，此时提单的出具日期即为装船日期。这种提单较少。

② 在提单上印就"Received the Goods"时，已装船或已装上具名船只可以由提单上注明货物装船日期的批注来证实，此时装船批注的日期即为装船日期。装船批注应包括："Shipped on Board"字样、船名、日期及承运人签字。这种提单较多。

③ 当提单含有"预期船"字样或类似词语时，装船批注除注明已装船的日期外，还应包括实际装货的船名，即使实际装货船只的名称就是"预期船"时，也是如此。

（2）备运提单（Received for Shipment B/L），是指承运人应托运人的要求，在收到货物等待装船期间先行签发的一种提单，其特点是先签单后发运。这种提单没有确定的装运日期，往往不注明装运船舶的名称，货物能否出运没有保障，实际上只是一张收据，买方和银行一般不接受备运提单。备运提单可通过加注已装船批注转变为已装船提单。

2. 按提单上有无不良批注，提单可分为清洁提单和不清洁提单

（1）清洁提单（Clean B/L），是指货物交运时外表状况良好，承运人未加有关货损或包装不良或其他有碍结汇批注的提单。一般提单都印有"在提单内所列表面状况良好的货物已装船"之类词句。清洁提单上未加其他批注，是国际贸易中广泛采用的提单。

（2）不清洁提单（Unclean or Foul B/L），是指承运人在提单上加注货物或包装状况不良或存在缺陷等批注的提单，如包装不固、破包、某件损坏等。由于买方根据合约有理由拒收此类货物，所以在跟单信用证项下，银行一般拒绝接受不清洁提单。

3. 按提单收货人抬头不同，提单可分为记名提单、不记名提单和指示提单

（1）记名提单（Straight B/L），又称"不可转让提单"，是指在收货人一栏内具体填明收货人名称和地址的提单。这种提单只能由收货人提货，不能转让，

拓展阅读：电子提单

所以在国际贸易中较少采用。记名提单一般只适用于运输展览品或贵重物品等情况，可以不通过银行而由托运人将其邮寄收货人；也可由船长随船带交，以便提单可以及时送达收货人，不致延误。

（2）不记名提单（Bearer B/L），又称"空白提单"或"来人抬头提单"，是指收货人一栏内不填写收货人名称而留空或者做成来人抬头（to the bearer）的提单。由于这种提单不做任何背书即可转让，一旦丢失或被窃风险极大。因此，很多国家明令禁止使用，国际贸易中也很少使用。

（3）指示提单（Order B/L），又称"可转让提单"，是指在收货人栏内填"凭指示"（to order）或"凭某人指示"（to the order of…）字样的提单。这种提单可以背书转让，背书的方式有两种：一种是空白背书，仅由背书人（提单转让人）在提单的背面签字盖章；另一种是记名背书，即转让人除签字盖章外，还须列明受让人（被背书人）的名称。在国际贸易中，指示提单被普遍使用。我国在出口业务中大多使用凭指示空白背书的提单，习惯上称为空白抬头提单或空白背书提单。

4. 按运输方式不同，提单可分为直达提单、转船提单和联运提单

（1）直达提单（Direct B/L），是指货物从装运港装船后，中途不换船而直达目的港时使用的提单。直达提单上仅可显示"from…to…"即装运港和目的港的名称，不得标注"转船"字样。在国际贸易中，如信用证规定货物不准转船，则受益人必须提交直达提单。

（2）转船提单（Transshipment B/L），是指货物须经中途转船才能到达目的港而由承运人在装运港签发的全程提单，提单上注有"在×××港转船"字样。通常由第一程船的承运人签发，一般在提单上声明"承运人仅承担货物在第一程内所发生的损失责任"。

（3）联运提单（Through B/L），是指货物需经两段或两段以上运输运到达目的港，而其中有一段是海洋运输，如海陆、海河、海空、海海等联运的货物，由第一程海运承运人收取全程运费后，在起运港签发的到目的地的全程运输提单。联运提单虽然包括全程运输，但签发提单的海运承运人只对自己运输的一段航程中所发生的货损负责，这种提单与转船提单性质相同。

5. 按签发日期不同，提单可分为：预借提单、倒签提单、过期提单

（1）预借提单（Advanced B/L），又称无货提单，是指承运人或其代理人应托运人的要求，在货物尚未装船或尚未装船完毕的情况下，预先签发的已装船提单。这种提单往往是当托运人未能及时备妥货物或船期延误，船舶不能按时到港接受货载，估计货物装船完毕的时间可能超过信用证规定的结汇期时，托运人采用从承运人那里借出提单用以结汇。船公司签发提单的日期理应是货物全部装船完毕，也就是大副出具收据的那一天。预借提单是一种违法的做法。

（2）倒签提单（Anti-dated B/L），是指承运人或其代理人在托运人的请求下，在货物已装船后，以早于实际装运日为提单签发日所签发的已装船提单。这种提单与"预借提单"一样，通常被认为是非法的和欺诈性的，应被禁止。

（3）过期提单（Stale B/L）有两种情况：一是指晚于货物到达目的港的提

单;二是指海运提单出单后,出口商未按规定或法定的期限向银行提交的提单。前一种情况在近洋运输中经常出现,为了使这种过期提单能被接受,故在买卖合同和信用证中应规定"过期提单可以接受"的条款。后一种情况是可以避免的,因此 UCP600 规定:如信用证未规定向银行交单的特定期限,银行将拒收迟于出单日期 21 天后提交的单据。

6. 按船舶营运方式不同,提单可分为班轮提单和租船合约提单

(1) 班轮提单(Liner B/L)是指由班轮承运人或其代理人签发的提单。这种提单除正面列有托运人和承运人分别填写的有关货物与运费等记载事项外,背面还有印制的涉及承运人与货方之间的权利、义务与责任豁免的条款。

(2) 租船提单(Charter Party B/L)是指由船长、船东或他们的代理人以租船合约为依据签发的提单。大宗货物的托运人通常包租整船,租用一个航次或来回程。为此,船东与租船人订立租船合同,装货完毕后,承运人须向托运人(租船人)签发提单。租船提单并非一个完整而独立的文件,要受租船合同的约束,这种提单仅在正面列有简单的记载事项,并表明"所有其他条款、条件和例外事项按某年某月某日租船合同办理",而背面则无印制的条款。除非信用证另有规定,银行对于租船提单不予接受。

7. 按运费支付方法不同,提单可分为运费预付提单和运费到付提单

(1) 运费预付提单(Freight Prepaid)是指注明"运费预付"的提单。

(2) 运费到付提单(Freight Collect)是指注明"运费到付"的提单。

运费是到付还是预付是与价格条款相一致的。在 CIF 和 CFR 价格条件下,提单必须是运费已付提单;而在 FOB 价格条件下,则是运费到付提单。

8. 按格式和条款是否全面,提单可分为全式提单和简式提单

(1) 全式提单(Long Form B/L)是指正反面均有详细条款,并在提单的背面详细记载承运人和托运人权利、义务和免责事项等的提单。目前,国际贸易中一般采用全式提单。

(2) 简式提单(Short Form/Blank Back B/L)是指船运公司或其代理人所签发的提单,背面未印有承运条款细则,仅注明某些或全部装运条款参照提单以外的来源或文件。除非信用证有特殊规定,银行一般不接受简式提单。

9. 按使用有效性不同,提单可分为正本提单和副本提单

(1) 正本提单(Original B/L)是指可凭以向银行办理押汇和向目的港船公司或其代理提货的提单。正本提单必须标明"正本"(ORIGNAL)字样,且有承运人正式签字盖章并注明签发日期。正本提单一般签发一式两份或三份,若提单在流通过程中遗失时,可以应用其他正本提货。各份正本具有同等效力,但其中一份提货后,其余各份均告失效。

(2) 副本提单(Non-negotiable Copy,Copy B/L)是指正本提单的复制件,提单上没有承运人签字盖章,仅供工作上参考使用。副本提单上没有承运人签字盖章,仅供工作上参考使用。副本提单份数根据托运人和船方的实际需要而定。副本提单不具备法律效力,只用于日常业务。

案例分析:对正本单据的理解

二、不可转让海运单（Non-Negotiable Seaway Bill）

不可转让海运单，简称海运单（Seaway Bill），是承运人收到托运人交来货物时签发的货物收据，也是承运人和托运人签订运输契约的证明。海运单的正面内容与提单基本一致，但印有"不可转让"（Non-Negotiable）字样，其收货人为记名抬头，记名收货人是唯一的收货人。海运单不可以转让，也不是物权凭证，应用范围比较窄，主要用于跨国公司的成员之间、关系密切的长期贸易伙伴之间、以及短途海运等情况下。

三、航空运单（Airway Bill，AWB）

航空运单是在航空运输方式下，由承运人航空公司或其代理人接受托运人的委托，收到货物后，向托运人签发的以飞机装载运输货物的货运凭证。航空运单是承运人或其代理人接收托运人货物的收据，是承运人与托运人之间运输契约的证明，但其性质与海运提单不同，不是物权凭证。货到目的地后，收货人不是凭航空运单提货而是凭航空公司发出的到货通知单和有关证明提货。航空运单必须做成记名抬头，不能背书转让。

拓展阅读：航空运单的缮制

四、铁路运单（Railway Bill）

铁路运输单据，简称铁路运单，是铁路承运人向托运人签发的承运货物的单据，它既是承运人收到货物的收据，也是收取运杂费以及与货主交接货物的证明，还是货运双方索赔理赔的依据。与其他运输单据不同的是，铁路运单的正本随货物从始发站运至终点站，最后交给收货人。结算中使用的是铁路运单的副本，始发站在运单及其副本上加盖注明日期的印章证明货物已被装运，契约生效。铁路运单不是物权凭证，也不能通过背书进行转让或作为抵押品向银行融资。

五、多式联运单据（Multimodal Transportation Documents，MTD）

多式联运单据是指多式联运经营人在收到货物后签发给托运人的单据，其作用与海运提单相似，既是货物收据也是运输契约的证明，在单据做成指示抬头或不记名抬头时，可作为物权凭证，经背书可以转让。UCP600第19条规定，多式联运单据是至少包括两种不同运输方式的运输单据，如陆海、海空、陆空。

多式联运单据表面上和联运提单相仿，但两者的区别为：一是联运提单承运人只对自己执行的一段运输负责，而多式联运经营人对全程负责；二是联运提单由船公司签发，包括海洋运输在内的全程运输，而多式联运单据由多式联运经营人签发，虽然也包括全程运输但是多种运输方式中可以不包括海洋运输。

六、快递收据和邮政收据（Courier Receipt and Post Receipt）

快递收据是一种特殊的运输单据，交付凭证一般有四联，即发货人联、随货同行联、财务结算联和收货人签收联，货物通常由快递公司送上门。UCP600 第 25 条规定，证明货物收讫待运的快递收据，无论名称如何，必须看似标明快递机构的名称，在信用证规定的货物发运地点由该具名快递机构盖章或签字，并且标明取件或收件的日期或类似词语，该日期将被视为发运日期。

邮包收据是邮包运输的主要单据，它既是邮局收到寄件人的邮包后所签发的凭证，也是收件人凭以提取邮件的凭证，当邮包发生损坏或丢失时，它还可以作为索赔和理赔的依据。但是，邮包收据不是物权凭证。

教学活动 2　海运提单的缮制与审核

【活动设计】

1. 通过【案例导入】，讲解海运提单的主要内容。
2. 学生分组，结合实际业务，模拟托运人、承运人缮制并审核海运提单。

【案例导入】

我国甲公司凭即期不可撤销信用证向马来西亚乙公司出口一批马达，合同规定最迟装运期为 2024 年 7 月 25 日。签约后，对方及时开来信用证，甲公司根据信用证的要求及时发运货物。制单时，制单员按信用证的规定将商业发票上的商品名称填写为"MACHINERY AND MILL WORKS, MOTORS"，而海运提单上仅填写了该商品的统称"MOTORS"。后来，甲公司在向付款行中国建设银行提交单据要求付款时，中国建设银行以单证不符为由拒绝付款。

思考：海运提单上的商品名称是否可以使用统称？中国建设银行的拒付是否合理？

【基础知识】

一、海运提单的内容及缮制

（一）提单的正面内容

海运提单的正面是提单的记载事项（见表 6-2），一般记载的是运输货物的状况以及有关当事人的情况。以下针对信用证支付方式介绍提单正面记载的主要内容和缮制方法。

表 6-2　　　　　　　　　　海运提单样本

Shipper:	
Consignee:	Bill of lading
Notify:	
Vessel Voy NO.:	
Port of Loading:	Port of discharge:
Prepaid at:	Payable at:

Marks and Numbers	NO. of Packages	Description of goods	Gross Weight	Measurement

Total Packages:

Shipped on board of the vessel named above in apparent good and condition the goods or package specified herein and to be discharged at the above mentioned port of discharge or as near there to as the vessel may safely get and be always afloat.

The weight, measure, marks, numbers, quality, contents and value, being particulars furnished by the shipper are not checked by the carrier on loading.

The shipper, consignee and the holder of the Bill of Lading hereby expressly accept and agree to all printed, written or stamped provisions, excepting and conditions of this Bill of Lading, including those on the back hereof.

Freight and Charges:	In witness whereof, the Carrier or his Agent has signed Bills lading all of this tenor and date, one of which being accomplished, the others to stand void.
Place and date of issue:	Signed for theCarrier:

1. 当事人相关内容

（1）托运人（Shipper or Consignor）。提单的托运人一般为信用证的受益人，即出口商。如果受益人是中间商，而货物是从产地直接装运的，这时也可以实际卖方为发货人。按照 UCP600 的规定，如信用证无特殊规定，银行将接受以第三者为发货人的提单，不过此时要考虑实际业务的可操作性，如发货人是否在当地有代表可以进行背书。

（2）收货人（Consignee）。提单的收货人即提单的抬头人，因直接关系提单的性质、能否转让、物权归属等问题，是银行审核的重点项目。使用信用证以外结算方式，收货人一般为进出口贸易合同中的买方。在信用证支付方式下，收货人一般有三种写法：

①记名抬头：如来证要求"Full set of B/L Consigned to XYZ Co."，则提单收货人一栏中填"Consigned to XYZ Co."，不能转让。

②不记名抬头：如来证要求来人抬头，则提单收货人一栏中填"to Bearer"，不须背书即可转让。

③指示性抬头：如来证要求 B/L issued "To order" "To order of shipper" "To order of negotiating bank"，则托运人或议付行应在提单背面做空白背书。如果收货人做成"To order of issuing bank" "To order of applicant"，则发货人不必背书。收货人栏的填写必须与信用证要求完全一致。

记名抬头提单和不记名抬头提单对出口商而言，风险较大，在实务中不多见。

（3）被通知人（Notify Party）。被通知人若在信用证中有规定，就应严格按信用证规定填写，如详细地址、电话、电传、传真号码等，以便顺利通知。如果来证中没有具体说明被通知人，那么就应将开证申请人（进口商）或其代理人名称、地址填入提单副本的这一栏中，而正本的这一栏保持空白或填写买方亦可。

（4）承运人（Carrier）。承运人的详细名称和地址一般印制在提单上方，提单要由承运人签署（Signed for the Carrier），即由承运人或代表承运人的具名代理人、船长或代表船长的具名代理人签署。签署人必须表明其身份，若为代理人签署，还须表明代理一方的名称和身份，提单只有经承运人或其代理人签字后才能生效。

2. 运输相关内容

信用证支付方式下，如证中已规定以下内容，则其填写要与信用证的规定完全一致。

（1）提单号码（B/L No.）。提单必须有承运人加注的号码，即提单编号。如果信用证中规定其他单据中必须列明提单的号码，那么此号码就必须与提单的号码完全一致。

（2）船名、航次号（Vessel Voy. No.）。船名一栏必须填写运输船舶的名称、航次号，如无航次，可以不填。如果货物不需转运，则在这栏填写第一程船船名；如果货物需转运，则在这栏填写第二程船名。是否填写第二程船名，主要根据信用证的要求；如果信用证要求，即使需转船，也不必填写第二程船名。例如：来证要求"In case transshipment is effected, name and sailing date of 2nd ocean vessel calling Rotterdam must be shown on B/L."（如果转船，至鹿特丹的第二程船船名、日期必须在提单上表示）。

（3）前段运输（Pre-carriaged by）、转船港（Port of Transshipment）。货物

如需转运，则在此两栏分别填写第一程船的船名和中转港口名称；若不需转运，则此两栏为空。

（4）装货港/起运港（Port of Loading）。货港即货物装船后起运的港口，此栏必须列明装货港的名称。装运港之前或之后有行政区的，应照加，如"新港、天津"（Xingang/Tianjin）。若来证笼统规定装运港名称，仅规定为"中国港口"（Chinese ports，shipment from China to…），这种规定对受益人来说就比较灵活，制单时应根据实际情况填写具体港口名称，如"Dalian port"。如来证同时列明几个装运港（地），提单只填写实际装运港名称。

（5）卸货港/目的港（Port of Discharge）。卸货港是承运人责任终止的港口，如属转船运输，卸货港一栏还应反映出中途转船的地点。当使用集装箱运输时，提单还必须记载最后目的地或交货地。

（6）运费（Freight & Charges）。运费一栏一般仅列明运费的支付情况，无须列明具体运费金额，如果信用证要求加注运费数，则应照加。国际贸易中，运费的支付情况与价格术语密切相关：①如果合同中价格术语为 CIF、CFR 等，运费由托运人（出口商）在提单签发之前支付，提单则应注"Freight paid"（运费已付）、"Freight prepaid"（运费预付）。②如果合同中价格术语为 FOB、FAS 等，运费在目的港由收货人（进口商）支付，提单则应注明"Freight collect""Freight to collect""Freight to be collected"（运费到付或运费待收）。③如果卖方不知道运费金额或船公司不愿意暴露运费费率的情况下，提单可注"Freight paid as arranged"（运费已照约定付讫），或者运费按照约定的时间或办法支付，提单可注"Freight as arranged"。

拓展阅读：海运提单中目的港填写注意事项

（7）运费支付地点（Freight Prepaid at…，Payable at…）。运费支付地点一栏一般不填，但信用证有特别规定时，必须按信用证要求列明运费的支付地点。若运费为预付，则在"Prepaid at"后填写支付地点；若运费为应付，则在"Payable at"后填写支付地点。

（8）提单的份数（Number of Original B/L）。提单的份数一般是指正本提单的份数。由于只有正本提单可流通、交单、议付，因此出口商应按信用证规定来要求承运人签发正本提单的份数。提单上列明的提单签发人签发的所有正本提单，即是"全套提单"（Full Set of B/L），全套提单一般理解为正本提单三份。

（9）提单的签发地点和提单的签发日期（Place and Date of Issue）。提单须有签发地点，签发地点通常为承运人或其代理人的营业地点，但不一定是装运港。

提单须有签发日期，即承运人或其代理人签发提单的日期。一般为提单所列货物实际装船完毕的日期，应与收货单上大副所签的日期一致，签发日期须在信用证规定的货物最迟装运期之内，这对出口商能否安全收汇很重要。

（10）最终目的地（Final Destination）。如果货物的目的地就是目的港，这一栏为空白。

（11）已装船批注（Laden on Board the Vessel）。若提单为备运提单，转化为已装船提单时需要添加批注：

①在提单的空白处加"已装船"批注或加盖类似内容的图章,如"Shipped on Board"或"On Board"。

②在备运提单下端印有专供填写装船条款的栏目:"Laden on Board the Vessel"(已装船标注)。装船后,在此栏处加注必要内容,如船名等,并填写装船日并由签字人签字或简签。

3. 货物相关内容

(1) 运输标识(Marks and Numbers)。提单的唛头应与其他单据(商业发票、装箱单等)及信用证上的唛头完全一致,否则会给提货和结算带来困难。

若使用集装箱运输,此栏有时还要求填写铅封号(Seal Number),又称锁号,是装箱人装箱完毕后在集装箱箱门上加上的铅封的号码,此号码唯一,破开铅封后才能打开箱门。进港后的集装箱被海关开箱查验后,往往更换新的铅封号,这时托运人必须将新的铅封号显示在提单上。

(2) 货物描述(Description of Goods)。提单上的货物描述即是托运货物的名称,如果货名繁杂,有时也可使用统称或简写,但不能与信用证中列明的货物名称相抵触。另外,如果信用证中要求在提单上列明信用证号码或其他有关号码,也应在这一栏中有明确反映。

(3) 包装的件数和种类(Number & Kinds of Packages)。本栏填写包装数量和包装单位。托运人不仅要填写件数的小写在此栏,还要填写件数的大写,防止更改,确保唯一性。

①货物若为包装货,应填写实际包装数量和计量单位,如"500 Cartons",并在栏目下方空白处或在大写栏"TOTAL NUMBER OF CONTAINERS OR PACKAGES (IN WORDS)"内加注英文大写件数,如"SAY FIVE HUNDRED CARTONS ONLY"。

②若为裸装货,则必须填写件数,如××轿车500辆(500 Units),并加注大写数量"SAY FIVE HUNDRED UNITS ONLY"。

③若货物包括两种以上不同包装单位,应分别填写不同的包装单位和数量,再合计总数。

例如:300 bags, 500 drums, 800 packages,并加注大写数量。

④若为散装货物,则件数栏内只填"IN BULK",大写件数可不填。

⑤对于集成包装的托盘货,一般除了显示托盘数以外,还要在括号里显示小件数。如:"5 Pales (30 Cartons) /Say five pales only"。

(4) 毛重(Gross Weight)。毛重是按重量吨计算运费的依据。如果信用证规定提单上注明货物的净重,则也应在此栏内列明,但前面要注明"净重"字样。如裸装货物没有毛重只有净重,应先加"Net Weight"或"N.W.",再注明具体的净重数量。

(5) 尺码(Measurement)。尺码即货物的体积,以立方米为计量单位,货物的尺码是承运人按体积计算运费的依据。应与信用证中的有关规定完全一致,FOB价格条件下可免填尺码。

（二）提单的背面内容

国际上为了统一提单背面条款内容，曾先后签署了《海牙规则》《维斯比规则》和《汉堡规则》三个公约。这三个公约历史背景不同、内容不一，各国对这些公约所持态度也不相同。因此各国船公司签发的提单背面条款也存在差异，但基本包括以下内容：

1. 定义条款

该条款主要是对海运提单中的关键词加以定义和限定。如中远集团提单背面条款第一条规定：货方包括托运人、受货人、发货人、收货人、提单持有人和货物所有人。

2. 首要条款

该条款说明提单的法律依据，如发生有关货物运输的法律纠纷，应按何国法律解决，由何国法院审理。

拓展阅读：COSCO 提单条款和条件

3. 承运人责任条款

该条款说明承运人从装船开始到卸船为止，对货物承担的责任。归纳起来，承运人的责任就是适航和适货。适航就是承运人在船舶开航前和开航时，应使船舶处于适合航行的状态，做到装配合理、人员得当，从而保证船舶顺利航行。适货就是承运人应使船的货舱及其载货处能适宜地、安全地载运和保管货物。如承运人对上述规定尽职尽责，谨慎处理，但仍未能防止损害发生，则承运人可不承担责任，但承运人应对其已经谨慎处理的事实提供详细的证明。对于因海上风险、政治风险以及其他意外事故而造成的货物灭失或损害，承运人可以免责。

4. 运费条款

该条款包含下述事项：运费和其他费用应在承运人收到货物时即视为承运人实现的收入，因此不得减扣和退回；如果系运费到付，则运费及其他费用应在目的港交货前结清；为准确计费，承运人有权对托运货物进行检查，以便核实货物的重量、体积、价值或性质。

5. 留置权条款

该条款规定，在运费及其他费用以及共同海损分摊额未付清之前，承运人对货物及有关单据享有留置权。如果货方未能支付这些费用，则承运人可以不经事先通知，处理货物以弥补上述所欠费用，如所得款项仍不足支付上述欠款，则承运人仍有权要求货方赔偿差额。

6. 转运条款

该条款规定承运人如有需要，可以用其他船只替换原定船只运送货物，或者在中途安排转船运输，或安排其他运输方式完成运输任务，上述安排产生的费用由承运人支付，但风险由货方承担，而且承运人只对在由其管理的船舶承运期间内发生的事项承担责任。

7. 承运人责任限额条款

该条款规定承运人对货物灭失或损坏所造成的损失所负的赔偿限额，即每一件或每计算单位货物赔偿金额最多不超过若干金额。

提单背面还列有其他各种条款，如对特殊商品（舱面货、植物或鲜货、冷藏货、危险品和违禁品等）特别规定的条款，以及有关碰撞、共同海损、货主所负分摊损失的条款。

二、海运提单的审核

信用证支付方式下，海运提单的审核要点如下：①是否有不良批注；②若信用证要求提供"已装船"提单，提单上是否注明"已装船"字样；③起运地、转运地、目的地是否符合信用证的规定；④装运日期/出单日期是否符合信用证的规定；⑤托运人、收货人和被通知人是否符合信用证的规定；⑥商品名称可使用货物的统称，是否与信用证的规定或其他单据的描述有矛盾；⑦"运费预付"或"运费到付"是否按规定标明；⑧正副本份数是否符合信用证的要求；⑨包装件数是否与其他单据保持一致；⑩运输标志是否与其他单据相一致；⑪全套正本提单上是否有承运人的签字和盖章；⑫签发人是否表明其身份；⑬应加背书的海运提单，是否已加背书。

任务二测试题

任务三
保险单据

【任务要求】

学生要理解保险单据的概念、种类及作用。
学生要掌握保险单的内容、缮制与审核要点。
学生要依据保险单的缮制要点，能正确缮制与审核保险单。
学生课后要阅读国际惯例中有关保险单据的条款。

教学活动1　保险单据概述

【活动设计】

1. 通过【案例导入】，讲解保险单据的概念和种类。
2. 组织课堂讨论，分析货物运输保险单据在国际结算中的作用。

【案例导入】

2024年7月15日，英国巴克莱银行开出信用证，经中国招商银行通知给受益人。信用证要求提交可转让形式（IN NEGOTIABLE FORM）的保险单据。7月30日，招商银行将受益人提交的出口信用证项下单据邮寄给巴克莱银行，其中包括以受益人为被保险人并经其空白背书的全套保险单据。8月5日，招商银行收到巴克莱银行发出的拒付电文,声称:保险单据不满足要求,未使用可转让形式。8月9日,招商银行发电与巴克莱银行交涉:保险单以受益人为被保险人并经其空白背书,索赔权利是可以转让的,满足信用证要求,不同意巴克莱银行所提不符点。8月13日,巴克莱银行发电称申请人同意上述不符点,将扣除不符点费用,并于当天付款。

思考:保险单据应如何转让?

【基础知识】

由于装卸、存储、运输工具发生意外事故等原因,货物在跨越国界的转移中,很有可能遭遇自然灾害和各种外来风险,并由此造成货物的灭失或损坏。为了保障货物安全,货主通常需要投保运输货物保险,一旦货物在运输途中发生约定范围内的损失,就可向保险公司索赔,从而获得经济上的补偿。实践表明,保险作为一种有效的风险转嫁手段,在国际贸易中发挥着不可或缺的重要作用。

根据运输方式的不同,国际货物运输保险可划分为不同的类型,如海上运输货物保险、陆上运输货物保险、航空运输货物保险、邮政运输货物保险及多式联运保险等。投保人可根据选用的运输方式及合同或信用证的规定,选择投保适用的货运保险。当投保人投保了某一种类的货运保险并缴纳保费以后,保险公司将向其出具保险单据,保险单据对投保人、保险人及被保险人均具有重要的经济与法律意义。

一、保险单据的概念

货物运输保险中使用的保险单据(Insurance Documents)是保险人对被保险人的承保证明,又是双方之间权利义务的契约,在被保险货物遭受损失时,也是被保险人索赔和保险人理赔的主要依据。

二、保险单据的种类

常见的保险单据主要有:

(一)保险单(Insurance Policy 或 Policy)

保险单,俗称大保单。它是保险人和被保险人之间保险合同关系的正式凭证,是独立完整的具有法律效力的文件。其正面主要记载:被保险人、保险标的的名称、数量或重量、唛头、运输工具、险别、起讫地点、保险期限、保险币值和保险金额等项目;背面印有货物运输保险条款(一般表明承保的基本险别条款之内容),还列有保险人的责任范围及保险人与被保险人各自的权利、义务等方面的条款。如当事人双方对保险单上所规定的权利和义务需要增补或删减,可在保险单上加贴条款或加注字句。

保险单是被保险人向保险人索赔或对保险人上诉的正式文件,也是保险人理赔的主要依据。与海运提单一样,保险单可以背书转让,并且无须征得保险人的同意,也不必通知保险人。保险单是目前使用最广的保险单据。

（二）保险凭证（Insurance Certificate）

保险凭证，俗称小保单，是保险单的简化形式。它是保险人签发给被保险人，证明货物已经投保、保险合同已经生效的文件。这种保险凭证具有与保险单同等的法律效力，也可背书转让，主要区别在于背面不附有保险条款，缺乏完整性、独立性，需依赖于其他文件来明确保险当事人的权利、义务及相关保险责任范围。因此，如信用证明确要求"Insurance Policy"时，银行不接受保险凭证。

（三）联合凭证（Combined Certificate）

联合凭证又称承保证明（Risk Note）或联合发票，是我国保险公司特别使用的、比保险凭证更简化的保险单据，不能转让。保险公司仅将承保险别、保险金额及保险编号加注在出口货物发票上，并正式签章。它是最简单的保险单据。目前仅适用于由港澳中银集团银行开立信用证，将货物运至中国港澳地区、新加坡、马来西亚华商的部分出口业务。

（四）预约保险单（Open Policy/Open Cover）

预约保险单，又称预保合同、预保协议、开口保险单或总保单，它是保险人与被保险人预先签订的一种长期保险合同，适用于经常发运同类型货物的保险，既可简化逐笔签订保险合同的手续，又可防止因漏保造成的损失。通常贸易公司与保险公司订有预约保险合约，凡该公司出口或进口的货物均在预约保险的保障范围内。预约保险单上载明保险货物的范围、险别、保险费率、每批运输货物的最高保险金额以及保险费的结付、赔款处理等项目。凡属于此保险单承保范围内的货物，一经起运，即自动按保险单所列条件承保。被保险人在获悉每批保险货物起运时，应立即向保险公司发出"货物装运通知"，将货物装船详细情况包括货物名称、数量、保险金额、运输工具种类和名称、航程起讫地点、航次、开航日期等情况通知保险公司。未通知的，除非出于恶意，保险公司一般应予补办投保，自货物装船时开始享受保险公司的保险保障。一般保险公司对此种保单的投保人会给予一定的费率优惠。在实际业务中，预约保险单一般适用于以 FOB 或 CFR 成交的进口货物或以 CIF 方式成交的出口展览品或小商品。

（五）批单（Endorsement）

保险单出具后，投保人如需要补充或变更内容时，可根据保险公司的规定，向保险公司提出申请，经同意后即另出一种凭证，注明更改或补充的内容，这种凭证就是批单。保险单一经批改，保险公司即按批改后的内容承担责任。批单原则上需粘贴在保险单上，并加盖骑缝章，作为保险单不可分割的一部分。

批单的内容通常有：①更改被保险人名称；②更改货物名称；③更改货物包装或数量；④更改保险金额；⑤更改承保险别；⑥更改货物标记（唛头）；⑦更改船名、加注转船或内陆目的地；⑧更改开航日期；⑨更改起运港或目的港；⑩更改赔款偿付地点；⑪更改出单日期；⑫延长保险有效期（期限）等。

（六）暂保单（Cover Note）

暂保单是保险经纪人（Insurance Broker）接受投保人的委托后，在货物的运输工具以及起运日尚不明确的情况下，在出具正式保险单之前，向投保人签发的一种保险单据，作为接受投保人投保委托和保险费的一种证明。暂保单并不是保险公司与投保人签订的保险合同，不起保险单的作用，不能凭以向保险人索赔。银行一般不接受暂保单，UCP600中已经禁用。

三、保险单据的背书

保险单据可以由被保险人背书后随着保险货物所有权的转移自动转到受让人手中，一般背书的方法有以下几种：

（一）空白背书

空白背书是只需在保险单的背面注明被保险人名称（包括出口商名称和经办人的名字）即可。若信用证无明确规定哪种背书时，即使用空白背书。

（二）记名背书

记名背书是在保险单背面注明被保险人的名称和经办人的名字后，打上"Delivery to ×××Company（Bank）"或"In The Name of ×××"的字样。若来证要求"Delivery to（The Order of）×××Company（Bank）"或"Endorsed In The Name of ×××"，即规定使用记名方式背书。记名背书在出口业务中较少使用。

（三）记名指示背书

记名指示背书是在保险单背面注明"To Order of ×××"字样，然后签署被保险人名称。若来证要求"Insurance Policy or Certificate in Negotiable Form Issued to the Order of ×××"时，即规定使用记名指示背书。

四、保险单的份数

如无明确规定保险单的份数时，保险公司一般出具一式五联的全套保险单，包括：1份正本（Original）、1份复联（Duplicate）和3份副本（Copy）。若来证要求提供保险单为"In duplicate""In two folds"或"In 2 copies"，则出口公司一般提交给银行一套完整的保险单，即包括1份正本，1份复联。

教学活动2　保险单的缮制与审核

【活动设计】

1. 通过【案例导入】，讲解海洋货物运输保险单的主要内容及缮制要点。
2. 学生分组，结合实际业务，模拟投保人缮制海洋货物运输保险单和银行审核保险单。

【案例导入】

2024年4月26日，中国银行北京分行为华丰公司开立即期信用证，证中规定受益人须提交保险单。5月15日，开证行收到受益人通过渣打银行交来的全套单据，提单显示装运日为 2024 年 5 月 7 日。审核单据时，单证人员注意到保险单中有如下条款："保费支付条款：各方同意且明确保费应尽快且最晚不迟于装运日后 30 天支付。如保费在此期间内未支付，承保范围将自保单生效之日起开始暂停，被保险人将失去索赔的权利。"细看保险单，表面并未显示是否收到保费。

思考：中国银行审单时是否可以不予理会保费支付的说明？

【基础知识】

一、保险单的缮制

保险单内容包括正面和背面两部分。正面内容（见表 6-3）需要逐项填写，背面内容为印就的保险条款。除了文件名称外，保险单正面还应包括以下各项内容：

表 6-3　　　　　　　　　　保险单示例

THE PEOPLE'S INSURANCE COMPANY OF CHINA
INSURANCE POLICEY
Invoice No.　　　　　　　　　　　　　　　　　　　　　　　Policy No.
This Policy of Insurance witness the THE PEOPLE'S INSURANCE COMPANY OF CHINA（hereafter called "the Company"，at the request of …（hereafter called "Insured"）
And in consideration of the agreed premium paying to the Company by the Insured, undertakes to insure the undermentioned goods In transportation subject to the conditions of this policy as per the Clause printed overleaf and other special clauses attached hereon.

Marks and Numbers	Quantity	Description of Goods	Amount Insured

Total Amount insured ＿＿＿＿＿＿＿＿＿＿＿＿＿＿＿＿＿＿＿＿＿＿＿＿＿＿＿＿

Premium as arranged　　　　Rate as arranged　　　Per conveyance S. S.
Slg. on or abt　　　　　　　From　　　　　　　　to

Conditions：
Claims, if any, payable on surrender of this Policy together with other relevant documents.
In the event of accident whereby loss or damage may result in a claim under this Policy immediate notice applying for survey must be given to the Company's Agent as mentioned here under.

　　　　　　　　　　　　　　　　　　　THE PEOPLE'S INSURANCE COMPANY OF CHINA

Claim payable at ＿＿＿＿＿＿＿＿＿＿＿＿＿＿＿
Date ＿＿＿＿＿＿＿＿＿＿＿＿＿＿＿

1. 保险人名称（Name of Insurance Company）

保险人是承保货物保险的保险公司，各保险公司往往事先在保险单上印就保险人的详细名称和地址，如：THE PEOPLE'S INSURANCE COMPANY OF CHINA。保险人应是承保的保险公司名称，而不能是保险经纪人或代理人。信用证支付方式下，应根据合同和信用证的要求去相应的保险公司办理保险。

2. 发票号码（Invoice Number）

此栏填写或打印上投保货物商业发票的完整号码。

3. 保险单据名称（Name）

保险单据上一般都事先印就了保险单据的名称。在信用证支付方式下，此栏应根据信用证和合同填制，如来证规定"INSURANCE POLICY IN DUPLICATE"，即要求出具保险单而非保险凭证（INSURANCE CERTIFICATE）等。

4. 保险单号码（Policy Number）

此栏填写由保险公司根据自己的业务习惯自行编制的号码，没有统一的规则。但该号码一经编制，就成为保险单的识别号码，如果发生索赔，该号码将成为重要的依据。

5. 被保险人（Insured）

此栏为保险单的抬头，填写被保险人名称，除非另有约定否则投保人即为被保险人。一般说来，这一栏填写出口商的名称，由于国际贸易中买卖双方对货物的权利可凭单据的转移而转移，因此交单结汇时，出口商可将保险单背书转让给进口商。在信用证支付方式下，结合合同中的价格条件，被保险人及背书可能存在以下几种情况：

（1）信用证如无特别规定，保险单的被保险人应是信用证的受益人。在 CIF 或 CIP 价格条件下，信用证的受益人为卖方（出口商）。但是实际发生货损时，索赔的权益属于买方（进口商），所以保险单以卖方为被保险人时，卖方要在保险单的背面进行背书，将索赔的权益转让给保险单的持有人，同时受让人承担被保险人的义务。

（2）如果信用证要求保险单为"Endorsed to order of ×××Bank"或"Endorsed in favour of ×××Bank"，则应在被保险人处填写出口商的公司名称，并由出口商背书，背书时填上"to order of ×××Bank"或"in favour of ×××Bank"。

（3）如果信用证规定被保险人为空白抬头，即"To Order"，则本栏照填"To Order"，并由出口商背书，一般多为空白背书。

（4）如果信用证特别规定以某公司或某银行为被保险人，可以直接在本栏填上所规定的名称，这种保险单无须背书。

（5）如果信用证规定抬头为"To order of ×××Bank"或"In favor of ×××Bank"，应填写"出口商的公司名称 + held to order of ×××Bank 或 in favor of ×××Bank"。

（6）如果信用证规定保单抬头为第三者名称（Third Party），即中性名义（In Neutral Form），则被保险人填写"To whom it may concern"。

如信用证规定被保险人为受益人以外的第三方，或做成"To Order of…"，应视情况确定接受与否。

（7）在 FOB、CFR、FCA 或 CPT 价格条件下，若进口商委托出口商代办保险，且以信用证方式支付，则被保险人名称可填写"出口商的公司名称 + on behalf of + 进口商名称"，并且由卖方按此形式背书。此时，卖方可凭保险公司出示的保费收据（Premium Receipt）作为向买方收费的凭证。

6. 唛头（Marks and Numbers）

按信用证规定，本栏目应与发票、提单上的唛头保持一致，通常仅打上"同×××号发票"（As per Invoice No. ×××），或"见附件"（See Attachment），因为发生保险索赔时，必须提供发票，便于与保险单互相参照。但如果信用证要求显示唛头，则必须严格照办；若无唛头，填"N/M"；若为集装箱装运，则填写"Container Shipment"（集装箱装运）。

7. 包装和数量（Quantity）

此栏应参照发票填写，并与运输单据保持一致，填写最大包装的总件数。裸装货物填写货物本身件数；散装货物填写货物净重，并在其后注明"散装"（In Bulk）字样；有包装但以重量计价的，应同时填写总件数和计价总重量。

8. 货物描述（Description of Goods）

此栏填写货物的名称，可参照发票填写，以便索赔时单据互相参照，避免因疏忽导致单单不符；也可按提单填写统称。如果信用证要求一切单据均标明信用证号码（All Documents Must Indicated This Credit No.），则保险单上的信用证号码可填写在此栏"Credit No. ×××"。

9. 保险金额（Amount Insured）

此栏填写阿拉伯数字表示的金额，即小写金额，并要注明币种。一般应以信用证规定的货币种类表示，按信用证要求的投保比例投保。如信用证未规定，保险金额不应低于货物 CIF 或 CIP 价值的 110%，如不能确定 CIF 或 CIP 价，则不能低于银行付款、承兑或议付金额的 110%，或发票金额的 110%，以金额较大者为最低保险金额。在实际业务中，一般按货物价值的 110% 投保，最高不应超过 130%，以防个别进口商故意毁损货物，向保险公司索赔骗保。报价如有佣金或折扣，须按扣除佣金或折扣前的价格投保。需要注意的是，保险金额小数点以后的金额采用进位制，无论有多少数字都向前进位到个位数。

10. 总保险金额（Total Amount Insured）

此栏填写大写的保险金额，数额和币种要与小写金额一致，且币种要用全称并以"ONLY"结尾，以防涂改，如"U. S. Dollars Five Hundred And Six Only"。

11. 保险费及费率（Premium，Rate）

因费率一般不公开，所以保费和费率一栏内通常填写或印制"As Arranged"（按商定），而不列明具体金额。如果信用证要求注明"Premium Paid"（保费已付），此栏可把已印好的"As Arranged"删去加盖校对章后打上"Paid"或"Prepaid"字样。

拓展阅读：保险金额的填写要点

案例分析：过量保险

12. 开航日期（Slg. on or abt. /Sailing on or about）

办理投保通常在货物装运之前，因此开航日期可以填大约日期。UCP600 规定，日期可以理解为开航前后各 5 天之内的任何一天。海运方式可直接填"As per B/L"，其他运输方式也类似，如空运填"As per AWB"。

13. 装载运输工具（Per Conveyance）

此栏填写内容要与运输单据一致，并按照实际情况填写。涉及国际海洋运输的货物，此栏填写内容须与提单上的船名和航次一致。如果是海运直达轮，则在该栏显示船名，也可填"As Per B/L"；出单时若船名未定，可填"As Arranged"（按商定）。若中途需转船，则在第一程船名后加注第二程船名，如：S.S. "Dong Feng V. 123" to be transshipped at Hong Kong on S.S "Huai Hai V. 456"。若第二程船名无法确定，则在第一程船名后填写"W/T at Hong Kong"。若转船地点也不知道，可填写：S.S. "Dong Feng" and/or Steamers。

航空运输时，此栏可填写："By Air/Airplane"。邮包运输时，此栏可填写："By Parcel"。铁路运输时，此栏可填写："By Railway/Train"，也可加车号，如："Wagon（Freight Car）No. 1234"。若采用海陆联运方式，填"By S.S. ×××And Thence By Overland Transportation To ×××"。

14. 运输起讫地点（From ... To ...）

海运方式下，此栏应参照提单列明起运港、目的港。若中途需转船，填写的方法是：From 装运港，To 目的港，W/T at 或 via 中转港，如："From Tianjin To New York W/T at /via Shanghai"。若信用证要求海运至某目的港，而保险至内陆，此栏应填写目的港后，再填内陆地名。如提单目的港为马赛，信用证要求投保至巴黎，则此栏应填写："From ××× to Marseilles and thence to Paris"，或者"From ××× to Marseilles in transit to Paris"。若买方选择目的港，如"Option Manchester/Liverpool/ London"，则保单照填。如选陆运、空运、邮运，则可在"To ×××"栏中直接填上目的地即可。

15. 承保险别（Conditions）

本栏是保险单的核心内容，填写时按合同或信用证规定的险别填写，一般只需填写险别的英文缩写，并注明依据的保险条款名称及其颁布年份。出口商在制单时，先在副本上填写这一栏的内容，当全部保险单填好交给保险公司审核确认时，才由保险公司把承保险别的详细内容加注在正本保险单上。在 CIF、CIP 条件下，如信用证未明确规定，则出口商仅须选择某一保险条款投保其最低险。

我国对外贸易中涉及的保险条款主要有两种：《中国人民保险公司海洋运输货物保险条款》和《伦敦保险协会货物保险条款》。前者承保的险别分为基本险和附加险，基本险包括平安险（FPA）、水渍险（WA 或 WPA）和一切险（ALL RISKS），由被保险人选择其中一项单独投保；附加险包括一般附加险和特别附加险，不能单独投保，必须在投保某一项基本险后再另行投保。后者承保的险别共有六种，其中主要的是 ICC（A）、ICC（B）、ICC（C）三种，协会附加险一般情况下可以单独投保。

16. 查勘理赔代理人（Surveying and Claims Settling Agents）

查勘理赔代理人一般是保险人在目的地的代理人，负责在货物出险时进行检验和理赔。保险单上应列明查勘理赔代理人的详细名称、地址及联系电话，以便被保险人在货物出险、索赔时联络。查勘和理赔通常为同一代理人，有时根据需要也可以分开。如果信用证规定在目的港以外的地方赔付，如：目的港在伦敦、赔付地在曼彻斯特，应注明伦敦的查勘代理人和曼彻斯特的赔付代理人。

17. 赔付地点（Claim Payable at）

此栏按合同或信用证要求填写。如果信用证中并未列明，一般将目的港作为赔付地点，应填写目的港（地）名称或打上"Destination"；若目的港（地）不止一个，则应全部照填，并注明使用货币的币种。若信用证或合同规定了赔付的货币名称，如"Claim, if any, to be payable at New York in USD"，则此栏应填写"At New York（目的港）in USD（货币名称）"；若信用证规定"以汇票货币为赔付货币"时，则在赔付地点之后加注"In the currency of the draft"。

18. 出单日期和出单地点（Issuing Date and Place）

此栏填写保险单的签发日期和签发地点。UCP600规定：保险单据必须表明承保的风险区间至少涵盖从信用证规定的货物接管地或发运地开始到卸货地或最终目的地为止。因此，保险单的出单日期不能迟于提单的签发日期，否则银行将不予接受。保险单的出单地点涉及适用法律，如无明确规定，一般以出单地法律为依据，因此必须在保险单上列明。

19. 保险人签章（Stamp & Signature）

此栏须加盖与保险人名称相同的保险公司印章，并由其法人代表的签字，经签章后保险单才能生效。按UCP600规定：保险单据上必须由保险公司或保险商或其代理人出具和签署。除非信用证另有授权，保险经纪人出具的暂保单银行不予接受。保险单据上一般应包括保险公司名称和法人代表的签字或印章。

20. 特殊条款（Special Conditions）

如信用证和合同中对保险单据有特殊要求，填在此栏中。

二、保险单的审核

信用证支付方式下，保险单据审核要点主要有：①保险单据的种类与信用证规定是否相一致；②保险单据是否由保险公司或保险商或其代理出具和签发；③是否提交所出具的全套正本保险单据；④被保险人是否是信用证中的受益人，如信用证有规定，是否按规定填写被保险人；⑤唛头、件数、货物的名称等是否与其他单据或信用证要求相一致；⑥保险单据是否使用与信用证相同的货币开立，保险金额的加成是否符合信用证的规定；⑦保险单据的运输工具、起运地及目的地，是否与信用证及其他单据相一致；⑧保险险别是否与信用证规定相一致；⑨保险单的日期是否迟于运输单据的签发日期；⑩在信用证特别要求时，是否注明保费。

任务三测试题

任务四 其他单据

【任务要求】

学生要理解并掌握包装单据、原产地证书、检验证书等附属单据的概念和种类。

学生要掌握各种附属单据的内容、缮制及审核要点。

学生要能在信用证支付方式中正确审核各种附属单据。

教学活动1 包装单据

【活动设计】

1. 通过【案例导入】，讲解包装单据的概念、种类及在信用证支付方式中的作用。

2. 结合实际业务，学生模拟银行审核装箱单、重量单和尺码单。

【案例导入】

2024年7月8日，我国东方进出口公司向法国某公司出口一批蘑菇。7月13日，东方公司收到法国银行开来的信用证，证中规定："600 cases of Dried Mushrooms, Packing: In wooden cases each containing 30 polythene bags of 2 KGS net each. Shipping Mark to be 'T. M/KUCHING'"（600箱蘑菇，包装：木装箱，每箱装30聚乙烯袋，每袋净重2千克。唛头为"T. M/KUCHING"）。7月23日，东方公司根据信用证规定装货出运。7月25日，东方公司将单据寄给开证行要求付款。8月2日，接到开证行的拒付电，声称单据存在不符点，具体为："发票对货物包装表示是'… In wooden cases each containing 30 polythene bags of 2 kgs net each'，装箱单对货物包装表示是'In wooden cases each containing 30 polythene bags of 2 kilos net each'，两者不一致"。

思考：开证行的拒付是否合理？为什么？

【基础知识】

包装单据（Packing Documents）是对货物的包装条件、重量和体积进行记载或描述的单据。包装单据是商业发票的补充，是进口地海关查验、公证行检验、进口商核对货物时的依据。

一、包装单据的种类

常用的包装单据有装箱单、重量单、尺码单，此外还有包装明细单、花色搭配单等，其中最常使用的是装箱单。

（一）装箱单（Packing List，P/L）

装箱单又称包装单（见表 6-4），是表明出口货物的包装形式、包装内容、数量、重量、体积和件数的单据。在包装货物出口时，由于商业发票很难将每一箱（包）货物的详细情况都记载于发票中，因而有必要另行缮制装箱单以弥补商业发票的不足。装箱单是记载货物每一件包装内容的清单。如果来证条款要求提供货物详细包装情况，则必须提交装箱单来描述每件包装的细节，包括每箱（包）内所装货物的规格、花色、数量等。装箱单是国际贸易中常见的货运单据之一，无统一格式，一般由出口商自行设计。

拓展阅读：装箱单的缮制

表 6-4　　　　　　　　　　装箱单示例

Exporter/seller/beneficiary：	Packing List				
To messrs.：					
Shipment from：	Invoice No.：		Date：		
To：	Documentary Credit No.：				
By：	Contract No.：				
Vessel No.：	B/L No.：				
Marks and Numbers	Number and kind of package Description of goods	Quantity	Package	G. W.	N. W.	Meas.
Total：						
SAY　TOTAL：						
Stamp and Signature						

在国际贸易中，有时进口商为了转售货物，欲将货运单据直接交付给第二购买人，则可能要求出口商制单时，缮制"中性装箱单"（或"无抬头装箱单"）（Neutral Packing List），即该单据上不得显示出口商名称，最后也无须出口商签字。

（二）重量单（Weight List）

重量单是按照装货重量（Shipping Weight）成交的货物，在装运时出口商必须向进口商提供的一种反映货物重量的证明文件，也是商业发票的补充单据。重量单上通常注明每个包装件数、每个货物类别、总的毛重和净重，必要时还应注明皮重。如用托盘装运，还应注明托盘本身的重量。重量单既可作为计价、计数或计算运费的依据，也可证明所装货物重量与合同规定是否相符。

拓展阅读：重量单和尺码单的缮制

（三）尺码单（Measurement List）

尺码单又叫体积单，用于说明每件货物及包装的尺码，主要是长、宽、高，也是商业发票的补充单据。尺码单的主要作用是计算运费或计价计数的依据。

二、包装单据的缮制

若信用证或合同要求上述单据时，缮制时应注意以下事项：①除非信用证或合同规定由特定机构签发装箱单，否则装箱单表面上可以不印有受益人或出口商的名称；②除非信用证或合同规定必须签字，否则装箱单无须签字；③重量单或重量证明上的重量应与运输单据及/或发票的同类内容一致；④银行不负责核对重量单及/或重量证明中数字的计算细节；⑤装箱单及/或重量单的签发日应尽可能晚于信用证的开证日或与其一致，但若该日期早于信用证的开证日，只要信用证没有规定"Issuing the documents earlier than the credit is not acceptable"，则银行不能拒受此单据。

教学活动 2　原产地证明书

【活动设计】

1. 通过【案例导入】，讲解原产地证明书的概念、种类和作用。
2. 结合实际业务，学生缮制一般原产地证明和普惠制原产地证明。

【案例导入】

2024 年 12 月 3 日，汇丰银行开出一份不可撤销即期议付信用证，指定中国银行议付，受益人为昌河贸易有限公司。信用证要求的单据包括：全套正本清洁已装船提单，收货人是"TO ORDER"，空白背书，标明"运费预付"或"运费根据租船合同"，通知申请人；产地证，由当地商会出具，未规定具体收货人。昌河公司通过中国银行交单，所交提单显示收货人为"TO ORDER"，产地证显示收货人为昌河公司，发货人为另外一家公司。汇丰银行收到单据后，认为产地证的收货人显示为"受益人昌河公司"构成不符。因此,汇丰银行拒绝付款,并通知不符点为:产地证的收货人信息与提单相矛盾。

思考:汇丰银行的拒付是否合理?为什么?

【基础知识】

一、原产地证明书的概念

原产地证明书(Certificate of Origin),又称原产地证书、原产地证明、原产地证,简称产地证,是由出口商、生产商、出口地的公证行、工商团体或政府部门等特定机构签发或认证的一种证明货物原产地或制造地的文件,相当于货物的"经济国籍"或"护照"。产地证具有法律效力,是通关、结汇、进行贸易统计的重要证明文件。在一些不使用海关发票或领事发票的国家中,海关往往使用产地证来核实进口来源、实行差别关税、控制和分配进口配额或者实施其他进口管制政策。产地证可分为一般原产地证书、普惠制原产地证书以及由政府间协议规定的特殊原产地证。不同种类的产地证使用范围和格式也不同,至于究竟由谁出具以及出具何种产地证,信用证支付方式下按照信用证要求出具。

二、我国原产地证明书的种类

原产地证书一般由出口国签发,由于签发国家、签发机构等方面的不同,原产地证书的种类、内容和格式有所差别。在我国,海关、中国国际贸易促进委员会(China Council for the Promotion of International Trade,CCPIT)以及它们在国内各地的分支机构是最重要的官方和民间对外签发原产地证书的机构。

《中华人民共和国进出口商品检验法实施条例》第四十一条规定:出入境检验检疫机构依照有关法律、行政法规的规定,签发出口货物普惠制原产地证明、区域性优惠原产地证明、专用原产地证明。出口货物一般原产地证明的签发,依照有关法律、行政法规的规定执行。《中华人民共和国进出口货物原产地条例》第十七条规定:出口货物发货人可以向海关、中国国际贸易促进委员会及其地方分会(以下简称签证机构),申请领取出口货物原产地证书。从2019年3月25日起,我国已开始实行网上自助打印原产地证书。

我国签发的产地证类型有如下四种。

(一)一般原产地证明(Certificate of Origin,缩写为 C. O. 或 C/O)

一般原产地证书在国际贸易中使用最广(见表6-5)。在我国出口贸易中,海关和贸促会都可以签发一般原产地证书。若来证要求由中国官方机构出具一般原产地证,则选择海关签发;若来证要求由中国民间机构出具一般原产地证,则选择贸促会签发;若来证中无具体要求,可在二者中选择其一出具。这两个机构签发的一般原产地证均由商务部统一印制,格式、内容、项目完全相同,只是签发单位名称和签章不同。

拓展阅读:原产地签发政务服务事项

表 6-5　　　　　　　　一般原产地证书示例

拓展阅读：一般原产地证书的缮制

1. Goods consigned from (Exporter's business name, address, country)	Reference No. **CERTIFICATE OF ORIGIN** **OF** **THE PEOPLE'S REPUBLIC OF CHINA**			
2. Goods consigned to (Consignee's name, address, country)				
3. Means of transport and route (as far as known)	5. For certifying authority use only			
4. Country/region of destination				
6. Marks and numbers of packages	7. Number and kind of packages; description of goods TOTAL:	8. H. S. Code	9. Quantity	10. Number and date of Invoices
11. Declaration by the exporter Place and date, signature and stamp	12. Certification Place and date, signature and stamp of certifying authority			

（二）普惠制原产地证明（Generalized System of Preferences Certificate of Origin/GSP Certificate of Origin/GSP FORM A）

普惠制全称为普遍优惠制，是发达国家对来自发展中国家的制成品或半成品给予的一种进口关税优惠制度。普遍优惠制的基本原则有三条，即普遍性原则、非歧视性原则、非互惠原则。其中，普遍性原则是指所有的发达国家都应当对所有发展中国家出口的制成品、半制成品提供优惠待遇；非歧视性的原则是指发达国家不能用任何借口把某些发展中国家排斥在受惠国范围以外；非互惠原则是指发达国家应单方面给予发展中国家关税优惠，而不要求发展中国家对发达国家给予同等优惠待遇，是一种单向的税率优惠。

凡享受普惠制待遇的商品，出口商一般应向给惠国提供普惠制原产地证书

（见表6-6）。该证书的主要作用有两个：一是通过证明货物的原产地来享受进口国的优惠税率，因为进口国海关往往会针对来自不同国家或地区的商品采用差别税率；二是通过证明货物的原产地来验证是否符合进口配额的要求。我国法律规定，出口企业首先要在各口岸海关办理注册登记，预留印鉴样本，然后才能申请普惠制产地证。

拓展阅读：普惠制原产地证书的缮制

表6-6　　　　　　　普惠制原产地证书示例

ORIGINAL

1. Goods consigned from (Exporter's business name, address, country)	Reference No. **GENERALIZED SYSTEM OF PREFERENCE CERTIFICATE OF ORIGIN** (Combined declaration and certificate) FORM　A Issued in **THE PEOPOE'S REPUBLIC OF CHINA** (Country) See Noted Overleaf				
2. Goods consigned to (Consignee's name, address, country)					
3. Means of transport and route (as far as known)	4. For official use				
5. Item number	6. Marks and number of packages	7. Number and kind of packages; description of goods TOTAL：	8. Origin criterion (see Notes overleaf)	9. Gross weight or other quantity	10. Number and date of invoices
11. Certification It is hereby certified, on the basis of control carried out, the declaration by the exporter is correct. _____	12. Declaration by the exporter He undersigned hereby declares that the above details and statements are correct that the goods were produced in _____ and that they comply with the original requirements specified for those goods in the Generalized System of Preferences for goods exported to _____ (import　country) _____				
Place and date, signature and stamp of certifying authority	Place and date, signature of authorized signatory				

（三）专用原产地证明

专用原产地证明是基于国际组织或相关国家政策措施的特殊需要，针对某一特定行业的产品签发的原产地证书。

1. 输往欧盟纺织品专用原产地证［EEC Certificate of Origin（Textile Prod-

ucts）]

输往欧盟纺织品专用原产地证又称 EEC 纺织品专用产地证，是对欧盟各国出口有配额限制的纺织品时，要求出具的一种特殊产地证，是欧盟海关控制进口配额的主要依据。该产地证与 EEC 许可证的内容一致，由中国商务部签发。

2. 出口美国专用原产地声明书（Declaration of Country of Origin）

出口美国专用原产地声明书简称 DCO 声明书或 DCO 产地证，是我国向美国出口纺织品时必须提供的一种专用产地证。该种产地证主要有三种格式：①FORM A。单一国家声明书（Single Country Declaration），声明商品的原产地只有一个国家；②FORM B。多国产地声明书（Multiple Country Declaration），声明商品的原材料是由多个国家生产；③FORM C。非多种纤维纺织品声明书，亦称否定式声明（Negative Declaration），专用于对美出口无配额限制的混纺织品，声明其中的主要价值或重量构成是属于丝、麻类，或其中所含羊毛成分不超过17%等。这种原产地声明书的格式，签发人须根据货物的具体情况、视美方的相关要求而定。

此外，若是经我国转口至国外的产品，只能申请"转口证明书"；在我国制造但工序不足而未能取得中国产地证的产品，只能申请"加工、装配证明书"；含有进口成分的产品，则应依据《原产地规则》和《中华人民共和国含有进口成分货物原产地标准主要制造、加工工序清单》的相关规定，由签证机构审核后判断是否签发产地证。

（四）区域性优惠原产地证明

随着国家间区域贸易协定签署的增多，区域内成员间贸易往往给予一定的关税优惠。区域优惠原产地证书是具有法律效力的、在协定成员间就特定产品享受互惠减免关税待遇的官方凭证。近年来，我国与东盟、新加坡、巴基斯坦、新西兰、智利、秘鲁、哥斯达黎加、冰岛和瑞士等区域组织或经济体签订了若干自由贸易协定，而且还加入了《亚太贸易协定》。中国—东盟自由贸易区优惠原产地证书（FORM E）、《亚太贸易协定》原产地证书（FORM B）、中国与巴基斯坦自由贸易区优惠原产地证书（FORM P）、以及中国—智利自由贸易区优惠原产地证书（FORM F）等区域优惠原产地证书纷纷出现，这类原产地证书通常由中国贸促会等机构签发。

教学活动3　检验证书

【活动设计】

1. 通过【案例导入】，讲解检验证书的概念、种类及其在国际结算中的作用。

2. 结合实际业务，学生分组模拟演练检验证书的缮制与审核，总结检验证书缮制的注意事项。

【案例导入】

某信用证项下的货物为玻璃鱼缸（GLASS FISH JAR），信用证要求受益人须提交的单据之一为检验证书，但未明确具体检验内容。受益人在信用证规定时间内提交了全套单据，但其检验证书中显示：经检验，10个鱼缸破碎。开证行因此拒付。议付行认为，信用证对检验证书的内容未作规定，检验证书具有检验的功能，其他方面与信用证及其他单据并无矛盾，所以符合UCP600第十四条f款只要满足功能便可以接受的要求。

思考：该检验证书是否可以接受？开证行拒付是否合理？

【基础知识】

一、检验证书的概念

检验证书（Inspection Certificate），又称商检证书，是各种进出口商品检验证书、鉴定证书或其他证明书的统称，是由商品检验机构（官方机构或民间机构）出具的对商品的规格、品质、数量、重量等的鉴定证书，具有法律效力。在国际贸易中，检验证书起着公证证明的作用，既是买卖双方交接货物、结算货款、处理争议、索赔理赔的有效法律依据，又是海关验放、征收关税、减免关税、结算运费等的有效证明。在信用证支付方式下，检验证书通常也是银行议付货款、出口收汇的依据之一。

我国对进出口商品的检验有法定检验和鉴定业务两类。对于法检商品，进出口商品的收发货人或其代理人，要按照《中华人民共和国商检法》等有关法律、法规，在检验检疫机构规定的时限和地点，履行向检验检疫机构申请检验、配合检验、缴费、取得检验证书等手续。如果检验证书中所列的检验结果与合同、信用证规定或与出口商提交的其他单据不符，结算时相关银行可以拒绝支付货款。

二、检验证书的种类

检验证书的种类视具体检验内容而定，但应注意检验证书的名称、所列项目、检验检疫结果须与出口合同和信用证规定相符。此外，还须注意检验检疫证书是否在规定的有效期内，如超过规定的期限，应当重新报验。目前，我国检验证书的主要类型如下：

（一）品质检验证书（Inspection Certificate of Quality）

品质检验证书是证明进出口商品的质量、规格的文件。它既是出口商品交货结汇和进口商品结算索赔的有效凭证，也是进出口商品报验、通关的合法凭证。

（二）重量或数量检验证书（Inspection Certificate of Weight or Quantity）

重量或数量检验证书是证明进出口商品重量或数量的文件。其内容为货物经何种计重方法或计量单位得出的实际重量或数量，以证明有关商品的重量或数量

案例分析：检验证书未注明检验日期案

是否符合买卖合同的规定，是报关征税和计算运费、装卸费用的依据。

（三）包装检验证书（Inspection Certificate of Packing）

包装检验证书是用于证明进出口商品包装情况的文件。进出口商品包装检验，一般列入品质检验证书或重量（数量）检验证书中，但也可根据需要单独出具。

拓展阅读：检验证书的缮制

（四）兽医检验证书（Veterinary Inspection Certificate）

兽医检验证书是证明出口动物产品经过检疫合格的文件，适用于冻畜肉、冻禽、禽畜肉、罐头、冻兔、皮张、毛类、绒类、猪鬃、肠衣等出口商品。凡加上卫生检验内容的，称兽医卫生检验证书（Veterinary Sanitary Inspection Certificate），是对外交货、银行结汇和进口国通关输入的重要凭证。

（五）卫生检验证书（Sanitary Inspection Certificate）

卫生检验证书又称健康检验证书（Inspection Certificate of Health），是证明可供人类食用或使用的出口动物产品、食品等经过卫生检验或检疫合格的证书。适用于肠衣、罐头、冻鱼、冻虾、食品、蛋品、乳制品、蜂蜜等，是对外交货、银行结汇和通关验放的重要凭证。

（六）消毒检验证书（Disinfection Inspection Certificate）

消毒检验证书是证明出口动物产品经过消毒处理，保证卫生安全的文件。适用于猪鬃、马尾、皮张、山羊毛、羽毛、人发等商品，其证明内容也可在品质检验证书中附带，是对外交货、银行结汇和国外通关验放的重要凭证。

（七）熏蒸证书（Inspection Certificate of Fumigation）

熏蒸证书是证明出口粮谷、油籽、豆类、皮张等商品，以及包装用木材与植物性填充物等已经过熏蒸灭虫的证书。主要证明使用的药物、熏蒸的时间等情况。如国外不需要单独出证，可将其内容列入品质检验证书中。

（八）温度检验证书（Certificate of Temperature）

温度检验证书是证明出口冷冻商品温度的证书。如果国外仅需要证明货物温度，不一定要单独的温度证书，可将测温结果列入品质证书。

（九）残损检验证书（Inspection Certificate on Damaged Cargo）

残损检验证书简称验残证书，是证明进口商品残损情况的证书。主要内容为确定商品发生残、短、渍、毁等情况及对使用、销售的影响，估定损失程度，判断致损原因，可作为收货人向发货人、承运人或保险人等有关责任方索赔的有效证件。

（十）船舱检验证书（Inspection Certificate on Tank/Hold）

船舱检验证书是证明承运出口商品的船舱清洁、牢固、冷藏效能及其他装运条件是否符合保护承载商品的质量和数量完整与安全要求的证书。它可作为承运人履行租船契约适载义务，对外贸易关系方进行货物交接和处理货损事故的依据。

（十一）货载衡量检验证书（Inspection Certificate on Cargo Weight & Measurement）

货载衡量检验证书也称衡量检验证书，是证明进出口商品的重量、体积吨位的证书。它是计算运费和制订配载计划的依据。

(十二) 价值证书 (Certificate of Value)

价值证书主要用于证明发票所列商品的价格真实正确，作为进口国管理外汇和征收关税的凭证。在发票上签盖商检机构的价值证明章，与价值证书具有同等效力。

此外还有，生丝品级及公量检验证书、适载鉴定证书、舱口检视证书、舱口封识证书、油温空距证书、集装箱监装/拆证书、集装箱租箱交货检验证书、租船交船剩水/油重量鉴定证书等诸多类别。在国际贸易中，买卖双方应根据成交货物的种类、性质，按照相关法律、法规、政策和贸易习惯等来确定应提供何种检验证书。

任务四测试题

金融科技专栏

中国银行"中银智链"单据业务

在国际结算业务里，商业单据（如发票、提单、装箱单等）是交易双方履约的关键凭证，也是银行处理结算业务的重要依据。传统模式下，商业单据依赖纸质流转，存在易伪造、传递慢、核验难等问题，而数字化技术正逐步破解这些痛点。

2023年9月，中国银行依托"中银智链"跨境区块链平台，为某跨境电商企业办理了一笔基于电子商业发票的结算业务。该企业出口一批电子产品至欧洲，以往需邮寄纸质发票、装箱单等单据，不仅耗时约1周，还存在丢失风险。此次通过平台，企业在线上传经数字签名的电子发票及相关单据，银行借助OCR识别和大数据核验技术，实时校验单据信息与报关数据的一致性，仅2小时便完成了单据审核与款项支付，效率提升近80%。

资料来源：中国银行官网。

金融职业素养专栏

在国际结算中，商业单据（发票、提单、保单、产地证等）是交易信用的实体化载体。我们必须要同时具备风险意识与职业操守：严格核查单据真实性，识别伪造提单、虚假描述等陷阱，避免"单货不符"引发的连锁风险；坚守单证一致的极致严谨，对信用证条款实现零误差匹配，确保每个日期、金额、条款的精准对应；恪守合规底线，抵制出具虚假原产地证等违规操作，主动筛查敏感贸易信号以履行国际义务。一份单据的疏漏可能造成巨额损失，唯有将敬畏之心融入专业审单的每个细节，才能筑牢全球供应链的"信用防波堤"。

思维导图

综合实训

- 国际结算中的商业单据
  - 商业发票
    - 定义：是载有货物名称、数量、价格等内容的清单，也是卖方向买方计收货款、清算账目的单据
    - 全套单据的中心，其他单据如运输单据、保险单据、包装单等都应以它为中心来缮制
    - 格式不一，但内容大致相同，包括首文、正文和结文三部分
  - 运输单据
    - 定义：是承运人或其他代理人收到托运货物后签发给托运人的一种收货凭证，是承运人和托运人之间运输契约的证明文件，也是买卖双方交接货物、处理索赔与理赔以及卖方向银行结算货款或进行议付的重要单据
    - 种类主要有：海运提单、不可转让海运单、租船合约提单、铁路运单、多式联运单据、承运货物收据、邮包收据等
    - 海运提单的作用有三个：货物收据、运输合同证明和物权凭据
  - 货物运输保险单据
    - 定义：是保险人对被保险人的承保证明，又是双方之间权利义务的契约，在被保险货物遭受损失时，也是被保险人索赔和保险人理赔的主要依据
    - 保险单的内容
      - 正面内容包括：保险人名称、发票号码、保险单号码、被保险人、唛头、包装和数量、货物描述、保险金额、承保险别等
      - 背面内容包括：印就的保险条款
  - 包装单据
    - 定义：是对货物的包装条件、重量和体积进行记载或描述的单据。包装单据是商业发票的补充，是进口地海关查验、公证行检验、进口商核对货物时的依据
    - 常用的包装单据有：装箱单、重量单、尺码单、包装明细单、花色搭配单等
  - 原产地证明书
    - 定义：是由出口商、生产商、出口地的公证行、工商团体或政府部门等特定机构签发或认证的一种证明货物原产地或制造地的文件，相当于货物的"经济国籍"或"护照"
    - 可分为：一般原产地证书、普惠制原产地证书以及由政府间协议规定的特殊原产地证
  - 检验证书
    - 定义：又称商检证书，是各种进出口商品检验证书、鉴定证书或其他证明书的统称，是由商品检验机构（官方机构或民间机构）出具的对商品的规格、品质、数量和重量等的鉴定证书，具有法律效力
    - 包括：品质检验证书、重量或数量检验证书、包装检验证书、兽医检验证书、卫生检验证书等

项目七 | Chapter 7
银行保函与备用信用证

PPT

【知识目标】
1. 掌握银行保函和备用信用证的含义和特点,熟练掌握其主要内容。
2. 准确把握银行保函和备用信用证当事人的权利和义务。
3. 掌握银行保函和备用信用证的种类及业务流程。
4. 了解关于银行保函和备用信用证结算业务的国际惯例。

【能力目标】
1. 能够熟练处理银行保函和备用信用证结算方式下的各方当事人的业务。
2. 能够根据国际贸易的实际需要恰当选择不同种类的银行保函和备用信用证。

【素质目标】
1. 树立诚信至上观念,认识秉持职业道德、保守商业秘密的重要性。
2. 弘扬创新精神,让创新意识根植于学生心中。

微课:银行保函概述

| 任务一 |
银行保函概述

【任务要求】
学生要掌握银行保函的定义、种类及当事人的权利和义务,理解从属性保函和独立性保函的区别。

学生要上网搜集银行保函案例，结合案例分析不同类型保函中各方当事人的义务履行情况。

学生要在课后阅读有关银行保函结算方式的国际惯例，从中详细把握银行保函中当事人的权利与义务关系、银行保函业务处理原则等内容。

教学活动1　银行保函的定义和当事人

【活动设计】

1. 通过【案例导入】，引导学生进入银行保函基本理论知识的学习。
2. 组织课堂讨论，分析银行保函当事人之间的关系。

【案例导入】

孟加拉国A公司于2024年10月与中国B公司达成购买意向，向中国B公司购买链篦机、混合机等单机设备，以组建链篦机回转窑系统。A公司要求中国B公司应提供相关图纸资料，B公司要求A公司预付10%的货款。A公司虽然急需这批设备，但又担心B公司事后无法提供相应服务，因而迟迟不能签约。B公司为促成该笔业务，决定开立银行保函。

思考：什么是银行保函？银行保函业务涉及哪些当事人？

【基础知识】

一、银行保函的定义

银行保函（Letter of Guarantee，L/G），又称银行保证书，是银行根据申请人的要求向受益人开出的担保申请人正常履行合同义务的书面证明，当申请人未能履行其所承诺的义务时，由银行在一定金额、一定期限内承担经济赔偿责任。

随着国际经济贸易联系不断加深，各国货物、资金、技术和劳务的交流日益频繁。由于国际经济合作中的某些交易期限较长，因而所涉及资金的风险都比较大，如国际信贷、项目融资、基础设施建设招标、机械设备安装、工程承包等。虽然在一般的经济合同中均规定了当事人各方的权利和义务，但合同约束只限于商业信用，而履约往往取决于交易双方的信誉，因此保障力度不够。为保障双方能按期履约，常常需要一个第三方作为担保人，并以其资信和实力向受益人保证，申请人可以履行交易合同项下的责任义务。由于具备雄厚的资金实力和较高的信誉，银行常常作为提供这种保证的第三方介入其中。银行保函自出现以来，已得到广泛的应用。

根据银行保函与基础业务合同的关系，可以将其区分为从属性保函和独立性保函。从属性保函是从属于基础合同的银行保函，保函项下的索赔是否成立是以基础合同条款为中心的。如果基础合同无效,银行的担保责任即告消灭,担保行在此承担的付款责任是第二性的,第一性责任由申请人承担。只有申请人不履行其责任的情况下,担保行才履行责任。传统的保函业务大都属于此种性质。独立性保函是指根据基础合同开具,但又不依附于合同而独立存在,其付款责任仅以保函自身的条款为准的一种保函,即只要银行保函规定的偿付条件已经具备,担保行便应偿付受益人的索偿,又称见索即付银行保函。担保行在此承担的付款责任是第一性的。独立性保函的付款责任只与保函自身条款以及受益人的索赔要求密切相关,而与基础合同的履行情况并不必然相关。虽然有从属性保函与独立性保函之分,但银行保函的根本目的还是在于担保而不是付款。因此,银行保函本质上是以促使申请人履行合同为目的的银行信用。

银行保函既能保证合同项下的价款支付,也能保证在违约情况发生时,受害方可以得到合理的补偿。可以说,在任何一种交易过程中或商务活动中,只要一方对另一方的资信、履约能力和决心产生怀疑而寻求银行作为第三方介入并担保时,都可以使用银行保函。

二、银行保函的当事人

(一) 委托人

委托人(Principal)也称申请人(Applicant),是指向银行申请开立保函的当事人,可以是进口商、投标人或承租人等。委托人的责任包括:在担保行按照保函规定向受益人付款后,偿还担保行垫付款项;负担保函项下的一切费用及利息;预支部分或全部押金。

(二) 受益人

受益人(Beneficiary)是指接受保函并有权按保函规定出具索款通知或连同其他单据向担保行索取款项的一方,可以是出口方、贷款银行等。受益人按照保函规定,提交相符的索款声明,或连同有关单据,有权向担保行索偿,并取得付款。

(三) 担保行

担保行(Guarantor)是指接受申请人的申请,向受益人开立保函的银行。担保行的权责包括:开立保函时,有权决定是否要求申请人预缴押金;付款后,有权要求申请人偿还其垫款;若申请人不能立即偿还垫款,则有权处理押金、抵押品等;若押金、抵押品等不足以抵偿垫款,有权向申请人追索不足部分;有义务按照既定的承诺条件对受益人支付款项。

(四) 通知行

通知行(Advising Bank)也称转递行(Transmitting Bank),是指接受担保行的委托办理保函的通知或转递手续的银行。通知行只负责核对保函的签字或密押,并收取转递手续费,不承担其他经济责任。通知行一般是受益人所在地并与担保行有业务往来的银行,通常是担保行的联行或代理行。

思政课堂:
弘扬诚信精神
——银行保函的应用与风险防范

（五）转开行

转开行（Reissuing Bank）是指在担保行的保证下，按担保行的要求，向受益人开立保函的银行。转开行开立保函后，当发生符合保函规定条件的事件时，受益人只能向转开行要求赔付。转开行对受益人赔付后，有权向担保行索取赔偿款项。

（六）反担保行

反担保行（Counter Guarantor）是指接受申请人的委托向担保行出具不可撤销反担保，承诺在申请人违约且无法付款时，负责赔偿担保行垫付款项的当事人，是与申请人有经济业务往来的其他银行。有了反担保行，担保行就有了向除申请人以外的另一方追索其所付款项的选择，而反担保行也有权向申请人索偿。

（七）保兑行

保兑行（Confirming Bank）是指根据担保行的要求，在保函上加具保兑，承诺当担保行无力赔偿时，代其履行付款责任的银行，也称第二担保行。当担保人的资信较差或受相关法律条款约束时，受益人往往会要求在担保行的保函上由一家大银行承担付款责任，一旦担保行未能按规定付款，保兑行就必须代其履行付款义务。保兑行付款后，有权凭担保函及担保行要求其加具保兑的书面指示向担保行索赔。

银行保函业务中涉及的当事人形成了一定的法律关系：委托人与受益人之间是基于贸易合同等法律文件而产生的债权债务关系或其他权利义务关系；委托人与银行之间是基于双方签订的《保函委托书》而产生的委托担保关系；担保行与受益人之间是基于保函而产生的保证关系。

三、银行保函的国际规则

随着银行保函在国际上使用范围的不断扩大，其内容也逐渐复杂化。为了便于研究和使用，国际商会于1992年4月出版发行《见索即付保函统一规则》(The Uniform Rules for Demand Guarantees, URDG)，其后进行了几次修订，现行版本URDG758于2009年12月3日公布，并于2010年7月1日正式实施。

拓展阅读：
《见索即付保函统一规则》

教学活动2　银行保函的种类

【活动设计】

通过【案例导入】，引导学生学习银行保函的种类，并了解不同保函的适用情况。

【案例导入】

接上例，考虑到A公司的顾虑在于10%预付货款的安全问题，B公司决定开立银行保函。在向C银行业务人员咨询后，决定选择预付金保函，以此免去A

公司的后顾之忧。A 公司对此表示满意，随后双方签订销售合同，其中约定合同余款 90% 由 A 公司在合同签订两个月内向 B 公司开具信用证，交货期为合同生效后 200 天内。

思考：什么情况下适合开立预付金保函？银行保函还有哪些其他种类？

【基础知识】

由于银行保函应用范围极为广泛，因而种类繁多。此外，银行保函的分类方法也多种多样，主要包括出口类保函、进口类保函、对销贸易类保函和其他类保函。

一、出口类保函

出口类保函是指银行应出口方申请，向进口方开出的保函，是为满足出口货物和出口劳务需要而开立的保函。

（一）承包保函（Contract Guarantee）

发展中国家进行工程建设，多采用招标、承包方式供应劳务、物料或设备。投标人和中标后的承包人须向招标人或向工程业主提供各种银行保函，统称为承包保函。主要有以下几种：

1. 投标保函（Tender Guarantee）

投标保函是银行应投标人的要求向招标人出具的保证投标人中标后履行标书规定的责任及义务的书面保证文件。在该保函中，担保银行向招标人保证：投标人投标后不撤标或片面修改投标条件；投标人中标后一定与招标人签约，并按照招标人规定的日期提交履约保函。否则，担保行将在招标人即受益人提出索赔时，按保函规定的金额对其进行赔付。

拓展阅读：
银行保函可替代部分预售资金监管

2. 履约保函（Performance Guarantee）

履约保函是银行应出口方或承包商（即中标方）的请求向进口方或接受承包的业主（即招标方）出具的保证文件。在该保函中，担保行向受益人保证出口方或承包商一定履行其在所签合同项下的责任义务，否则担保行将负责赔偿一定的金额。

拓展阅读：
履约保函

3. 预付金保函（Advance Payment Guarantee）

预付金保函也称退还预付金保函（Refundment Guarantee for the Advance Payment）或还款保函（Repayment Guarantee），是进口方或接受承包的业主在预付定金时要求出口方或承包商提供的银行保函。因此，预付金保函中的有关当事人也就是履约保函中的有关当事人。担保行向受益于保证在出口方或承包商因故不能履约时，由银行负责将预付款项加上利息退还给受益人。

拓展阅读：
预付金保函

（二）保留金保函或留置金保函（Retention Money Guarantee）

保留金保函或留置金保函是银行应出口方申请，向进口商发出的，保证如果货到后发现品质不符，将买方预先支付的保留金退还买方的归还保证书。

(三) 质量保函 (Quality Guarantee)

在供货合同中，尤其在军工产品、机械设备、船舶飞机等出口合同中，为保证产品质量，买方要求卖方提供银行担保，保证如货物质量不符合合同规定，而卖方又不能更换或维修时，担保行便将保函金额赔付买方，以弥补其所受损失。这种银行保函称为质量保函。

(四) 维修保函 (Maintenance Guarantee)

在承包工程合同中，工程业主要求承包人提供银行担保，保证在工程质量与合同规定不符而承包人又不能维修时，担保行便按保函金额赔付业主，以弥补其所受损失。这种银行保函称为维修保函。

二、进口类保函

进口类保函是指银行应进口方申请，向出口方开出的保函，是为满足进口货物和进口技术需要而开立的保函。

(一) 付款保函 (Payment Guarantee)

付款保函是指银行应购买货物或劳务一方的请求，出具给货物或劳务提供方的书面凭证，保证受益人交付货物或提供劳务后，申请人一定按期付款或保证到货检验与买卖合同相符后付款。付款保函适用于一切存在付款行为的商品贸易、技术劳务贸易、工程项目等。

(二) 延期付款保函 (Deferred Payment Guarantee)

如在延期付款的情况下，进口方按照合同规定预付出口方一定比例的定金，其余部分由进口方银行开立保函，保证进口方凭货运单据支付一部分，其余部分分为相等份额，每份金额加利息，连续每半年支付一次。如果买方不能付款，那么担保行代为付款。这种保函就是延期付款保函。

(三) 租赁保函 (Leasing Guarantee)

租赁保函是指当采用租赁方式进口机械、仪器、设备、运输工具时，银行向出租人担保承租人按规定付给租金，否则由担保行赔偿的保函。

三、对销贸易类保函

对销贸易又称对等贸易、反向贸易或互抵贸易，是一种以货物或劳务作为偿付货款手段的贸易方式。

(一) 补偿贸易保函 (Compensation Guarantee)

在补偿贸易中，进口设备的一方向供应设备的一方提供银行担保，向其保证：如进口方在收到与合同相符的设备后，未能以该设备生产的产品按合同规定返销出口给供应设备方或由其指定的第三方以偿付进口设备的价款，又不能以现汇偿付设备款及附加利息，担保行将按保函金额加利息赔付供应设备的一方。这种保函就是补偿贸易保函。

(二) 来料加工保函及来件装配保函 (Processing Guarantee, Assembly Guar-

antee)

在来料加工或来件装配业务中，进料或进件方向供料或供件方提供银行担保，向其保证如进料或进件方收到与合同相符的原料或元件后，未能以该原料或元件加工或装配，并按合同规定将成品交付供料或供件方或由其指定的第三方，又不能以现汇偿付来料或来件价款及附加的利息，担保行便按保函金额加利息赔付供料或供件方。这种保函就是来料加工保函及来件装配保函。

四、其他类保函

（一）借款保函（Loan Guarantee）

企业或单位向国外借款，一般需提供银行担保，向国外贷款人保证：如借款人未按借款契约规定偿还借款并付给利息，担保行将代替借款人偿还借款并支付利息。这种保函就是借款保函。

拓展阅读：借款保函

（二）关税保付保函（Customs Guarantee）

关税保付保函是指银行向国外海关开立的，保证临时进入该国的商品会按时被撤回，否则由银行向海关支付相应税金的书面保证。比如承包工程公司在国外施工，需将施工器械运进工程所在国家，在运入该国时，应向该国海关缴纳一笔税金，工程完毕将施工器械撤出该国时，该国海关可以退还这笔税金。承包方为了避免垫付这笔税款，常要求银行向工程所在国海关出具担保，向其保证如承包方在工程完毕后未将施工器械撤离该国时，将由担保行支付这笔税金。

（三）账户透支保函（Overdraft Guarantee）

承包工程公司在外国施工，常在当地银行开立账户，为了得到当地银行的资金融通，有时需要开立透支账户。在开立透支账户时，一般需要提供银行担保，向当地账户行保证，如该公司未按透支合约规定及时向该行补足透支金额，担保行代其补足。这种保函就是账户透支保函。

拓展阅读：区块链电子保函

（四）保释金保函（Bail Bond）

保释金保函是指银行应国内船务公司或其他运输公司的申请，为保释其因海上事故或其他原因而被扣留的船只或其他运输工具而向当地法院出具的书面保证文件。若船运公司未按当地法院判决赔偿损失，则担保银行代为赔偿。此类保函的目的是为避免由于解决纠纷的案件诉讼旷日持久，致使被扣留的船只或其他财物因长期无法营运或无法使用而给当事人造成损失。当地法庭在接到这种保函后，以此作为保释金，将被扣船只或其他运输工具先予放行，使其投入运营和使用。

（五）诉讼保函（Litigation Guarantee）

诉讼保函是指担保银行应原告的申请而向司法部门出具的，保证原告在败诉的情况下履行损失赔偿义务的书面文件。其适用于诉讼程序中原告向司法部门提请对被告财产进行诉讼保全的情况。原告向司法部门提请对被告财产进行诉讼保全后，若原告败诉，应承担被告财产在诉讼保全期间的损失。司法部门为避免原告不承担上述损失，要求原告在申请诉讼保全时提交保证金。

任务一测试题

任务二
银行保函的业务流程

【任务要求】

学生要掌握银行保函定义及基本内容,能正确区分银行保函与信用证,指出二者的异同之处。

学生要熟知银行保函的业务流程,包括银行保函的开立、修改和索赔中的业务处理要点。

教学活动1 银行保函的申请和开立

【活动设计】

1. 通过【案例导入】,引导学生了解银行保函的开立流程。
2. 学生分组,模拟各方当事人办理银行保函业务。

【案例导入】

接上例,B公司向C银行提出了付款保函开立申请,按要求填写了银行保函开立申请书,并提供了批准文件、交易合同等材料,同时缴纳了保证金。C银行在接到书面申请后,对申请书的内容、资信状况、批准文件、交易合同等材料等进行了详细地审查,最后决定接受该业务申请,遂向A公司开出预付金保函。

思考:银行保函的内容包括哪些?银行保函的开立流程是怎样的?

【基础知识】

一、银行保函的基本内容

由于银行保函的种类繁多,所涉及的事项各不相同,因此银行保函的内容没有统一的规定。根据国际惯例,银行保函一般包含以下几项内容:

(1) 保函的名称,如投标保函、履约保函等。

(2) 各当事人的名称和地址。保函中应该写明申请人、受益人,尤其是担保行的完整名称和详细地址,以便明确保函的有关法律问题。

(3) 有关的交易合同、协议,标书的编号、日期,供应货物的名称、数量、工程名称等。这是确定合同和判断交易双方是否违约的依据。

(4) 保函的货币名称、金额。保函可以规定一个具体的金额,也可以用交易合同金额的一定百分比来表示，它一般指担保行担保责任的最高限度，也是计收担保费的主要依据，一般要写明货币种类。

（5）有效期限。保函有效期限涉及生效日和失效日两方面的内容。关于生效日的规定有两种情况：一是直接规定生效日期，一般是自开立之日起生效，也可以通过说明某一特定日期来规定；二是规定生效事件，即当某一条件履行后生效。比如预付金保函中，一般规定在收到预付金以后保函才能生效，而银行根据自身的记录能够确定预付金何时转到申请人的账户。保函的失效日规定可以采取两种方式：一是确定到期日；二是规定失效事件，即以某事件的发生之日为到期日，如施工完毕、交货结束等，但此事件必须以相应的单据证明。

二、申请和开立银行保函的流程

（一）申请人向银行申请开立保函

公司或企业根据业务需要请求银行为其出具保函时，应履行以下三个手续：一是填写书面的保函申请书；二是提交一定保证金或其他形式的反担保作为抵押；三是提供相关的业务参考文件，如项目的有关批准文件、交易合同副本或招标书副本、保函格式等文件。

保函申请书（见表7-1）是构成申请人与担保行之间权责关系的书面契约，也是银行对外出具保函的法律依据，因此申请人应逐项认真地填写。

拓展阅读：跨境保函

表7-1　　　　　　　　　银行保函申请书样本

```
              保函（备用信用证）申请书
         APPLICATION FOR BANK L/G (STANDBY L/C)
中国建设银行股份有限公司_____分行：
TO: CHINA CONSTRUCTION BANK CORP, _____ BRANCH/SUBBRANCH:

  我公司因_____需要（相关合同/文件编号：_____），需提供一份由银行出具的
_____（选填"保函"或"备用信用证"）（以下统称"保函"），特向贵行提出申请。
  AS IS NECESSARY FOR _____ ( OUR CONTRACT/DOCU-
MENTATION NO. _____ ), _____ (CHOOSE "BANK L/G" OR "STANDBY L/C") (HEREIN AF-
TER REFERRED AS L/G) IS REQUIRED. WE HEREBY SUBMIT THIS APPLICATION.

一、我公司基本情况（BASIC INFORMATION OF THE APPLICANT）
（一）名称（NAME）：_____
（二）住所及联系电话（ADDRESS AND TEL）：_____，_____；
（三）法定代表人（负责人）姓名（NAME OF THE LEGAL REPRESENTATIVE OR CHIEF OFFICER）
_____；
（四）营业执照编号（LICENSE NO.）：_____；
（五）基本账户开户银行及账号（PRIMARY ACCOUNT NO. AND THE BANK'S NAME）：_____。
二、申请保函内容（L/G DETAILS）
（一）受益人名称（BENEFICIARY）：_____；地址（ADDRESS）：_____；
电话（TEL）：_____；
```

续表

（二）保函种类（L/G TYPE）：_____
（三）保证币种及金额（大写）（CURRENCY&AMNT IN WORDS）：_____；
（四）保证事项（COVERING）：_____；
（五）保证期间（VALIDITY）：截至_____年_____月_____日；
（六）保函适用法律（GOVERNING LAW）：<u>合同法</u>
（七）电开或信开（BY TELECOMMUNICATIONS OR IN PAPER FORM）：_____。
（八）其他（MISC）：_____。

三、保函的通知/交付（ADVICE OR DELIVERY TO BENEFICIARY）

保函将按照下列第____种方式通知/交付受益人：
L/G SHALL BE ADVISED OR DELIVERED TO BENEFICIARY AS FOLLOWS：_____
1. 由贵行选择通知行（THROUGH A BANK AT YOUR OPTION）；
2. 由下列银行通知（THROUGH THE FOLLOWING BANK）：_____；
3. 由贵行直接交付受益人（DELIVERED TO BENEFICIARY DIRECTLY BY YOU）；
4. 由我公司直接交付受益人（DELIVERED TO BENEFICIARY BY US）；
5. 其他方式（OTHERS）：_____。

四、保函的转开（RE–ISSUANCE OF L/G）

■ 不适用（N/A）。
□ 请贵行自行委托一家银行转开（RE–ISSUE BY A BANK AT YOUR OPTION）；
□ 由下列银行转开（英文名称）（RE–ISSUE BY THE FOLLOWING BANK）：_____。

五、我公司同意贵行按下列第____种格式出具保函文本：
THE L/G SHALL BE ISSUED IN FORMAT ____：
1. 按贵行的文本格式，且贵行可根据情况进行修改。
YOUR FORMAT AS MODIFIED BY YOU AT YOUR DISCRETION.
2. 按我公司提供的文本格式，但贵行可根据情况进行修改。
OUR FORMAT AS MODIFIED BY YOU AT YOUR DISCRETION.
3. 按我公司或受益人提供的文本格式。
OUR FORMAT OR BENEFICIARY'S FORMAT

六、拟提供反担保方式（COUNTER–GUARANTEE INTENDED）：
_____

七、附属材料（SUPPORTING MATERIALS）
（1）合同（CONTRACT）；
（2）保函格式（L/G FORMAT）；
（3）其他（OTHERS）：_____。

八、我公司承诺如下（WE UNDERTAKE THAT）：
1. 严格按照贵行的要求提供有关资料与信息，并保证本申请书所陈述的各项内容以及所提供的资料与信息真实、完整、合法、有效。
WE WILL PROVIDE DOCUMENTS AND INFORMATION AS REQUIRED BY YOU AND WARRANT THE COMPLETENESS, AUTHENTICITY, ACCURACY, LEGALITY AND EFFECTIVENESS OF OUR REPRESENTATIONS HEREIN AND ANY DOCUMENTS AND INFORMATION PROVIDED BY US.
2. 贵行对于是否接受我公司的申请具有完全的自主决定权。
YOU HAVE THE SOLE DISCRETION TO ACCEPT OR REJECT OUR APPLICATION.
3. 如贵行与我公司签订的《出具保函协议》与本申请书内容不一致，以《出具保函协议》为准。
IN CASE OF ANY DISCREPANCY BETWEEN THIS APPLICATIONA ND THE AGREEMENT REGARDING THE ISSUANCE OF L/G, THE LATTER PREVAILS.

续表

4. 对于转开保函，我公司同意贵行向转开行出具反担保函或与其达成其他协议或法律安排，其形式和内容以及贵行对其做出的任何修改和补充都无须得到我公司确认，贵行也不必通知我公司。我公司对贵行向转开行所做的任何陈述、保证或承诺都无条件地、不可撤销地认可和接受。 IN THE CASE OF RE – ISSUED L/G YOU MAY DECIDE AND/OR CHANGE IN YOUR SOLE JUDGEMENT THE FORMAT/CONTENT OF THE COUNTER L/G ISSUED BY YOU OR ANY OTHER AGRREMENT OR LEGAL ARRANGEMENT BETWEEN YOU AND THE RE – ISSUING BANK WITHOUT OUR CONFIRMATION OR KNOWLEDGE BEFOREHAND OR AFTERWARDS. WE HEREBY UNCONDITIONALLY AND IRREVOCABLY AGREE TO ANY UNDERTAKING, REPRESENTATION OR WARRANTY YOU MAY MAKE IN THIS REGARD. 5. 对于贵行因开立保函或转开保函而遭受的一切损失与法律责任，我公司同意全部承担。 WE WILL HOLD YOU HARMLESS AND FREE FROM ANY LOSSES, LIABILITIES OR RESPONSIBILITIES WHICH MAY BE INCURRED UPON YOU OUT OF OR IN CONNECTION WITH THE ISSUANCE OR RE – ISSUANCE OF L/G. 申请人盖章（CORPORATE SEAL）： 法定代表人（负责人） 或授权代理人签字 （AUTHORIZED SIGNATURE）： ＿＿＿年＿＿＿月＿＿＿日 DATE ＿＿＿＿＿＿＿＿＿＿

（二）担保行审查

由于银行保函业务涉及面广、风险性大，因此担保银行在收到申请人递交的《开立保函申请书》和有关文件资料后，要对申请人和申请内容做相关的审查工作。对申请人资格的审查，主要是看申请人是否具有申请担保的资格。比如申请人是否持有工商行政管理部门企（事）业法人营业执照并经工商管理部门办理年检手续。对申请人资信的审查，主要是对受益人法人资格、经济实力、信誉等进行审查，以避免风险和欺诈行为。对保函内容的审查主要是为了防范操作风险，审查的重点包括：保函的基本要素与开立保函申请书、基础交易资料中的内容是否一致，保函的生效日和有效期，保函的失效地，保函金额，赔付条款，适用法律等。

（三）开立保函

银行对申请人提供的有关资料及申请人的资信审查认可后，便可正式对外开立保函，并按规定的收费标准向申请人收取担保费。目前，国际经济技术合作中通常使用"见索即付"保函，因此保函的开立应适用于 URDG758 惯例。由于受益人的索赔要求是否成立，关键在于其索赔是否满足保函索赔条款规定，因此为了防范受益人无理或恶意索赔，维护申请人的正当权益，同时也是为了避免使银行卷入复杂的商务纠纷、维护自身信誉，担保行在开立此类保函时，应对保函索赔条款的制定给予高度重视，尤其注意以下几点：①保函的金额和币种必须明确；②保函有效期限应准确明了；③保函条款清楚，银行赔付责任明确；④保函交单地点和有效期地点应为担保行所在地；⑤保函受益人、申请人和担保行的名

拓展阅读：
银行独立保函的有效期

称及其地址应清楚明确；⑥保函的种类和保函的担保目的应予表明；⑦与保函相关的合同号、协议号、招标号或工程项目名称应予表明。

三、银行保函的开立方式

（一）直开法

直开法，即担保行应申请人的要求直接将保函开给受益人，这是保函开立方式中最简单、最直接的一种。根据其传递方式的不同，直开保函又可分为担保行开立后直接寄交或由申请人自行代交受益人，以及由通知行代为转交给受益人两种形式，即"直交"和"转交"。"直交"方式业务流程如图7-1所示，"转交"方式业务流程如图7-2所示。

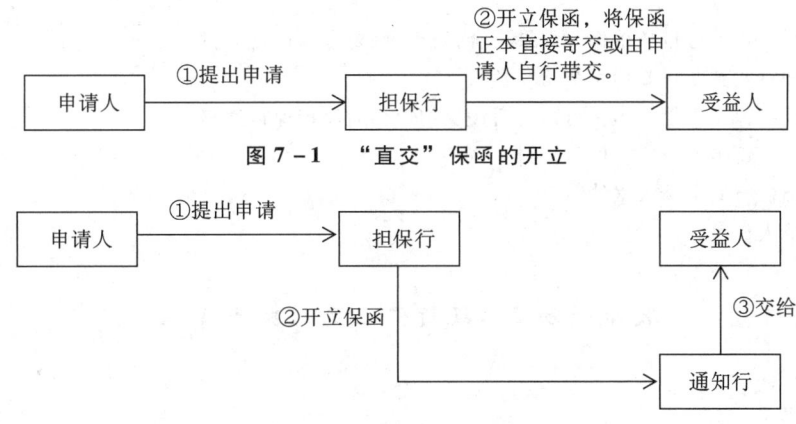

图7-1　"直交"保函的开立

图7-2　"转交"保函的开立

（二）转开法

转开法，即通过转开行转开保函，是申请人所在地的银行以提供反担保的形式委托国外受益人所在地的银行（即转开行）出具保函，并由后者向受益人承担付款责任的一种方式。转开法业务流程如图7-3所示。

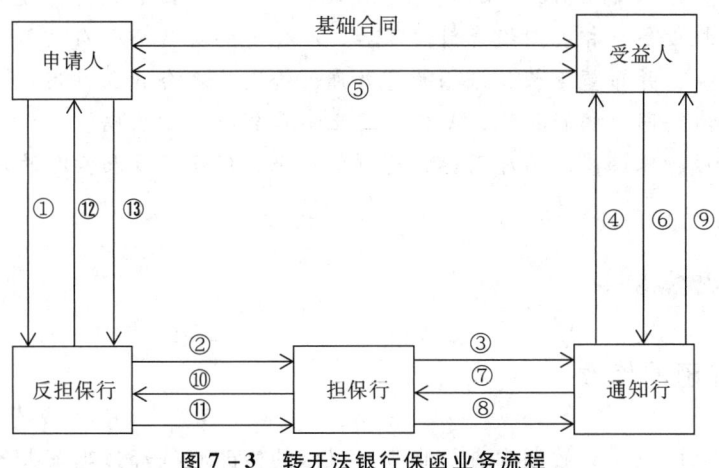

图7-3　转开法银行保函业务流程

注：

①提出申请。申请人委托所在地银行（反担保行），由其委托受益人所在地的往来银行为受益人开立保函。

②开立反担保函。反担保行向受益人所在地银行（担保行）开立反担保函，委托其为受益人开立保函。

③开立保函。受益人所在地银行（担保行）向受益人开立保函，并直交或通过通知行转交受益人。

④通知保函。通知行通知保函给受益人。

⑤违约。申请人在履行基础合同义务时违约。

⑥提出赔付。受益人可以直接或通过通知行向担保行提出索赔，并提交银行保函规定的单据。

⑦如果通过通知行向担保行提出索赔，通知行收到受益人的单据后提交给担保行，并要求赔付。

⑧赔付。担保行审核单据，如果符合银行保函要求即进行赔付。

⑨通知行收到赔付款后付款给受益人。

⑩凭反担保函索偿。担保行赔付后凭反担保函向反担保行索赔。

⑪偿付。反担保行向担保行偿付。

⑫反担保行向申请人索偿。

⑬申请人偿付。

教学活动2　银行保函的修改和索赔

【活动设计】

通过对【案例导入】的讲解分析，引导学生思考银行保函修改的原因和处理程序，了解索赔、理赔的过程。

【案例导入】

接上例，保函开出后，A公司支付了10%的预付货款，B公司提交了销售合同项下的单机设备和相关图纸资料。随后，A公司要求B公司在设备安装过程中提供技术指导，并希望延长原保函的有效期，否则将不会开立信用证。B公司认为该要求没有合同依据而拒绝，A公司因此向C银行提出索赔。

思考：银行保函修改的原因通常有哪些？银行保函修改和索赔的基本流程是怎样的？

【基础知识】

一、保函的修改

银行保函可以在有效期内进行修改。保函的修改必须经过当事人各方一致同意后方可进行,任何一方单独对保函条款进行修改都视作无效。当申请人与受益人就保函修改取得一致意见后,由申请人向担保行提出书面申请并加盖公章,注明原保函编号、开立日期、金额等内容,以及要修改的详细条款和由此产生的责任条款,同时应出具受益人要求或同意修改的意见书供担保行参考。保函修改的原因有很多种,如交易或工程项目的延期,交易或工程项目所需机器设备价格的变化,金融市场变动、新政策或新法规出台、国际政治关系变化等。保函修改的常见内容有金额及币种的变化、有效期的延后、开立方式变更等。保函修改的流程一般包括提出申请、审查批准、发出修改函、修改登记几个环节。

二、保函项下的索赔与理赔

担保行在保函的有效期之内,若收到受益人提交的索赔单据及有关证明文件,应以保函的索赔条款为依据对该项索赔是否成立进行严格审查,并在确认索赔单据及有关证明文件与保函索赔条款的规定完全相符后,及时对外付款,履行其在该项保函中所承担的责任。但应注意"欺诈例外",即受益人的付款要求显然属于恶意或滥用权利。我国《民法典》第148条规定,"一方以欺诈手段,使对方在违背真实意思的情况下实施的民事法律行为,受欺诈方有权请求人民法院或者仲裁机构予以撤销"。担保行对外付款后,可立即行使自己的权利,向保函申请人或反担保人进行索赔,要求其偿还银行所支付的款项。

三、银行保函与信用证的比较

银行保函与商业信用证都是银行应申请人的请求开立的,以银行信用代替商业信用来解决合同双方互不信任的问题,但两者在开立的目的、功能及应用范围、业务操作等各方面均存在很大不同。

(一) 开立目的不同

银行保函的首要目的是担保而非付款,原则上只有在申请人违约的情况下,银行保函才发生作用,以便促使申请人正常履行责任,并促进交易正常进行。也就是说,只有交易过程中出现违约等不符合基础合同的情况时,银行保函才发生作用。而信用证是一种国际结算工具,其开立的首要目的是付款,是交易正常进行中的一个环节。

(二) 银行责任不同

在信用证下,开证行的付款责任总是第一性的;而在银行保函下,担保行的付款责任有时是第一性的,有时是第二性的。

(三) 应用范围不同

银行保函的应用范围远远大于信用证。信用证通常只用在贸易合同中,是开证行应进口商的申请向出口商开出的,在出口商提交了符合信用证条款的单据后,由开证行向出口商支付货款的一种贸易结算方式。而银行保函既可用于国际贸易,也可以用于其他交易,如劳务承包、租赁、借贷等国际经济活动。可以说，任何需要银行信用介入的交易，都可以使用银行保函。

（四）所付款项性质不同

由于信用证主要应用于贸易合同，因此其项下的支付款项一般是货款；而保函应用范围广，因此保函项下的支付款项除货款外，还可能是赔款和退款。

（五）对单据的要求不同

信用证项下作为付款依据的单据主要是代表货权的货运单据及其他各种商业单据、检验证明及产地证等；而对于保函，最重要的付款依据是受益人提出的书面索赔书及声明，包括受益人证明、申请人违约的声明和有关单据的附件及其他证明文件。

（六）银行承担的风险不同

保函项下，银行无法控制物权凭证，风险较大；而在信用证交易中，银行一般控制物权凭证，风险相对较小。

拓展阅读：独立保函欺诈

任务二测试题

任务三
备用信用证

【任务要求】

学生要理解备用信用证的定义和特点，总结备用信用证与商业信用证、银行保函的区别。

学生要掌握备用信用证的当事人及其相互关系。

学生要明确信用证的种类及适用范围，并课后阅读备用信用证适用的国际惯例。

教学活动 1　备用信用证的定义和内容

【活动设计】

1. 通过【案例导入】，引导学生思考备用信用证的含义及特点。
2. 通过案例分析，教师讲解备用信用证的内容。

【案例导入】

美国某公司为方便在中国境内开展业务，需要向交通银行申请一笔贷款，为保证本公司会按期履行还贷责任，该公司通过其开户行 XYZ 银行开来备用信用证。

思考：该备用信用证业务中涉及的基本当事人有哪些？担保事项是什么？担保金额是多少？

【基础知识】

备用信用证最早流行于美国,因联邦法律只允许担保公司开立保函而禁止商业银行为其客户提供担保或保证书服务,美国商业银行因此创立了备用信用证用以替代保函,后来逐渐发展成为国际性合同提供履约担保的信用工具,用途十分广泛。

一、备用信用证的定义

备用信用证(Standby L/C)是在商业信用证的基础上发展起来的一种担保文件,又称商业票据信用证(Commercial Paper L/C)或担保信用证(Guarantee L/C)。1977年美国联邦储备银行管理委员会对备用信用证的定义是:不论其名称和描述如何,备用信用证是一种信用证或类似安排,构成开证行对受益人的下列担保义务:①偿还债务人的借款或预支给债务人的款项;②支付由债务人所承担的负债;③对债务人不履行契约而付款。从以上定义可以看出,备用信用证是开证行对受益人承担一项义务的凭证,在此凭证中,开证行保证在开证申请人未能履行其义务时,受益人只要按照备用信用证的规定向开证行开具汇票,并随附开证申请人未履行义务的声明或证明文件即可获得开证行的偿付。若开证申请人已经履约,则该证便失去作用。因此,备用信用证是在申请人违约时用来备用的,它既具备传统跟单信用证的一般特点,又具有担保文件的特殊功能。

备用信用证在开立后是一个不可撤销的、独立的、要求单据及具有约束力的承诺,它具有以下几个特征:①不可撤销性。除非在备用信用证中另有规定或者经各当事人全部同意,开证行不得修改或撤销其在该备用信用证下的义务。②独立性。同信用证一样,备用信用证独立于交易合同之外,不受交易合同约束,即备用信用证项下开证行义务的履行并不取决于开证行从申请人那里获得偿付的权利和能力,受益人从申请人那里获得的付款权利也不取决于在备用信用证中对任何偿付协议或基础交易的援引,或开证行本身对任何偿付协议或基础交易的履约或违约的了解与否。③跟单性。备用信用证是跟单的,这使得开证行无须介入交易便可履行自身义务,依据就是单据,即开证行履行付款义务取决于受益人提交的单据是否符合备用信用证的要求。④强制性。备用信用证一经开立就具有约束力,开证行应承担其项下义务。不论备用信用证的开立是否由申请人授权,开证行是否收取了费用,受益人是否收到,只要其一经开立,即对开证行具有强制性。

二、备用信用证的当事人

备用信用证的基本当事人有三个,即申请人、开证行和受益人,有时还会涉及保兑人和交单人。申请人是指申请开立或代理他人申请开立备用信用证的人。开证行是指开立备用信用证的银行,又称担保人。受益人是指有权获得备用信用证项下所付款项的人，它既包括备用信用证项下的直接受款人，即指定受益人，也包括指定受益人收款权利的有效转让对象，即受让受益人。保兑人是指开证行指定的对其提供的担保进行再担保承诺支付的人。交单人是指向开证行或其指定人提交单据的人，通常包括备用信用证的受益人及其指定人或者代理人。

备用信用证样本见表 7-2。

表 7-2　　　　　　　　　　备用信用证样本

To: Bank of communications, SHENYANG Branch
From: XYZ BANK
Date: 20 DECEMBER, 2024
Standby Letter of Credit

With reference to the loan agreement NO. 2024HN028 (hereinafter referred to as "the agreement") signed between Bank of Communications, SHENYANG Branch (hereinafter referred to as "the lender") and LIAONING ABC CO., LTD (hereinafter referred to as "the borrower") for a principal amount of RMB2,000,000 (in words), we hereby issue our irrevocable standby letter of credit NO. 810LC040000027D in the lender's favor for amount of the HONGKONG AABBCC CORPORATION which has its registered office at "AS 8 FL. 2SEC. CHARACTER RD. HONGKONG" for an amount up to UNITED STATES DOLLARS THREE MILLION ONLY (USD3,000,000) which covers the principal amount of the agreement plus interest accrued from aforesaid principal amount and other charges all of which the borrower has undertaken to pay the lender. The exchange rate will be the buying rate of USD/RMB quoted by Bank of Communications on the date of our payment. In the case that the guaranteed amount is not sufficient to satisfy your claim due to the exchange rate fluctuation between USD and RMB we hereby agree to increase the amount of this standby L/C accordingly.

Partial drawing and multiple drawing are allowed under this standby L/C.

This standby letter of credit is available by sight payment. We engage with you that upon receipt of your draft(s) and your signed statement or tested telex statement or SWIFT stating that the amount in USD represents the unpaid balance of indebtedness due to you by the borrower, we will pay you within 7 banking days the amount specified in your statement or SWIFT. All drafts drawn hereunder must be marked drawn under XYZ Bank standby letter of credit NO. 810LC040000027D dated 20 DECEMBER, 2024.

This standby letter of credit will come into effect on 20 DECEMBER, 2024 and expire on 09 DECEMBER, 2025 at the counter of bank of Communications, SHENYANG branch.

This standby letter of credit is subject to Uniform Customs and Practice for Document Credits (2007 revision) International Chamber of Commerce Publication No. 600.

三、备用信用证的内容

备用信用证的内容与跟单信用证大体相似，只是对单据的要求远比跟单信用证简单，其内容一般包括以下 10 个要素：①开证行名称；②开证日期；③开证申请人名称和地址；④受益人名称和地址；⑤声明不可撤销的性质；⑥备用信用证的金额，使用的货币种类；⑦对单据的要求；⑧备用信用证的到期日（有效期）；⑨保证文句；⑩表明适用的惯例。备用信用证样本（交通银行的融资性备用信用证样本）见表 7-2。

教学活动2 备用信用证的种类和惯例

【活动设计】

1. 教师通过讲解分析【案例导入】,引导学生理解学习备用信用证种类。
2. 教师组织课堂讨论,引导学生分析备用信用证与跟单信用证、银行保函的异同。

【案例导入】

备用信用证的种类

某公司凭国外母公司开出的备用信用证向某中资银行申请了 2000 万元人民币贷款,由于公司预期收入未能按时到账,所以无法在合同规定的期限内偿还贷款,银行亦未能同意延期,而是启动执行备用信用证程序,向国外开证银行索汇 698 万美元,该企业形成了事实上的外债。

思考:上述是哪种备用信用证?备用信用证应该遵守哪项国际惯例?备用信用证与跟单信用证、银行保函的区别是什么?

【基础知识】

一、备用信用证的种类

备用信用证的用途和银行保函十分类似,既可用于成套设备、大型机械、运输工具的分期付款、延期付款和租金支付,又可用于一般进出口贸易、国际投标、国际融资、BOT 项目、加工装配、补偿贸易、技术贸易以及保险与再保险的履约保证。在一般情况下,只要基础交易中的债权人认为商业合约对债务人的约束尚不够安全,即可要求债务人向一家银行申请开出以其(债权人)为受益人的备用信用证,用以规避风险、确保债权实现。当债务人违约时,债权人作为受益人就有权根据备用信用证的规定向开证行索偿。根据《国际备用信用证惯例》(ISP98),按照用途的不同,备用信用证主要分为以下几种:

(一)预付款备用信用证(Advance SLC)

预付款备用信用证主要是开证行对申请人应支付给受益人预付金的责任和义务进行担保。预付款备用信用证常用于国际工程承包项目中业主向承包人支付的合同总价 10%~25% 的工程预付款以及进出口贸易中进口商向出口商支付的预付款。

(二)直接付款备用信用证(Direct Payment SLC)

直接付款备用信用证是开证行对申请人到期付款责任的担保,主要是对到期没有任何违约时本金和利息的支付,通常用于担保企业发行债券或订立债务契约时的到期支付本息义务。直接付款备用信用证已经突破了备用信用证备而不用的传统担保性质。

（三）融资备用信用证（Financial SLC）

融资备用信用证主要是开证行对申请人应履行的付款责任进行担保，并广泛用于国际信贷融资安排。境外投资企业可根据所有权安排及其项目运营的需要，通过融资备用信用证获得东道国的信贷资金支持。通常是境外投资企业通过本国银行或东道国银行开立一张以融资银行为受益人的融资备用信用证，并凭以作为不可撤销的、独立性的偿还借款的支持承诺，向该银行申请提供账户透支便利。

（四）履约备用信用证（Performance SLC）

案例分析：备用信用证增信案

履约备用信用证主要是开证行对履约责任而非付款责任的担保，包括因申请人在基础交易中违约而造成的损失进行赔偿的担保。在履约备用信用证有效期内，如果申请人违反合同，开证行将根据受益人提交的符合备用信用证的单据（如索款要求书、违约声明等），代申请人赔偿合同或保函规定的金额。

（五）投标备用信用证（Bid Dond SLC）

投标备用信用证用于开证行担保申请人中标后执行合同义务和责任，若投标人未能履行合同，开证行必须按备用信用证的规定向受益人履行赔款义务。投标备用信用证的金额一般为投标报价的1%～5%（具体比例视招标文件规定而定）。

（六）反担保备用信用证（Counter SLC）

反担保备用信用证又称对开备用信用证，用于开证行对其受益人开出的另一单独备用信用证或担保书提供担保。它支持反担保备用信用证受益人所开立的另外的备用信用证或其他承诺。

（七）保险备用信用证（Insurance SLC）

保险备用信用证主要是开证行对申请人应履行的某一保险或再保险的义务进行担保。

（八）商业备用信用证（Commercial SLC）

商业备用信用证是指开证行应开证申请人的请求，对受益人开立的承诺某些义务的凭证。如在开证申请人未按时履约或未按时偿还货款的情况下，开证行负责偿还货款或承担有关责任。如开证申请人如期履行义务，则该信用证便失效。

二、备用信用证惯例

拓展阅读：ISP 98

1998年4月6日，国际商会银行技术委员会与国际银行法律和惯例学会联合印发了第590号出版物《国际备用信用证惯例》（ISP98），作为适用于备用信用证的国际惯例，于1999年1月1日起正式实施。《国际备用信用证惯例》以《跟单信用证统一惯例》为基础，融入了《见索即付保函统一规则》的相关规定，并根据备用信用证的特点制定。备用信用证可以同时表明适用于《国际备用信用证惯例》和《跟单信用证统一惯例》，但《国际备用信用证惯例》优先于《跟单信用证统一惯例》。若表明仅适用于《国际备用信用证惯例》，则应称为备用证（Standby）；若表明适用于《跟单信用证统一惯例》，则称为备用信用证（Standby L/C）。

三、备用信用证与跟单信用证的比较

备用信用证是一种具有保函性质和作用的信用证，与跟单信用证存在一定的差异，两者之间的异同表现如下：

（一）备用信用证与跟单信用证的相同点

1. 两者都是自足性文件

虽然备用信用证和跟单信用证都是依据基础交易合同开立的，但一经开立便独立于基础合同和基础交易，开证行与受益人之间的关系以及开证行的义务都只基于信用证本身，与基础合同无关。

2. 两者都由开证行承担第一性付款责任

备用信用证和跟单信用证都是跟单信用证，只要受益人交来的单据符合信用证规定，开证行便承担付款责任。

3. 两者都是纯单据交易

备用信用证和跟单信用证业务处理的都是单据，开证行仅负责审查单据表面的真实性，只要单据表面上与信用证条款相符，开证行就负责付款，没有义务或责任过问事实真相。

（二）备用信用证与跟单信用证的不同点

1. 两者要求的单据不同

备用信用证要求的单据主要是证明开证申请人未履行其义务的证明文件或声明，这些单据通常由受益人自行制作。跟单信用证要求的是基本单据，包括运输单据、保险单和商业发票等商业单据，多数单据受益人是不能签发的。

2. 两者的有效期不同

备用信用证常用于担保工程的实施或贷款的偿还，基础交易过程比较长，因此备用信用证的有效期限也比较长。跟单信用证的有效期限一般较短，通常为几个月，超过一年的情况很少。

3. 两者的适用范围不同

备用信用证的用途较广，既可用于国际贸易结算，又可用于国际经济合作、工程承包、国际信贷等国际经济活动中的履约担保方面。跟单信用证主要用于国际贸易结算，使用范围相对较窄。

4. 两者的作用不同

备用信用证是一种担保工具，它是开证行对开证申请人履行其偿付义务的支持或保证。备用信用证即使是用于货物买卖，其功能也不是用于货款结算，而是用来担保开证申请人支付货款。只有在开证行申请人不付款或不履行其义务时，受益人才能向开证行提示单据要求付款。因此，备用信用证一般是一份备而不用的文件。

跟单信用证只是简单的结算和信用工具，是把由进口方履行的付款责任转为

由银行来履行，以银行信用取代商业信用，用来解决买卖双方的互不信任。卖方（受益人）按约定发运货物后，可以直接向开证行提交单据，请求预先付款，而不是直接要求买方（开证申请人）履行其付款义务。因此，跟单信用证项下，只要受益人提交符合信用证规定的单据，开证行就应该履行付款责任。

5. 两者适用的法律规则不同

虽然《跟单信用证统一惯例》对备用信用证与跟单信用证都做了相同的定义，但从1999年1月1日起，备用信用证优先适用于《国际备用信用证统一惯例》（即ISP98），而跟单信用证则适用于UCP600。

四、备用信用证与银行保函的比较

备用信用证与银行保函作为担保的重要形式，在国际经济业务中的应用十分广泛，两者之间既有相同之处，也有明显的差异。

（一）备用信用证与银行保函的相同点

1. 两者定义和当事人基本相同

备用信用证和银行保函虽然在定义的具体表述上有所不同，但两者基本上都是由银行或其他开立人应申请人的请求或指示，向受益人开立的书面担保文件，承诺对提交的在表面上符合其条款规定的书面索赔声明或其他单据予以付款。两者的法律当事人也基本相同，包括申请人、开证行或担保人、受益人。三者之间的法律关系是，申请人与开证行或担保人之间是契约关系，两者之间的权利义务关系是以保函或备用信用证申请书和银行接受申请而形成；开证行或担保人与受益人之间也是契约关系，银行开出保函或备用信用证，受益人接受保函或备用信用证条款即形成契约关系。

2. 两者性质基本相同

备用信用证是以银行保函的替代形式出现的，而国际经济交易中广为使用的见索即付保函又吸收了信用证的特点。因此，备用信用证与见索即付保函在性质上日趋相同，主要表现为：两者都承担第一性的担保或付款责任；两者都独立于基础交易；两者都是纯单据交易。

3. 用途基本相同

备用信用证和保函都是担保的重要形式，两者的功能基本相同。在国际经贸交往中，交易当事人往往要求提供各种担保，以确保债务的履行，如履约担保、付款担保、质量或维修担保等，这些担保都可以通过备用信用证或保函的形式实现。

（二）备用信用证与银行保函的不同点

备用信用证与银行保函都是一种银行信用，虽然从法律观点看，两者并无本质上的区别，但在实际应用中，由于备用信用证已经发展为适用于各种用途的融资工具，包含了比银行保函更广泛的使用范围，而且备用信用证在运作程序方面比银行保函更像商业信用证。因此，两者之间还存在一定的差异。

1. 备用信用证没有从属性和独立性之分

备用信用证作为信用证的一种形式，与其凭以开立的基础合同之间的关系并无从属性和独立性之分，它具有信用证"独立性、自足性、纯单据交易"的特点，受益人索赔的唯一依据是该信用证约定的条件。银行保函作为金融机构提供担保的一种形式，与其凭以开立的基础合同之间的关系可以是从属性的，也可以是独立性的，这完全由保函自身的内容确定。

2. 保兑的方式不同

在备用信用证业务中，如果受益人对国外开证行的资信不信任时，他往往会要求开证申请人开立保兑信用证，由开证行委托其设在本国的一家银行或其他金融机构对备用信用证加以保兑。对于银行保函业务，只有少数国家要求其加具保兑，通常的做法是进行间接担保。如果受益人对国外担保行的资信有疑问，他可以要求申请人转托本地一家银行对其出具保函，而由于申请人与这家银行并无往来，申请人就只能请他所在地的往来银行向受益人所在地的某家银行发出一项凭其反担保出具保函的指示。一旦将来申请人违约，受益人可以直接向本国担保银行索偿，然后由担保行根据反担保协议向国外指示行索偿。对间接保函中的受益人来说，他只能向其出具保函的本地银行（担保行）要求索偿，而不能向国外申请人的银行（指示行）索偿。

3. 适用的法律规范和国际惯例不同

备用信用证适用统一的国际惯例，一般在开立信用证时，都要明确记载该信用证所适用的国际惯例的名称。目前，可适用于备用信用证的国际规则主要有三个：一是《国际备用信用证惯例》（ISP98）；二是《跟单信用证统一惯例》（UCP600）；三是《联合国独立保证与备用信用证公约》（United Nations Convention on Independent Guarantees and Standby Letter of Credit）。银行保函适用各国关于担保的法律规范，但各国规范各不相同。银行独立保函可适用的国际规则主要有：国际商会制定的第758号出版物，即《见索即付保函统一规则》（URDG）和联合国国际贸易法委员会制定的《联合国独立保证与备用信用证公约》。

拓展阅读：
见索即付保函与备用信用证惯例规则的比较

4. 开立方式不同

开立备用信用证时，开证行往往通过受益人当地的代理行（即通知行）通知受益人，通知行负责审核信用证的表面真实性，如不能确定其真实性，则有责任毫不延误地告知开证行或受益人。银行独立保函如果采取直接保证方式，担保行和受益人之间的关系与备用信用证中开证行和受益人之间的关系相同，银行独立保函可由担保行或委托人直接递交给受益人，也可以通过一家代理行转递，此时这家转递行就负责审核保函签字或密押的真实性。银行独立保函如果采取间接保证方式，委托人（即申请人）所委托的担保行作为指示方开出的是反担保保函，而作为反担保保函受益人的银行（受益人的当地银行）再向受益人开出保函并向其承担义务，开立反担保保函的指示方并不直接对受益人承担义务。

5. 兑付方式不同

备用信用证可以在即期付款、延期付款、承兑、议付四种方式中规定一种作为兑付方式，而银行独立保函的兑付方式只能是付款。相应地，备用信用证可指

拓展阅读：
ISP 98 中的偿付规则

定议付行、付款行等，受益人可在当地交单议付或取得付款；银行独立保函中只有担保行，受益人必须向担保行交单。

6. 融资作用不同

备用信用证适用于各种用途的融资：申请人可以用备用信用证作为担保取得贷款；受益人在备用信用证项下的汇票可以议付；以备用信用证作为抵押可以取得打包贷款；另外，银行可以自行开立备用信用证而无须申请人，供受益人在需要时取得所需款项。而银行独立保函除了借款保函的目的是以银行信用帮助申请人取得借款外，不具有其他融资功能，而且不能在没有申请人的情况下由银行自行开立。

7. 单据要求不同

备用信用证一般要求受益人在索赔时提交即期汇票和证明申请人违约的书面文件。银行独立保函不要求受益人提交汇票，但对于表明申请人违约的证明单据的要求比备用信用证下提交的单据要严格一些。如受益人除了要提交证明申请人违约的文件外，还需要提交证明自己履约的文件，否则，担保行有权拒付。

案例分析：备用信用证止付案

 金融科技专栏

汇丰银行区块链保函业务

银行保函作为国际贸易和工程项目中的重要信用工具，传统模式存在开具流程长、核验难度大、流转效率低等问题。数字化技术的应用为其带来了显著变革：

2023 年 9 月，汇丰银行（中国）为一家跨境贸易企业办理了履约保函业务。借助汇丰全球区块链保函平台，将原本需要邮寄的纸质保函转化为可跨境流转的数字保函。当该企业在东南亚的工程项目需要保函展期时，通过平台在线提交申请，银行审核后 1 个工作日内完成修改，新保函即时同步至境外业主方。而传统纸质保函的跨境修改与传递至少需要 10 个工作日，数字化后不仅缩短了时间成本，还降低了近 30% 的跨境邮寄与核验费用。

资料来源：汇丰银行官网。

 金融职业素养专栏

银行保函与备用信用证业务是优化跨境营商环境、服务高水平对外开放的重要支撑，在促进国际贸易、防范交易风险方面具有不可替代的作用，其规范运用直接体现金融机构的专业水平与职业操守。我们需紧扣"法治"与"诚信"的社会主义核心价值观，深刻认识这两类信用凭证不仅是商业履约的保障，更是银行信用与国家金融形象的体现。因此，必须强化"合规操作、风险可控"的职业准则，将其视为职业责任的重要一环，在开立、审核及赔付过程中严守合规底线，杜绝违规担保、滥用信用等行为，以专业、审慎的态度维护金融市场的稳定与信誉，践行金融为民的职业使命。

思维导图

- 银行保函与备用信用证
  - 银行保函
    - 当事人：委托人、受益人、担保行、通知行、转开行、反担保行、保兑行
    - 国际规则：《见索即付保函统一规则（URDG）》
    - 种类
      - 出口类：承包保函、保留金保函、质量保函、维修保函
      - 进口类保函：付款保函、延期付款保函、租赁保函
      - 对销贸易类保函：补偿贸易保函、来料加工保函及来件装配保函
      - 其他类保函：借款保函、关税保付保函、账户透支保函、保释金保函、诉讼保函
  - 银行保函业务流程
    - 开立方式：直开法、转开法
    - 开立流程：向银行申请-担保行审查-开立保函
    - 修改流程：提出申请—审查批准—发出修改函—修改登记
    - 索赔：担保行在确认索赔单据及有关证明文件与规定相符后对外付款
    - 与信用证区别：开立目的、银行责任、应用范围、所付款项性质、对单据要求、银行承担风险均不同
  - 备用信用证
    - 特征：不可撤销性、独立性、跟单性、强制性
    - 当事人：申请人、开证行、受益人、保兑人、交单人
    - 种类：预付款备用信用证、直接付款备用信用证、融资备用信用证、履约备用信用证、投标备用信用证、反担保备用信用证、保险备用信用证、商业备用信用证
    - 备用信用证惯例：《国际备用信用证惯例（ISP98）》
    - 与跟单信用证的比较
      - 相同点：自足性文件、开证行承担第一性付款责任
      - 不同点：要求的单据、有效期、适用范围、作用、适用法律均不同
    - 与银行保函的比较
      - 相同点：定义、当事人、性质、用途基本相同
      - 不同点：属性、保兑方式、适用法律、开立方式、对付方式、融资作用、单据要求均不同

任务三测试题

综合实训

项目八 Chapter 8
国际保理与福费廷

PPT

【知识目标】
1. 掌握国际保理业务的定义及服务项目。
2. 明确国际保理业务各方当事人的责任和权利。
3. 掌握不同分类标准下国际保理业务的类型。
4. 掌握福费廷业务的定义、特点及业务流程。

【能力目标】
1. 能依据企业需求设计国际保理服务方案,正确受理出口保理业务。
2. 能根据实际业务需求,处理福费廷业务。

【素质目标】
1. 培养学生职业道德和素养,要时刻具有法律意识,秉持诚实守信观念。
2. 引导学生认识金融创新的重要性,培养学生民族自豪感和自信心。

任务一 国际保理业务

【任务要求】

学生要掌握国际保理业务的定义及服务项目。
学生要熟知国际保理业务各方当事人的责任、权利及操作要点。
学生要了解不同分类标准下国际保理业务的类型。

学生要依据业务流程，能正确处理国际保理业务。

教学活动 1　国际保理业务概述

【活动设计】

1. 通过【案例导入】，讲解国际保理业务的定义、当事人和服务项目。
2. 组织课堂讨论，引导学生探讨国际保理业务与国际贸易发展的关系。

【案例导入】

国际保理为出口商保驾护航

美国甲公司与我国乙公司是多年的贸易合作伙伴，甲公司一直从乙公司进口纺织品，双方长期采用即期付款信用证方式结算货款。2024年3月，甲公司突然提出采用 D/A 付款方式结算货款，这使乙公司感到进退两难。放弃这单生意，失去的不仅仅是一个贸易合作伙伴，而且可能是美国区域市场的占有率，接受这一结算条件，又会带来一定的收汇风险和资金周转困难。无奈之下，乙公司向中国银行进行咨询，寻求解决办法。中国银行根据乙公司的实际情况，决定向其提供国际保理服务。

思考：中国银行真的能解决乙公司的困境吗？什么是国际保理？有什么作用？应如何办理？

【基础知识】

一、国际保理业务的概念

牛津简明词典中对保理的定义为：以贴现方式买入属于供应商的应收账款并负责收回债款从而获得盈利的行为。公司将其应收账款销售或转让给保理公司，由保理公司作为主债权人而非代理人的一种金融服务方式。

美国《金融与投资辞典》（1995年）对保理的定义为：保理是为以赊销方式出售商品或提供服务的贸易提供销售账务管理、应收账款收取、信用风险担保和资金融通便利中的一项或多项服务，并办理相应应收账款债权转让或担保手续的综合性金融业务。

《国际保理公约》规定，《保理合同》是指卖方（供应商）与保理商之间订立的合同。根据该合同：

（1）供货商可以或将要向保理商转让供货商与其客户（债务人）订立的货物销售合同产生的应收账款，但是主要供债务人个人、家人或家庭使用的货物的销售所产生的应收账款除外。

（2）保理商应履行至少下述两项职能：①为供货商融通资金，包括贷款和

微课：国际保付代理概述

预付款；②保持与应收账款有关的账目（分类账）；③收取应收账款；④防止债务人拖延付款。

（3）应收账款转让的通知应送交债务人。

综合上述定义，国际保理（International Factoring）是指在国际贸易中的出口商以赊销（O/A）、承兑交单（D/A）等信用方式向进口商销售商品时，保理商对出口商提供集买方资信调查与评估、应收账款管理与催收、出口贸易融资及买方信用担保为一体的综合性金融服务。

二、国际保理业务的主要当事人

（一）出口商/销售商

出口商/销售商（Exporter/Seller）是指国际贸易中负责提供货物或服务，出具发票，并将其应收账款转让给出口保理商叙作保理业务的一方。

（二）进口商/债务人

进口商/债务人（Importer/Debtor）是指国际贸易中对因提供货物或服务所产生的应收账款负有付款责任的一方。

（三）出口保理商

出口保理商（Export Factor）是指与卖方签订保付代理协议，对卖方的应收账款承做保理业务的一方，通常为出口商所在地的银行或金融机构。在国际单保理业务中，无此当事人。

（四）进口保理商

进口保理商（Import Factor）是指同意收取已由出口保理商转让过来的应收账款，并有义务对该项账款进行支付且承担风险的一方。

三、国际保理业务的服务项目

（一）资信调查与评估

在国际贸易中，掌握进口商的资信状况对于出口商避免和减少潜在的收汇风险至关重要。出口商不仅需要掌握新客户的资信情况，还要密切关注老客户的资信变化。一般来说，中小公司有几个至几十个经常往来的老客户，而大公司则有几百个之多。跟踪调查这些客户的资信情况，根据其变化制定适合的信用销售额度和采取必要的风险防范措施，对公司的经营和发展非常关键。另外，为了保证出口能够顺利收汇，出口商还要了解各客户所在国的外贸政策、外汇管制、国家政局等方面的变化。这些信息的搜集对绝大多数出口商来说都不容易办到，除非公司拥有四通八达、渠道畅通的信息网。但保理商解决这一问题则相对容易，因为各国保理商都拥有设备先进的数据中心和数据通信网络，可以通过多种渠道和手段获取所需要的最新的可靠信息。他们既可以利用全球保理行业广泛的代理网络和官方及民间的商情咨询机构，也可以利用其母银行广泛的分支和代理网络。而且，保理公司一般都设有专门的信息部门，配备专业人才，负责搜集研究有关

拓展阅读：国际保理业务的起源与发展

拓展阅读：国际双保理业务当事人间的法律关系

各国政治、经济和市场变化的信息资料。这些优势的存在使保理商能够随时根据出口商的要求，调查了解进口商的资信现状和清偿能力以及进口地的相关情况，对进口商进行信用评估，核定信用销售额度，控制信用风险。

（二）应收账款管理

销售分户账是出口商和进口商之间交易的记录，管理好销售分户账对于出口商来说意义重大。通过销售分户账可以确切知道每一个客户所欠公司的货款、现存的有争议款项及其根源，并据此判断客户的资信和公司流动资金的现状。但应收账款的管理工作也占用了公司大量的人力、物力及财力。在保理业务中，保理商可以为出口商提供此项专业服务。由于保理商一般是商业银行的附属机构，或是与商业银行关系密切的机构，因此，保理商拥有最完善的财务管理制度、先进技术、丰富经验和良好装备，它能够提供高效率的社会化服务。出口商将应收账款转让给保理商后，有关的账目管理工作也移交给了保理商。在收到出口商交来的发票后，保理商设立有关账户，并利用计算机自动进行记账、计息、收费、统计等项工作，随时向出口商提供有关资料和数据。出口商将售后账务管理交给保理商代理后，可以减少财务管理人员及相应的开支和费用，集中精力致力于生产经营和销售。

（三）应收账款催收

伴随信用销售成为国际市场竞争的必要手段，困难重重的应收账款催收工作便接踵而至。收债效果不佳，会直接导致出口商大量资金束缚在应收账款上，致使企业资金紧张，周转不灵，影响正常运营，甚至破产。面对海外的应收账款，由于存在地区、语言、法律、贸易习惯等方面的差异，出口商更是心有余而力不足。因此，借助专业追账机构催收应收账款，有时非常必要。在国际保理业务中，保理商就可以为出口商提供这方面的专业服务。和出口商相比，保理商在催债方面具有四大优势：一是专业优势，包括专门的催债技巧、方法和专业人员；二是全球网络优势，可以通过国际保理商联合会广泛的代理网络，在全世界多数国家和地区找到合作伙伴；三是资信优势，不仅自身具有良好的信誉，还能有效监督债务人的资信状况；四是法律方面优势，与世界各地的律师机构和仲裁机构都有较密切的联系，能够随时提供一流的律师服务。

（四）买方信用担保

保理协议签订后，保理商对进口商进行资信调查与评估，核定出口商对进口商赊销的信用额度（Credit Limit），也称信用限额。出口商在保理商核准的信用额度范围内的销售，叫作已核准应收账款（Approved Receivables），超过额度部分的销售，叫作未核准应收账款（Unapproved Receivables）。保理商对已核准应收账款提供100%的坏账担保。当进口商因财务上无偿付能力或企业倒闭、破产等原因而导致不能履行合同规定的付款义务时，保理商承担偿付责任。已经预付的款项不能要求出口商退款，尚未结清的余额也必须按约定照常支付，其损失只能由保理商自己承担。因此，只要出口商将对进口商的销售控制在已核准额度以内就能有效地消除由买方信用造成的坏账风险。但出口商必须保证这一应收账款是清洁债权，即出口商必须保证其出售的商品或提供的服务完全符合合同规定，无产品质量、数量、服务水平、交货期限等方面的争议。因出口商违反合同引起贸易纠纷而造成的坏账不在保理商的担保赔偿范围之内。

（五）贸易融资

保理商可以根据出口商要求，在收到转让的应收账款后，立刻对出口商提供融资，协助出口商解决流动资金短缺问题。保理业务的贸易融资手续方便、简单易行，既不像信用放款那样需要办理复杂的审批手续，也不像抵押放款那样需要办理抵押品的移交和过户手续。具体来说就是保理商在收妥发票后，即向出口商预付不超过发票金额80%的货款（扣除融资利息），这样就基本解决了在途和信用销售的资金占用问题。通常这部分融资是无追索权的，全部风险由保理商承担。融资总额与出口商的发票金额成正比，因而可以使出口商的资金供应和商品销售同步增长，不仅可以改善流动比率，还能提高公司的资信等级。

四、国际保理业务的特点

（一）保理商提供的是综合性的金融服务

国际保理业务虽然没有信用证业务那样完整的形式性，但国际保理业务发展到现在，已从单纯地提供出口融资扩展为相关的一揽子金融服务，包括进口商资信调查、应收账款管理与催收、坏账担保及贸易融资。这种综合性的金融服务有效地解决了进出口商在国际贸易中所面临的相关问题，便利了国际贸易的进行。

（二）信用保障程度高

国际保理方式主要是对赊销和托收结算方式收汇风险的一种规避手段。它是在不增加进口商风险的情况下，减少出口商风险。就已核准应收账款而言，只要出口商严格按贸易合同发货，保理商就承担100%的坏账担保。但在进出口双方因货物质量等发生贸易纠纷时，保理商将自动解除其担保责任。《国际保理业务惯例规则》（International Factoring Customs，IFC）第十四条D款规定，如果出口保理商收到争端通知后365天内该争端得到了有利于出口商的解决，进口保理商有义务重新接受发生过争端的应收账款为已核准应收账款。对于未核准应收账款，保理商不承担任何责任，出口商仍面临赊销及托收方式下的各种风险。但IFC第十二条也规定，未核准应收账款将随着付款人对已核准应收账款的付款而自动变成等额的已核准应收账款。由于保理商对进口商核定的信用额度的可循环性，出口商的风险也是不断递减的。此外，IFC的第十一条要求保理商尽最大努力收取这些款项，未核准应收账款会因保理商的有效催账而增强稳定性。鉴于上述条款，出口商在保理业务中只承担有关汇价和迟付方面的残留风险。对进口商来说，由于收货在先，付款在后，既不占用资金，又有充足时间来检验货物，从而保护了自己的利益。

（三）业务期限较短

在国际保理业务中，保理商向出口商提供的是180天以内的信用保证或贸易融资服务，主要适用于生活消费品、零部件或劳务的交易，每笔交易金额相对较小，一般是经常性的、持续进行的交易。出口商可能就自己的出口商品或服务与

思政课堂：培养创新思想——金融科技赋能国际保理业务

拓展阅读：国际保理业务惯例规则

保理商签订一个保理协议，涉及的进口商却分布在多个国家或地区。

（四）具有双重约束机制

在国际保理业务中，进口保理商对已核准应收账款承担了100%的坏账担保，而这种担保同时约束着进出口双方。可以说，出口商选择了国际保理，就获得了绝大部分货款的坏账担保，但这种坏账担保的前提条件是出口商必须按合同要求发货。也就是说国际保理的约束是双重的，即在约束进口商的同时，也约束着出口商。

（五）费用适中

国际保理业务的收费标准是根据国际保理联合组织的有关规定制定的。总的费用包括三部分：一是保理商佣金，出口保理商佣金约占货物发票金额的0.1%~0.4%，进口保理商佣金约为发票金额的0.4%~1%；二是每单发票的处理费用，约为10美元；三是银行费用。总的来看，保理业务的收费比信用证方式要高一些，但比出口信用保险和福费廷的费用低。

教学活动2　国际保理业务类型

【活动设计】

四人一组，模拟出口商、进口商、出口保理商和进口保理商办理国际保理业务，演示国际双保理业务流程。

【案例导入】

出口商吉林丰华装饰材料公司与美国进口商B公司有近两年的贸易来往。基于以往交易记录良好，2024年8月，丰华公司同意了B公司提出的"采用预付15%、余款见提单90日后支付"的交易要求。丰华公司在收到预付款后，按合同规定安排生产并于10月出运两批货物，货值约10万美元。然而在第一批货到期付款时，B公司由于自身财务问题无法按合同约定支付货款。丰华公司在得知这一消息后，立即通过电话和邮件等方式进行催讨。经过多次协商，丰华公司同意B公司通过分期还款的方式进行支付。经过半年时间，陆续收回了6万多美元的货款。但余下的3万多美元货款，B公司没有继续通过分期付款方式偿还余款，并且对于丰华公司的多次催款置之不理。

思考：出口商应如何解决上述销售问题及如何规避类似信用风险？

【基础知识】

一、国际保理业务类型

国际保理提供的是一项综合性的金融服务，根据客户选择的服务项目和运作方式的不同，国际保理可以划分为不同类型。

(一) 单保理和双保理

根据运作模式不同，国际保理可分为单保理和双保理。

1. 单保理

单保理（Single Factor System）是指只有一方保理商提供保理服务的保理业务，俗称为"一个半保理商"的运作模式。在这种模式下，出口商与进口保理商签署保理分协议，再由出口商所在地的某一家银行与进口保理商签署保理总协议。在整个保理业务中，出口商所在地的这家银行对出口商不承担保理项下的任何责任，而只是起到为出口商和进口保理商传递函电以及划拨款项的作用。由此可见，在单保理业务中，出口地银行不是基本当事人，它与出口商之间没有订立保理合同，只充当中间媒介。所以单保理模式只有出口商、进口商和进口保理商三个基本当事人。

单保理具有减少重复劳动和重复收费，提高划款速度的优势。但由于单保理业务中，一方保理商承担了进、出口双方保理商的责任和义务，在具体操作中也缺乏另一方保理商的配合协作，不可避免地存在业务联系、法律和语言理解等方面的障碍，运作起来不仅存在诸多不便，而且保理商承担的风险较大，因此实务中应用比例较小。

2. 双保理

双保理（Two Factor System）是有两个保理商、两个保理协议的运作模式，即出口商与出口保理商签署保理协议，出口保理商与进口保理商也签署协议，相互委托代理业务。此种模式有出口商、出口保理商、进口保理商和进口商四个基本当事人。与单保理相比，双保理虽然增加了出口商的保理费用，减慢了货款转移的速度，但是，由于出口保理商和进口保理商同时具备金融机构信息覆盖广、专业性强的特点，能有效消除在单保理模式下存在的业务沟通、法律、语言等方面的障碍，更便于促进国际贸易的开展，因此，双保理是国际上广泛运用的一种保理业务模式。

(二) 到期保理和融资保理

根据保理商是否对出口商提供融资便利，国际保理可分为到期保理和融资保理。

1. 到期保理

到期保理（Maturity Factoring）也称非融资保理（Unfinanced Factoring），是一种比较原始的保理业务，即保理商在买入出口商提交的有关单据时，不立即向出口商支付一定比例的款项，而是在票据到期时，从进口商那里收回货款，在扣除相关费用后，将净款支付给出口商。如果保理协议中规定保理商承担买方信用风险，则即使进口商到期无力支付，保理商也要在到期后的第 90 天向出口商无条件偿付货款。

2. 融资保理

融资保理（Advance Factoring）也称预支保理（Financed Factoring），是一种标准的保理业务。它是指出口商装运货物取得单据后，立即将单据卖给保理商，取得现金。一般做法是保理商根据出口商发货后提交证明债权转让的发票副本和其他有关文件，向出口商预付不超过货款 80% 的垫付资金，在保理商从进口商取得全部货款后，扣除垫款及有关费用，将余额支付给出口商。在国际保理中，多为融资保理。

（三）公开型保理和隐蔽型保理

根据出口商是否将债权转让事实通知给进口商，国际保理可分为公开型保理和隐蔽型保理。

1. 公开型保理

公开型保理（Disclose Factoring）也称明保理，是指出口商把出售应收账款的事实通知给进口商，并以书面形式详细说明保理商的参与情况，同时要求进口商将货款直接付给保理商。若在通知后债务人仍向出口商付款，则不能免除其向保理商付款的责任。国际保理多采用公开型保理。

2. 隐蔽型保理

隐蔽型保理（Undisclosed Factoring）也称暗保理，是指出口商不把出售应收账款的事实及保理商的参与情况通知给进口商，这样进口商仍然要将货款付给出口商，出口商收到货款再转付给保理商。也就是保理业务只在出口商与保理商之间进行，进口商并不知情。

（四）无追索权保理和有追索权保理

根据保理项下融资有无追索权划分，国际保理可分为无追索权保理和有追索权保理。

1. 无追索权保理

无追索权保理（Non-recourse Factoring）是指保理商在核定的信用额度内提供保理融资后，到期如债务人拒付或无力支付，保理商不得向出口商行使追索权。国际保理多为无追索权保理。

2. 有追索权保理

有追索权保理（Recourse Factoring）是指保理商在购买应收账款债权后，到期向债务人要求付款，如果债务人拒付或无力支付，保理商有权索回已融通的资金。在有追索权保理业务中，保理商不负责为客户核定信用额度和提供坏账担保，仅提供融资在内的其他服务。

除上述介绍的类型之外，国际保理还可以根据其他标准进行划分，如按保理商与进口商的关系可划分为批量保理与逐笔保理；按一项销售活动中涉及的保理合同的数量可划分为单一保理和背对背保理；根据债务人付款对象划可分为直接保理和间接保理；根据国际保理提供的服务项目是否全面可划分为综合保理和部分保理等。

二、国际双保理业务流程

当前国际保理业务以双保理模式为主，双保理的业务流程是最典型的国际保理业务流程。一般而言，一笔双保理业务主要包括以下程序（如图 8-1 所示）。

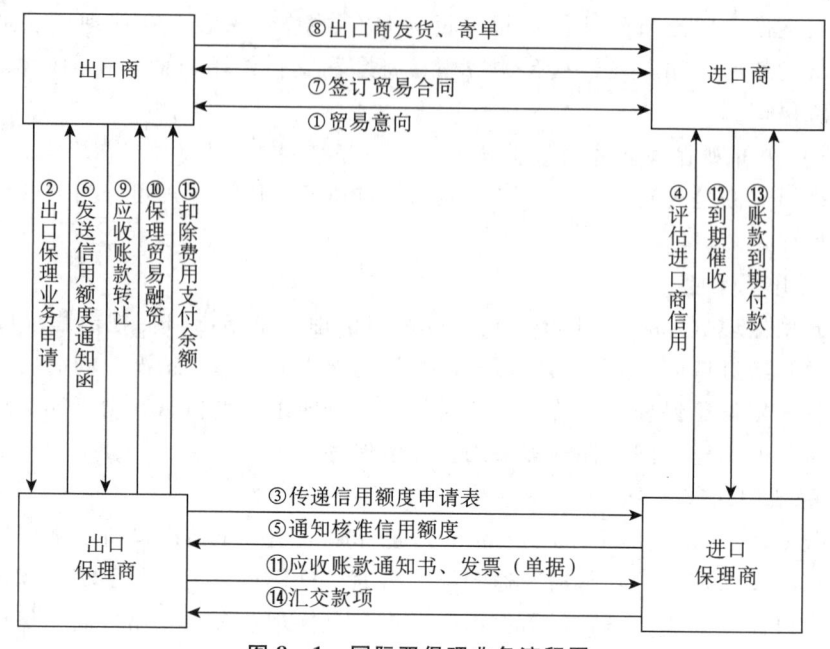

图 8-1 国际双保理业务流程图

①出口商与进口商达成贸易意向，或长期合作的双方有了新一轮的贸易需求，出口商决定采用赊销或托收承兑交单方式出售商品。

②出口商向出口保理商提出出口保理业务申请。填写《出口保理业务申请书》（又称《信用额度申请表》，见表 8-1），连同规定的其他材料一同提交给出口保理商。申请书一般包括：出口商业务情况；交易背景资料；申请的额度情况，包括币种、金额及类型等。

拓展阅读：出口保理申请书填写说明

表 8-1　　　　　　　　　　出口保理申请书
Factoring Application

致：招商银行 _____ 行　　　　　　　　　保理商业务编号 Reference
To: China Merchants Bank　　　　　　　　　No. EF

我司兹申请以下出口保理服务（We hereby apply for export factoring service as below, with the choice marked with X）。

双保理服务要求（Two-factor Service Required）						
[ ]	无追索权 Non-recourse	[ ]	仅需保理商催收 Collection only	[ ]	有追索权 Recourse	[ ]	**需要融资 Financing**
单保理 Single-Factor service		[ ]	有追索权单保理（发票贴现）Invoice Discounting			

现提供以下真实资料，以便贵行通过进口保理商评定买方的信用额度。
The true information is provided for assessing the buyer's Credit through your import factor.

续表

（一）出口商资料（Seller's Information）

保理商给卖方编号 Seller Number：_____

1. 公司名称（中文）：_____ 负责人（Chairman）：_____
   英文（Business Name）：_____
2. 地址（中文）：_____
   英文地址（Address）：_____
   _____ 邮政编码（Zip）：_____
3. 开户银行（Bank）：_____ 账号（A/C）：_____
4. 行业分类（Industry）：
   出口产品或服务的中英文名（Products or Services）：
5. 付款期限（Net payment terms）：O/A _____ days from ［ ］Shipment date, ［ ］Invoice date;
   others: _____
   ［如已约定宽限期，请填写（Grace Period, if any）：
   若提前若干天支付，允许买方折扣率 Discount days _____ and discount pct _____%］
6. 发票币种（Invoice Currency）：
7. 预计出口年销售额（Expected Total Seller Turnover）：
8. 预计进口国购货买家数（Expected Number of Buyers in the Import Country）：
9. 预计对进口国发票总张数（Estimated Number of Invoices）：
10. 预计对进口国的年赊销额（Expected Open Account Turnover）：
11. 预计其他方式出口年销售额（Expected Other Turnover）：
12. 与申请额度的买方的年交易额（Expected Annual Sales）：_____
13. 招商银行以外的其他出口保理商（Other Factors）：
14. 通常价格条款（General Terms of Delivery）：［ ］FOB ［ ］CFR ［ ］CIF

（二）买方信用额度评估申请（Credit Assessment Request）

保理商给买方编号 Buyer No._____

1. Buyer Company Registration No.：_____ or VAT Number：_____
2. 名称（Name）：_____
   地址（Street and number PO Box）：_____
   城市（City）：_____ 省/州（Province/State）：_____ 邮编（Postcode）：_____
   国家（Country）：_____
3. ［ ］允许进口保理商与进口商直接联系（Buyer contact allowed）
   联络人（Contact Name）：_____ 电话（Tel. No.）：_____
   传真（Fax No.）：_____ Email：_____
4. 往来银行账号（A/C No.）：_____
   银行名称（Name of Bank）：_____
   分行（Name of Branch）：_____
   往来保理商（Factors）：_____
5. 申请额度（Amount of Credit Assessment Request）：
6. 额度启用时间（Valid from Date）：_____
7. 合同/订单号码（Sales Contract/Order Number）：_____
8. 最迟发货日期（Latest Shipment Date）：_____

续表

9. [ ] 本公司在进口国没有代理商（We have not any agent in buyer's country）
[ ] 本公司在进口国有以下代理商（We have the agent in buyer's country as below）：
名称（Name）：_____
地址（Address）：_____
联络人（Contact name）：_____ 电话（Tel. No.）：_____

公司联系人 Contact:　　　电话 Tel:　　　传真 Fax:　　　e-mail:

银行要求　填妥后请交正本，并将电子版发送至：_____ 和_____。

公司签章（Signature & Stamp）：

日　　期（Date）：

③出口保理商向进口保理商申请评估买方资信情况并等待核准进口商的信用额度。出口保理商通常选择已与其签订过《代理保理协议》，参加国际保理商联合会（简称 FCI）组织且在进口商所在地的保理商作为进口保理商，通过 FCI 开发的保理电子数据交换系统 EDIFACTORING 将有关情况通知进口保理商。

④进口保理商根据所提供的情况，运用各种信息来源对进口商的商业资信以及进口商品的市场情况进行调查和评估，初步确定进口商的信用额度。按照 FCI 的国际惯例规定，进口保理商应最迟在 14 个工作日内答复出口保理商。

⑤进口保理商向出口保理商通知对进口商的信用额度评估结果。

⑥出口保理商向出口商通知信用额度、提出报价。

⑦出口商接受出口保理商的报价，与其签订《出口保理协议》，并与进口商正式达成交易，签订贸易合同。出口保理商与出口商签订协议后，向进口保理商正式申请信用额度，进口保理商在规定时间内回复出口保理商，通知其信用额度批准额度、效期等。

⑧在核准信用额度内，出口商装运货物向进口商发货，将正本发票、提单、原产地证书、质检证书等单据寄送进口商。

⑨出口商向出口保理商提供发票副本及有关单据副本（根据进口保理商要求），同时还提交《债权转让通知书》和《出口保理融资申请书》，将应收账款（债权）转让给出口保理商。

⑩出口保理商按照《出口保理协议》向出口商提供不超过发票金额 80% 的融资。

⑪出口商将发票及单据（若有）的详细内容通过 EDIFACTORING 系统通知进口保理商，将债权再转让给进口保理商。

⑫进口保理商在规定时间按商业惯例向进口商催收账款；

⑬账款到期后，进口商向进口保理商支付货款。

⑭进口保理商将款项付给出口保理商。如果进口商在发票到期日90天后仍未付款，进口保理商做担保付款；

⑮出口保理商扣除融资本息及费用，将余额付出口商。

任务一测试题

任务二 福费廷业务

教学活动1 福费廷业务概述

【活动设计】

学生要掌握福费廷业务的定义、适用条件及特点。

学生要熟知福费廷业务各方当事人的责任、权利及操作要点。

学生要依据业务流程，能正确处理福费廷业务。

学生要了解福费廷业务风险，并能根据不同风险类型提出相应防范措施。

【案例导入】

信用证项下的福费廷业务

F银行与甲公司签订了福费廷协议。2024年10月，F银行收到W国A银行N国分行开来的180天远期信用证一份，金额为413000美元，受益人为该行客户甲公司，装运期为2024年11月15日。2024年11月4日，甲公司发货后，通过F银行将货运单据等提交开证行，以换取开证行A在N国分行担保的远期承兑汇票。2024年12月，甲公司将全套单据以及债权转让确认书等（包括"无追索权"背书的A银行承兑汇票）提交F银行包买。2025年2月，W国A银行突然倒闭，A银行在N国分行于同年3月也停止营业，全部资金被N国政府冻结，致使F银行垫款无法收回，造成严重损失。

思考：什么是福费廷业务？应如何办理？福费廷融资商应如何防范风险？

【基础知识】

一、福费廷的定义

福费廷源于法语"A Forfait"，意思是"放弃或让出某种权利"，引申到银行

微课：福费廷业务概述

的融资服务，成为英文中的"FORFAITING"，音译为福费廷，俗称"包买票据业务"，是一种无追索权的中长期出口信贷。具体而言，福费廷是指福费廷融资商（俗称包买商）以无追索权形式买进出口商已由进口商承兑并附有银行担保的远期票据，使出口商提前取得货款的一种出口信贷方式。福费廷融资商通常是出口商所在地的商业银行或其附属机构。

福费廷业务中所使用的票据通常是出口商开立的远期汇票或进口商开立的远期本票，如果是前者，需经进口商承兑和进口地银行担保，如果是后者只需进口地银行加保证或提供保函。

二、福费廷业务的适用条件

福费廷业务是一种固定利率、无追索权、期限比较长（一般为1—5年）的出口贸易融资方式，与其他融资方式相比，其独特的适用条件表现在以下几个方面。

（一）资本性货物交易

福费廷业务承做的是大型机械设备、船舶、基建物资等资本性货物的交易，以及农产品、能源等大宗交易项目的结算和融资，此外也为国际建筑项目提供结算融资服务。在我国，福费廷业务主要支持机电产品和成套设备的出口，在国际工程承包中也有应用，但规模不大。

（二）交易规模较大

交易规模在10万美元至2亿美元的交易，都可申请福费廷融资。中国进出口银行只对金额在50万美元以上的交易承办福费廷业务，但近年来一些商业银行承办的福费廷业务金额明显降低。

（三）延期付款方式

福费廷业务是融资结算为一体的金融服务，与其有关的付款方式是远期信用证、承兑交单、分期付款等延期付款方式。

（四）远期票据

福费廷业务主要采用以进口商为出票人、以出口商为收款人，并由进口地银行予以担保的成套远期本票。福费廷业务也可以采用以出口商为出票人和收款人，以进口商为付款人，并由进口商承兑和进口地银行予以担保的成套远期汇票。

无论使用本票还是汇票，都应按进出口商约定的分期付款的次数和时间，由出票人出具相应的张数，一次性地办理相关承兑或担保手续，由出口商出售给融资商，然后由融资商按时分期向进口商做付款提示。

（五）加具担保

福费廷业务所使用的票据要加具进口地银行的担保，担保形式主要有三种：保付签字、保函和备用信用证。

1. 保付签字

进口地银行在票据上加注法文词"PERAVAL"字样并签字，即完成了保付签字，成为保证人。这种保证形式应用最为普遍。

2. 保函

为确定对各期票据的到期付款负有无条件的不可撤销的担保和经济赔偿责任，担保人出具以出口商为受益人的保函。在福费廷业务中，出口商要出具一份过户转让书，将其保函项下的权益转让给融资商。

因为保函只出具一份，它担保全部各期票据的到期付款，所以融资商在二级市场上转让一部分买断的票据时，不能同时交付保函，这不利于融资商在二级市场进行交易，因此保函形式应用较少。

3. 备用信用证

因为美国的银行法规不允许本国银行出具保函，所以美国进口商只能要求其往来的美国银行开立备用信用证代替保函，备用信用证担保等同于保函。

三、福费廷业务的特点

（一）无追索权

在福费廷业务中，出口商将未到期的债权凭证出售给融资商的行为是一种卖断，即必须放弃对所出售的债权凭证的一切权利，而融资商放弃了在票据到期不能兑现时向出口商追索的权利。

（二）融资期限以中期为主

福费廷业务的融资期限一般为1至5年。随着业务的发展，也出现了短期和长期融资，最短的是180天，最长的是10年。

（三）利率固定

福费廷业务的利率根据进口商和担保银行的资信、期限长短，进口国的综合风险系数等决定，通常以"LIBOR+附加率"来计算，利率确定后不再变动。这样，进出口商在交易初期就可计算出成本总额。

（四）属于批发性融资业务

福费廷业务主要是对成套设备、船舶、基建物资等资本性货物交易及大型项目交易的融资活动，因此融资金额较大，由10万美元至2亿美元不等，一般都在50万美元以上。

（五）存在二级市场

福费廷融资商在买断了出口商的债权凭证后，可以在二级市场将其转卖给其他融资商，转卖的可以是一笔交易的全套单据，也可以是其中的一部分。

（六）收取承担费

福费廷融资商承担了收取债款的一切责任和风险，相应地限制了他承做其他业务的能力，所以要向出口商收取承担费。

思政课堂：厚植爱国主义情怀——福费廷业务

四、福费廷业务当事人

福费廷作为一种中长期出口融资方式，极大地推动了全球资本性货物贸易发展。福费廷业务的当事人主要有：出口商、进口商和融资商。

拓展阅读：福费廷业务对出口商的作用

（一）出口商

在福费廷业务中，出口商将有关结算的票据无追索权地出售给当地商业银行或其他金融机构，这些票据可能是出口商自己出具的汇票，也可能是进口商出具的本票。

（二）进口商

在福费廷业务中，进口商是以出具本票或承兑出口商出具的汇票而承担票据到期付款责任的当事人。对进口商而言，虽然使用福费廷业务出口商会把利息及其他费用计入货物价款使买价较高，但是，福费廷业务可以使进口商获得延期付款便利。

（三）融资商

融资商（包买商）是无追索权地买进出口商提交的票据，为出口商提供融资的商业银行或其他金融机构。在福费廷业务中，融资商在取得向进口商追讨票款权利的同时，也承担了进口商无法偿付的风险，但是这种风险是能够控制和转移的。通常融资商要求对其所买票据由进口方银行提供担保，而且特别注重对担保银行信用的审查，一般是一流银行提供保证，对经济发展水平较低的国家一般要求由国家银行担保，所以风险是可控的；另外，融资商在买进票据时，都要求担保行写明"PERAVAL"字样，即"银行保付"，因此这类票据在二级市场上流动性很好，将无追索权卖出也可转移风险。

五、福费廷业务与国际保理业务比较

国际保理与福费廷业务都属于融资结算业务，即出口商都可以在贸易合同规定的收款期之前获得部分或全部货款。而且出口商获得这些融资都可以是无追索权的，只要出口商提供的债权（无论是应收账款还是应收票据），是由正当交易引起的、不受争议的，而且符合保理商和融资商的其他规定，那么即使进口商违约或破产倒闭而产生信用风险，或因进口国政局政策发生变化而产生国家风险，都由保理商和融资商承担。在融资担保和支付条件融为一体的今天，这两种新型的结算方式越来越被广泛应用。

尽管国际保理与福费廷业务存在上述共同之处，但两者之间仍有区别。

（一）适用的贸易类型不同

保理业务主要适用于日常消费品或劳务的交易，每笔交易金额相对较小，一般是经常性持续进行的，出口商可能就自己的出口商品或服务与保理商签订一个保理协议，涉及的进口商却分布在多个国家或地区；福费廷业务主要针对资本性货物的进出口贸易，金额较大，且业务都是一次性交易。

（二）融资期限不同

保理业务的融资期限取决于赊销期限，一般为发货后1—6个月，个别可长达9个月，属于短期贸易融资；而福费廷业务的融资期限在6个月以上，一般长达数年，属于中长期贸易融资。

（三）融资商承担风险不同

保理业务因金额小、融资期限短，保理商承担风险较小，因此以设定信用额度的办法来控制风险，不需另外提供担保；而福费廷业务因金额较大，融资期限长，融资商承担风险大，必须有第三者提供担保。所以保理业务适用于托收项下做短期贸易融资，而福费廷业务可在信用证项下或银行担保项下做中长期贸易融资。

（四）出口商承担风险不同

保理业务中，出口商一般最多只能得到发票金额80%的融资，这部分金额可以免除利率和汇率风险，但尚有部分余额需在赊账到期日支付，所以出口商还要承担有关汇价和迟付方面的残留风险，如果是到期保理方式，则出口商要承担全部利率和汇率变动的风险，而在福费廷业务中，出口商可按票面金额获得融资，而且不承担任何风险。因为，出口商是以无追索权的形式将远期票据出售给融资商的。

教学活动2　福费廷业务流程

【活动设计】

四人一组，模拟出口商、进口商、融资商、担保行办理福费廷业务，演示出口商与融资商签订福费廷协议流程及融资商履行福费廷协议流程。

【案例导入】

福费廷业务处理

瑞士某汽轮机制造公司向拉脱维亚某能源公司出售汽轮机，价值为3000000美元。因当时汽轮机市场很不景气，而拉脱维亚公司坚持延期付款，因而瑞士公司找到其往来银行ABC银行寻求福费廷融资。该银行表示只要拉脱维亚公司能提供拉脱维亚XYZ银行出具的票据担保即可。在获悉拉脱维亚XYZ银行同意出保之后，ABC银行与瑞士公司签署包买票据合约，贴现条件是：6张500000美元的汇票，每隔6个月一个到期日，第一张汇票在装货后的6个月到期，贴现率为9.75% p.a.，宽限期为25天。瑞士公司于2024年12月30日装货，签发全套6张汇票寄往拉脱维亚公司。汇票于次年1月8日经拉脱维亚公司承兑并交拉脱维亚XYZ银行出具保函担保后，连同保函一同寄给ABC银行。该银行于1月15日贴现全套汇票。由于汽轮机的质量有问题，拉脱维亚公司拒绝支付到期的第一张汇票，拉脱维亚XYZ银行因保函签发人越权签发保函并且在出保前未得到中央银行用汇许可，而声明保函无效，并根据拉脱维亚法律，保函未注明"不可撤销"，即为可撤销保函。

思考：福费廷业务有哪些风险？应如何避免？

【基础知识】

一、福费廷业务流程

福费廷业务是融资商对金融机构承兑后的汇票或金融机构做出承诺的本票进行包买的业务。福费廷业务是与承兑信用证业务、保函业务、备用证业务、托收业务相结合的业务，换句话说是在承兑信用证、保函、备用证、托收下叙做福费廷业务。

（一）托收方式下的福费廷业务流程

采用托收寄单方式与保函、备用证相结合叙做福费廷业务流程如图 8-2 所示。

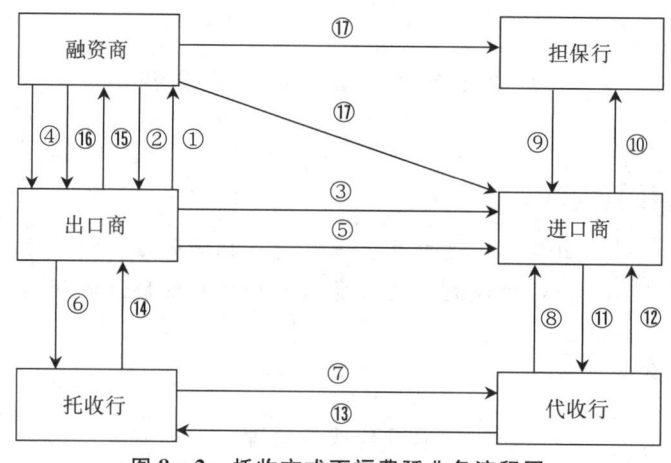

图 8-2 托收方式下福费廷业务流程图

①出口商向融资商询价。出口商通过询价了解办理福费廷业务的有关费用、期限及相应的手续，以便核算成本，做好与进口商进行贸易谈判的准备。在询价时，须提供下列资料：合同金额、期限、币种；出口商简介、注册资本、资信材料、鉴字印鉴及其他有关情况；进口商详细情况，注册地点、财务状况、支付能力等；贷款支付方式、结算票据种类；开证行/担保行名称，所在国家及其资信情况；出口商品名称、数量及发运情况；分期付款票据的面额和不同到期日；有关进口国的进口许可和支付许可；有关出口项目的批准和许可；票据付款地点。

②融资商报价。福费廷融资商根据对基础交易、进出口商的资信等情况的了解，对该项福费廷业务的风险进行评估，从而做出初步报价，价格内容包括：贴现费、承担费（择期费）和宽限期贴息等。但此时的报价仅作为出口商核算成本的参考，并不具有约束力。

③进出口商签订贸易合同。在进行贸易谈判时，出口商向进口商明确将采用福费廷方式，并要求进口商提供担保银行。福费廷方式必然增加进口商的进口成本，但可以获得延期和分期付款的便利，如果进口商同意即正式签订贸易合同。

④出口商与融资商签订福费廷协议。融资商在确认了担保银行及担保情况后,向出口商做出最终报价,双方正式签订福费廷协议。此时进入选择期,直至进出口商达成交易、出口商提交票据融资后结束。

⑤出口商发运货物。出口商要按照贸易合同的规定发运货物,并缮制规定的全套商业单据,如已约定以汇票作为融资票据,还要出具约定期限的若干张远期汇票。

⑥出口商交单。出口商将全套商业单据和远期汇票(如果有)交给当地托收银行,委托其传递给进口地代收行。

⑦托收行寄送单据。托收行在向代收行寄送单据时,要根据出口商的指示,在发给代收行的托收指示中明确其向进口商交付货运单据的条件。在福费廷业务下,交单条件依据情况不同有两种:一是以出口商出具的远期汇票为融资票据,要求进口商在汇票上做承兑并由担保银行做担保;二是以进口商出具的远期本票为融资票据,由进口商请担保银行为其出具的本票做担保。

⑧代收行提示单据。代收行要根据托收指示的要求,在向进口商提示单据时,说明交单条件。

⑨进口商申请担保。进口商要对代收行所提示的单据进行认真审查,在确认符合贸易合同规定后,依据不同情况,对汇票进行承兑或开立本票,并将已承兑汇票或本票提交给担保行,请其进行担保。

⑩担保行担保。担保行应进口商申请,按照事先约定的担保形式,做保付签字或出具保函或开立备用信用证。

⑪进口商交付票据。进口商将经过担保行担保的票据交给代收行。

⑫代收行交单。代收行对照托收指示的要求,确认进口商已满足交单条件后,将物权单据交给进口商。

⑬代收行寄送票据。代收行将经过担保行担保的票据寄送给托收行。

⑭托收行传递票据。托收行将收到的已经担保行担保的票据转交给出口商,完成托收。

⑮出口商卖断票据。按照福费廷协议,出口商在担保票据上做无追索背书,向融资商要求贴现。

⑯融资商付净款。融资商在确认出口商提交的票据及票据上签字的真实性后,如约买入票据,从票面金额中扣减贴现利息及相关费用后,将净款付给出口商。

⑰融资商索偿。在票据到期时,融资商可以通过两条途径索取款项:一是向担保行提示票据要求付款,这种做法比较常用;二是向进口商提示票据要求付款。通过第一条途径索偿,担保行向融资商偿付后,要向进口商追偿;通过第二条途径索偿,如果进口商拒付,融资商有权向担保行索偿,担保行偿付后,再向进口商追讨。收到货款后核对国外扣费与预收的差额,与出口商进行国外扣费的清算,多退少补。

(二) 远期信用证方式下福费廷业务的流程

远期信用证方式下叙做福费廷业务的流程如图8-3所示。

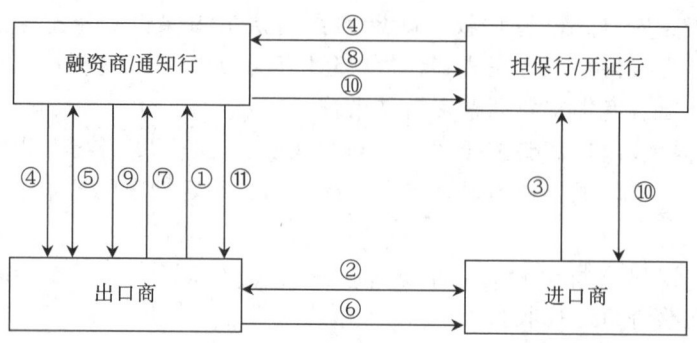

图 8-3 远期信用证方式下福费廷业务流程图

①出口商向融资商询价，融资商报价。

②进出口商签订贸易合同。在进行贸易谈判时，出口商向进口商明确将采用福费廷方式，并约定使用承兑信用证方式。

③进口商申请开立信用证。

④开证行开立信用证并发送给通知行；通知行向出口商通知信用证。

⑤出口商与融资商签订福费廷协议。

⑥出口商发运货物，缮制单据。

⑦出口商把汇票及一套商业单据交给通知行。

⑧通知行寄单给开证行要求开证行承兑汇票或对本票做担保。

⑨融资商买下经开证行承兑的或担保的票据，付款给出口商。

⑩付款日到，融资商提示开证行付款，开证行同时提示进口商付款。

⑪融资商收到货款后核对国外扣费与预收的差额，与出口商进行国外扣费的清算，多退少补。

二、福费廷业务的风险与防范措施

在福费廷业务中，有关当事人都存在着不同程度的风险，其中有些风险是可以采取措施进行防范的，而另一些风险则缺乏有效的防范措施。

（一）出口商面临的风险及防范措施

1. 利率风险

利率风险是指出口商在签订包买合同至签订贸易合同这一期间内所面临的交易计价货币利率下调风险。利率下调将加大出口商的融资成本，而对进口商的报价又早已确定而无法更改。利率风险较易防范，只要出口商在签订贸易合同前及时与融资商联系洽谈，并取得其报价和包买承诺，即可将融资成本计入商品价格，利率风险便可有效消除。

2. 履约风险

履约风险是指在承担期内，由于种种主客观因素导致贸易合同无法继续履行，从而使出口商不能向融资商提供有效票据而产生的风险。即由于贸易合同不能履行而导致包买合同不能履行，而给融资商造成的损失。如果出现履约风险，出口商有责任对融资商因此而产生的费用和遭受的损失予以补偿。出口商防范履约风险的措施有：一是要在贸易合同中加列特殊条款，以便追究进口商的违约责任，减少损失；二是要做好充分调查，掌握各种情况，以防止由于自身原因出现违约行为。

3. 汇率风险

汇率风险是指出口商在承担期内收到进口商交来票据的币别不是原来合同中规定的货币，出口商将面临因此产生的汇率风险。汇率风险指计价货币贬值的风险，出口商可以通过在贸易合同中加进特殊条款来消除，如商品价格随有关货币的汇率变化而变化，必要时还可购买有关货币的远期外汇买卖合同。

（二）担保行面临的风险及防范措施

担保行的主要风险是进口商的违约风险，即由于进口商违约、破产等原因使担保行的对外垫款得不到偿还。担保行对这类风险的有效控制办法是核定信用额度，要求进口商提供抵押品或反担保函。如果进口商与担保行不在同一国家，担保行还要承担国家信用风险，该风险的防范办法是核定该国信用额度。

（三）融资商面临的风险及防范措施

1. 融资商面临的风险

福费廷业务中，融资商承担的风险较大。在提供选择期至票款到期收回的整个期间，融资商一直承担着各种风险，主要包括：

（1）国家风险。国家风险是指融资商无法预测的，因福费廷业务中的债务人或担保银行所在国家或地区实行外汇管制、禁止或限制汇兑、颁布延期付款令、发生战争暴乱等情形导致融资商延期或无法收回到期债权的风险。

（2）商业信用风险。商业信用风险是指担保行或进口商因破产、倒闭、清算、资不抵债等原因而导致融资商无法或延期收款。

（3）贸易纠纷风险。虽然福费廷业务中融资商行包买的票据已经过进口商承兑或担保行担保，但由于票据一般与信用证相联系，在单证不符或信用证欺诈等情形下，信用证开证可能会拒付，从而使融资商承担拒付风险。

（4）适用法律风险。因各国法律对担保的规定差异较大，进口商所在地银行的承兑或担保必须符合该国的法律规定，以确保票据的有效性、合法性及清洁性，否则将可能因该国的法律规定导致票据无效，从而使融资商无法收回款项。

（5）汇率和利率风险。国际金融市场时刻都处在变化之中，汇率和利率的变化很可能给融资商带来较大的成本上升。如果融资商提供固定利率的包买安排，往往难以预料国际利率变化，倘若远期利率上升，融资商就要承担利率上升损失，致使融资商不愿使用固定利率，而浮动利率又限制了福费廷业务开展。

2. 融资商的风险防范措施

鉴于融资商开展福费廷业务存在种种风险，而且福费廷业务金额巨大，因此有必要采取相应措施防范风险。

（1）认真拟定并签署福费廷协议。福费廷协议是保障融资商合法权益的最重要的法律文件。融资商应该在拟定福费廷协议时设计必要的条款用以控制风险。由于福费廷业务项下融资商对出口商放弃追索权的前提是出口商所出售的债权是合法有效的，因此，融资商如果有证据表明出口商提供的不是源于正当交易的有效票据或债权时，融资商可以适用民法和合同法关于欺诈的规定，对出口商保留追索权。但是，融资商必须在福费廷协议中对此种情况予以明确规定，比如协议中注明"出口商必须保证所出售的票据源于正当贸易，清洁、有效，否则不享受'无追索权'的豁免"等类似条款。即便如此，融资商一旦放款，如有不利情况发生，其损失也往往难以弥补，所以，福费廷协议的签订一定要详细、周全。

（2）严格审查融资对象资信。在凭电传通知承兑的情况下，由于没有已承兑汇票的保障，融资商无法取得汇票项下正当持票人的地位以对抗第三人，在债务到期前，还存在因法院止付令而收不到款的风险。因此，融资商应加强对出口商资信情况和贸易背景的审查，对原来没有贸易背景的交易要多加注意，避免为欺诈贸易和非法贸易融资。融资商可以借助专业机构进行调查。

（3）寻找可靠有效的担保机制。担保问题在福费廷业务中至关重要，担保人对到期债权凭证承担绝对无条件付款责任。从各国福费廷业务开展的实践来看，融资商做福费廷业务，取决于担保人资信情况，融资商应慎重挑选担保人，必须由信誉良好、资力雄厚的银行和金融机构无条件地、不可撤销地提供担保或承兑。银行承兑、银行加保或者银行保函、备用信用证都是融资商可以接受的担保形式。

（4）熟悉进口国法律和贸易惯例。银行的担保和承兑一定要符合进口国法律，以保证票据的清洁性和票据转让的合法有效。由于各国法律对担保的规定存在很大的差异，特别是大陆法系国家和英美法系国家之间更是如此，因此，融资商必须谨慎对待担保的法律问题。例如，世界上大多数国家都承认银行保函，而美国却禁止银行经营担保业务，所以美国的银行担保一般通过备用信用证来操作。银行应对保函的合法性和有效性等进行落实。

（5）确定司法管辖和法律适用条款。国际贸易中一案两诉、一事多诉的案例有很多。同一案件在不同国家审理，结果往往大相径庭。"择地行诉"就是各国激烈争夺管辖权的反映。所以，在福费廷协议及其他相关文件中约定司法管辖和法律适用对避免不利极为重要。

任务二测试题

 金融科技专栏

中国建设银行国际保理与福费廷的数字化创新

2021年8月，中国建设银行依托跨境金融服务平台，为一家从事服装出口的中小企业办理了一笔国际保理业务。通过对接企业ERP系统获取真实交易数据，结合海关出口报关信息及买方信用评级，实现了应收账款的在线确权与融资审批，仅1个工作日便完成了资金到账，较传统模式缩短了5个工作日；同年11月，该行又为一家能源设备出口企业办理了一笔金额500万美元的福费廷业务，借助区块链技术实现了应收账款债权的拆分流转，让企业可根据资金需求灵

综合实训

活转让部分债权,盘活了长期占用的资金。

国际保理与福费廷是国际贸易中缓解企业资金压力的重要工具,但传统模式存在流程烦琐、信息核验难、债权流转不便等问题。数字化技术的应用有效解决了这些痛点:国际保理通过大数据整合交易全链路信息,减少了人工核验成本;福费廷则依托区块链的不可篡改特性,提升了债权凭证的可信度与流转效率,让企业能更便捷地实现资金回笼,同时降低了跨境贸易中的信用风险。

资料来源:建设银行国际保理与福费廷数字化案例,凤凰网。

 金融职业素养专栏

国际保理与福费廷业务是畅通跨境资金循环、助力贸易高质量发展的重要金融工具,在缓解企业资金压力、化解跨境信用风险方面发挥着关键作用,其规范运作直接反映金融机构的服务能力与行业担当。我们需锚定"开放"与"诚信"的社会主义核心价值观,深刻理解这两类融资方式不仅是贸易往来的桥梁,更是国际商业信用与国家金融环境的生动体现。因此,必须坚守"专业履职、守正创新"的职业操守,将其作为服务实体经济的重要抓手,在账款受让、票据贴现及风险处置中严格遵循国际惯例与监管要求,杜绝虚假交易、违规融资等行为,以严谨、负责的态度维护跨境金融秩序,践行金融服务国家对外开放战略的时代使命。

 思维导图

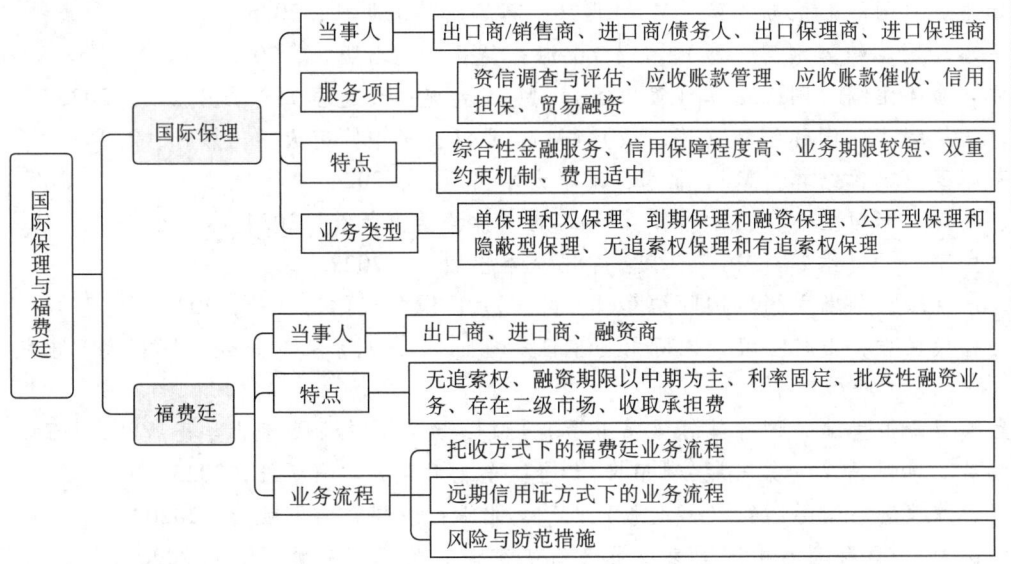

参考文献 References

1. 任春玲，张文娟主编．国际结算实务［M］．北京：中国财政经济出版社，2022．
2. 任春玲，刘晶红主编．国际结算［M］．北京：化学工业出版社，2008．
3. 庞红编著．国际结算（第七版）［M］．北京：中国人民大学出版社，2024．
4. 张晓芬，徐春祥主编．国际结算（第3版）［M］．北京：北京大学出版社，2024．
5. 李建军，许南主编．国际结算（第三版）［M］．北京：中国人民大学出版社，2025．
6. 刘铁敏主编．国际结算（第3版）［M］．北京：清华大学出版社，2024．
7. 杨来科，岳华主编．国际结算［M］．北京：中国人民大学出版社，2024．
8. 林俐，马媛主编．国际结算（第二版）［M］．北京：立信会计出版社，2024．
9. 张雅，许楠主编．国际结算（英文版·第三版）［M］．北京：中国人民大学出版社，2025．
10. 李晓洁编著．国际贸易结算［M］．上海：上海财经大学出版社，2023．
11. （英）苏珊·V．斯考特．解码SWIFT［M］．北京：中国财政经济出版社，2024．
12. 于丽娟主编．国际汇兑与结算［M］．北京：高等教育出版社，2025．
13. 贺瑛主编．国际结算（第三版）［M］．上海：复旦大学出版社，2022．
14. 钟小立，余萍主编．国际结算（第二版）［M］．大连：大连理工大学出版社，2025．
15. 杨海，沈娟编著．国际结算（第二版）［M］．武汉：华中师范大学出版社，2024．
16. 南晓莉编著．国际结算［M］．北京：清华大学出版社，2024．
17. 张瑛，杨霞，苏恒主编．国际结算［M］．北京：科学出版社，2024．
18. 刘昊虹主编．国际结算［M］．北京：中国金融出版社，2022．
19. 陈琳，陈晓玲，刘琳主编．国际结算［M］．北京：清华大学出版社，2024．
20. 徐进亮，战世吉，王路主编．国际贸易单证实务［M］．北京：对外经济贸易大学出版社，2023．
21. 刘卫红，尹晓波主编．国际结算（第五版）［M］．大连：东北财经大学出版社，2024．
22. 冯莉编著．国际结算（第三版）［M］．大连：东北财经大学出版社，2023．
23. 苏宗祥，徐捷著．国际结算（第七版）［M］．北京：中国金融出版社，2020．
24. 中国国际商会/国际商会中国国家委员会组织翻译．国际贸易解释通则2020［M］．北京：对外经济贸易大学出版社，2020．
25. 林建煌．品读UCP600［M］．厦门：厦门大学出版社，2008．
26. 林建煌．品读ISBP745［M］．厦门：厦门大学出版社，2013．